我国地下空间利用权制度构建

贾宏斌 著

人民法院出版社

图书在版编目（CIP）数据

我国地下空间利用权制度构建 / 贾宏斌著. --北京：
人民法院出版社，2019.9
ISBN 978-7-5109-2641-9

Ⅰ.①我… Ⅱ.①贾… Ⅲ.①地下建筑物—城市规划
法—研究—中国 Ⅳ.①D922.297.4

中国版本图书馆CIP数据核字（2019）第208657号

我国地下空间利用权制度构建

贾宏斌 著

责任编辑 范春雪 **执行编辑** 郭 粹
出版发行 人民法院出版社
地　　址 北京市东城区东交民巷27号（100745）
电　　话 （010）67550667（责任编辑）　67550558（发行部查询）
　　　　　　　　　　　65223677（读者服务部）
客服 QQ 2092078039
网　　址 http：//www.courtbook.com.cn
E- mail courtpress@sohu.com
印　　刷 汉印印刷有限责任公司
经　　销 新华书店
开　　本 787毫米×1092毫米　1/16
字　　数 233千字
印　　张 16
版　　次 2019年10月第1版　2019年10月第1次印刷
书　　号 ISBN 978-7-5109-2641-9
定　　价 51.50元

序 言

　　拙著是笔者首次著书，凝结着笔者十余年来从事民商事审判以及攻读博士期间对于地下空间开发利用方面法律制度的研习积累和点滴思考，也是笔者步入不惑之年的一份阶段性治学总结。

　　地下空间利用权并非现行法中的既有概念，在物权法定主义的立法背景下，其尚未成为物权种类之一，对于以其为核心的法律制度构建探讨既具有前瞻性和创新性，又面临不确定性和持续性。笔者坚信，"有没有"与"用不用"是两个层面的问题。任何一个新制度的产生都不会是一蹴而就，异想天开而诞生，必将随着社会各方面发展经历从无到有的过程，生活实践中涌现出大量的涉及地下空间开发利用的纠纷矛盾决定着解决问题的制度性建设应运而生。进而，理论探讨争鸣也必将会为法律制度创新提供着智力支撑和基础保障。

　　随着社会经济的繁荣发展，基础设施建设蓬勃兴起，带动了房地产业的崛起，其领域的法治研究需要不断探索和创新。正因如此，笔者虽自知才疏学浅，但仍鼓起"功成不必在我，功成必定有我"的勇气，迈出一步，将并未完备的论述展示在读者面前。拙著不足之处颇多，敬请不吝赐教。权当抛砖引玉，期待能够引起学界和实务界的关注和共鸣，共同致力于建立健全我国地下空间利用权法律制度体系，以回应现实社会发展的需求。

　　拙著付梓之际，衷心感恩我的导师吉林大学副校长蔡立东教授情真意切的谆谆教诲。恩师风范指引着我前行路上的每一步。我也深深地感谢我所任职的沈阳市中级人民法院这个令我不断实现人生理想的舞台。今年适逢新中国七十华诞，谨以此书向祖国献礼。

贾宏斌

2019 年 10 月 1 日于辽宁沈阳

目　录

摘　要

当今，地下空间资源民用开发建设迅猛发展，相比域外先发国家及地区在立法上已由平面土地立法向立体空间立法转变，采用以纳入民法典或制定专门空间法的方式，确立地下空间的所有与利用关系的法律制度，我国对于地下空间开发利用过程中私法保护制度的缺位，已经成为我国地下空间开发利用得以依法有序发展的制度瓶颈。

面对我国地下空间法律制度体系缺失、《物权法》规定过于抽象、地方性立法较为片面、宏观管理制度不成熟等制度局限，寻求一种物权制度来规范地下空间开发利用中的民事法律行为，是实践的需要和立法的期待。我国《物权法》虽然没有明文使用"地下空间利用权"概念，但已认可地表之下一定范围的空间可以成为物权的客体，为地下空间利用权制度构建提供了制度基础。基于此，从我国地下空间开发利用实践中出现的纠纷及法律制度解决路径来看，地下空间利用权的法律制度构建属于空间权制度体系的核心环节，又因地下空间利用权的行使和运行与土地所有权和土地使用权密切相关，其复杂程度较比空间权体系中其他权利要高出许多，对于地下空间利用权制度的构建，既是丰富和推动空间权制度向前发展的重要内容，也是化解地下空间开发利用过程中大量矛盾纠纷的当务之急。

将地下空间利用权定位为一种新型用益物权，并不违背一物一权、物权法定、物权公示等原则，既具有民事立法基础和法理依据，又迎合着现实生活实践和司法裁判所需，还具有与相关公共权力相衔接的优势条件，未来我国通过构建地下空间利用权法律制度，必将带动整体地下空间利用法律体系的形成，为我国地下空间资源依法开发利用提供强有力法制保障。

地下空间利用权主体与一般民事权利主体相比，特殊性在于一般情况下，主体要具有驾驭地下空间开发利用的资金、技术、人力等因素的能力。地下空间利用权的客体是既区别于全部地下空间，也不同于依附于土地使用权的地下空间，而是可用于开发利用的地下"典型空间"。地下空间利用权的内容包括权能、边界、救济三个方面。面对错综复杂的地下空间开发利用实践，更需要在权利静态法律关系基础之上，对其权利行使的动态运行予以把握。通过对于域外先发国家及地区的立法例进行借鉴分析，从而提炼出适用我国国情发展实际需要的地下空间利用权取得、变动、公示所应遵循的具体规则，并结合我国立法实践基础，完善权利行使的制度构建，用以化解地下空间开发利用过程中集中出现的问题与矛盾，为土地平面开发到立体利用提供必要的制度支持。地下空间利用是一个功在当代，利在千秋的浩大工程，如何在法律制度构建上扬长避短，促进地下空间利用发展，不仅需要私法上的规范，也需要公法上的规制，更需要满足司法的需求。这就要求，在构建我国地下空间利用权制度中，也要对其在整体法律制度下的运行环境作以思考，使法律规范在优化配置地下空间资源中发挥最大效能。

我国应当考虑未来利用《民法典》制定或《物权法》修正的时机，将地下空间利用权纳入用益物权范围，纳入《民法典》物权篇之中的立法模式，确立地下空间利用权的用益物权法定地位。通过复合立法、专项立法、整合现行相关法律法规等途径，建立健全我国地下空间利用权法律制度体系，以回应现实社会发展的需求。

绪　论

　　地下空间作为一种自然资源，对其开发利用所涉及的专业包括环境资源学、法学、管理学、建筑学、人文学等等。本书所关注的仅仅是与地下空间资源开发利用有关的民事基本法以及专项权利类型如何构建的问题。关于地下空间利用法律规定产生的根源固然久远，但将其作为法学体系化和专项化的研究对象则发生于近代。比如：从 19 世纪下半叶开始到 20 世纪初以来，西方先发国家鉴于地下空间资源开发的客观现实，在成文法或判例法中逐步确立并完善了对于地表上下一定空间的所有与利用的法律制度，体现出由平面土地向立体空间立法的转变，从而突破了罗马法上对于土地所有权"上达天宇、下及地心"的固有理念，为地下空间资源的广泛利用扫清了法律制度上的障碍。不可否认，先发国家地下空间资源开发利用取得的非凡成就，一定程度上得益于此法律制度解构与创新。

　　肇始于 20 世纪六七十年代，我国经过几十年的艰苦探索，对于开发利用地下空间资源积累了一定经验和教训。特别是改革开放以来的经济转型时期，大量的规模化地下空间利用成为城市化建设的亮点，而我国关于此方面的民事立法尚处于探索阶段，仅有《中华人民共和国物权法》(以下简称《物权法》)第 136 条的单一条文概有规定，这显然既不利于我国土地资源战略的实施，也不利于开拓我国地下空间资源深入开发利用的新里程。

　　特别是近年来，我国城镇化规模迅猛发展，地下空间资源的开发利用成为其典型的晴雨表，^①在建设"资源节约型，环境友好型"社会理念的指引下，合理开发利用地下空间资源在扩充城市容量、缓解城市交通、优化城市环境等方面，扮演着日益重要的角色。更有相关学者对将我国打造成地下空间开发利用的强国提出了乐观的期盼和预期。^②但是，我国在法律、政策层面及经济运作、科学管理方面与先发国家仍有一定的差距，相关配套法律的制定和完善亟须纳入日程。

一、选题的背景和意义

我国地下空间开发利用法律制度建立起步较晚，这与我国地下空间开发利用的实践迟于先发国家及地区相关，专门性的地下空间利用法律规范较少，部分立法也是近十几年来在探索中前行，散见于相关规范性文件之中，并未形成地下空间开发利用的法律制度规范体系。本书的研究立足于此，探讨通过由法律赋予民事权利的方式，构建我国地下空间利用权民事法律制度，从而带动整体地下空间利用法律体系形成。将地下空间利用权制度构建的目标确定为，不断加强地下空间开发利用的控制与引导，实现地下空间开发利用功能上的多重性、空间结构的整体性、系统组织的有序性和开发建设的联合性，建立健全地下空间开发利用法律体系，增强法律法规的可操作性和可执行性，理顺和优化地下空间开发管理机制，为我国地下空间资源依法开发利用提供法治保障。

---

① 地下空间的发展特征和趋势主要表现为：（1）特大城市地下空间开发利用的总体规模和发展速度已步入世界同类城市的先进行列。（2）城市轨道交通建设速度已居世界首位。（3）城市大型地下综合体建设已成为大城市开发利用的亮点并达到国际先进水平。（4）城市地下快速道路建设已经起步并将加速发展。（5）特大城市和大城市地下空间专项规划已经和正在普遍开展。（6）城市中心区结合改造和新区建设已经编制和正在编制详细规划。（7）城市地下物流系统正在研究和探索。综合参见邓少海、陈志龙、王玉北：《城市地下空间法律政策与实践探索》，东南大学出版社2010年版，第5页；钱七虎：《中国城市地下空间开发利用的现状评价和前景展望》，载于《民防苑》2006年S1期，收录于《上海市地下空间综合管理学术研讨会论文集》，第1页；陈志龙：《城市地下空间规划中的几个关键问题探讨》，载于《2005年上海城市地下空间国际研讨会资料汇编》，第61页；陈志龙、王玉北：《城市地下空间规划》，东南大学出版社2005年版，第26—27页。

② 参见邓少海、陈志龙、王玉北：《城市地下空间法律政策与实践探索》，东南大学出版社2010年版，第5页。

（一）域外地下空间利用制度发展概述

经济发达国家及地区自 20 世纪以降，在城市化发展进程中，均在地下空间开发建设领域取得了长足的发展，基本形成各具特色却又具有一定规律的地下空间利用模式（参见表 0.1）。[①] 具体表现在，一是地下空间利用是国家可持续发展的重要途径，日益成为主要城市立体化建设的不二选择，与通行便利、保护环境、繁荣经济等社会发展体系因子，产生相互影响和联动效应；二是地下空间利用着眼于发挥其民生功能的趋势愈加明显，日本的地下街以通行和停车为主，以地下商业为辅的模式，地下商业的高额利润可完全弥补停车和步行空间的维护成本；台北、首尔的地铁筹建资金也主要源于地铁商场的收入等；三是追求生活环境的安全舒逸性是地下空间利用得以发展的基石和保证，如日本更将安全防灾作为其首要目的并取得了较好成效；四是法律制定及规划管理是地下空间有序高效开发利用的保障和前提。为此，只有构建出科学合理的法律制度体系，并便于执行和落实，方能达致事半功倍的效果。如表 0.1 中所展示，先发国家及地区代表性地下空间利用成果，无不需要与其相适应的法律制度相配套，由此可见，建立完善法律制度体系和政府管控体系尤为必要。

表 0.1　地下空间开发利用代表性国家地区的特色与思路

国家地区特点	地下空间特色	实例	目的
日本（人多地少）	地下街系统 地下综合管廊	八重州地下街、名古屋银河广场 东京地下河川、外环路工程	拓展空间、集约高效 改善交通和步行环境
北美（地广人稀）	地下步行系统 地下快速路	蒙特利尔和多伦多地下步行系统 波士顿中央大道地下化改造工程	提高效能效率、保护景观 人性化环境和舒适性
东南亚（新经济体）	地铁引导城市开发 铁路地下化、岩洞开发	首尔梨花女子大学综合体、新加坡科学城	节地、效能引导城市发展 提高经济效益

远离地表的地下建筑物的大量涌现，与地表建筑物的分离趋势逐渐加大，

---

① 祝文君：《拓展城市发展的战略新空间——关于城市地下空间开发利用的调查与思考》，载于《光明日报》2014 年 10 月 7 日，第 3 版。

而由于地下建筑物具有功能不同，导致经济价值不一，对作为中心线的同一地表均要求行使排他的权利，势必产生权利客体范围的交叉或重叠，对于权利如何分配设置，实现协同共赢，是域外首要思考的问题所在。而各国及地区并未在法律上回避这一难题，均是迎难而上，结合各自的法律体系传统，通过并不完全相同的立法模式回应各自地下空间开发利用实践中出现的问题，使得地下空间利用权得以诞生并逐步发展完善，平面的土地立法向立体的空间立法转变便应运而生。

（二）我国地下空间利用状况及法律困境

1. 我国地下空间利用现状

进入 21 世纪以来，我国地下空间开发利用呈现雨后春笋般遍及各大中心城市，二、三线城市以及农村区域也在基础设施整体规划之时将其考虑在内，由地表向地下空间扩展已成为必然趋势。我国地下轨道交通建设速度居世界首位；大型城市地下综合体建设项目多、规模大、水平高；地下隧道的通车里程业已成为世界上距离最长的国家（参见表 0.2）。[①]地下建设以三维方向的空间发展形成了联结网络，并在其中加载商业、存贮、停车、娱乐、防灾、市政等功能，用以拓宽人们的活动空间和助推城市功能高效运转。

表 0.2　我国地下隧道建设情况

类别	设施名称	开发深度
交通运输设施	轨道交通 地下道路 步行者专用道 机动车停车场 自行车停车场	10–30 10–20 0–10 0–10 0–10
公用服务设施	商业设施 文化娱乐设施 体育设施	0–20 0–20 0–20

---

① 孙卫无：《城市地下空间规划综述》，载《建材与装饰》2007 年 9 月下旬刊，第 32 页。

续表

类别	设施名称	开发深度
市政基础设施	引水干管 给水管 排水管 地下河流 燃气管 热力管，冷气管，冷暖房 电力管，变电站 电信管 垃圾处理管道 共同沟	10-30 0-10 0-10 0-30 0-30 0-30 0-30 0-30 0-30 0-30
防灾设施	蓄水池，指挥所，人防工程	10-30
生产储藏设施	动力厂，机械厂，物资库	10-30
其他设施	地下室	0-20

未来我国城市地下空间开发利用将愈发受到重视，有权威研究机构预计到 2020 年我国将要建 6000km 的隧道，平均每年有 300km 的隧道建设量。地表与地下的网络化体系构建和发展在现今以及以后的相当长时期内，将成为交通协调发展的主题（参见表 0.3）。①

表 0.3　国内部分城市地下空间规模与规划预测量

城市	规划范围（km²）	现有开发量（万m²）	统计年份（年）	规模预测量（万m²）	规划年限
北京	1085	3000	2006	9000	2004-2020
上海	600	1600	2006	——	——
南京	258	280	2005	730	2002-2010
深圳	2000	1900	2005	——	——
青岛	250	200	2004	2544	2004-2020
无锡	1662	200	2005	1500	2006-2020

2. 我国地下空间利用相关立法现状

由于我国现行法律中对于地下空间利用尚未有专门法律规定，基本形成

---

① 钱七虎：《中国城市地下空间开发利用的现状评价和前景展望》，载《民防苑》2006 年 S1 期，收录于《上海市地下空间综合管理学术研讨会论文集》，第 5 页。

以规范整体地下空间开发利用为主旨的综合法律立法为龙头，以局部或专业领域统一地下空间开发利用标准的综合行政法规和专项部门规章为主干，以推进地方性或城市化地下空间开发利用建设实施为目的的地方法规和规章为重要组成部分而构成的庞大的、交错的法律、法规、规章的总和。①

第一层次为由全国人民代表大会及其常务委员会制定以国家主席令的形式发布的位于顶层的法律，其法律地位和效力最高，是整个体系的核心和基础。涉及规范地下空间开发利用的法律较少，且内容分散，难成体系。诸如我国《物权法》②《人民防空法》③《矿产资源法》④《城乡规划法》⑤《土地管理法》⑥《建筑法》《文物保护法》《消防法》《文物保护法》《电力法》⑦《国防法》⑧等部分条文。

第二层次为国务院依法制定并颁布的属于国务院各行政主管部门主管业务范围的各项行政法规，目前代表性的规范地下空间开发利用行为的行政法规也仅散见于《土地管理法实施细则》《建设工程质量管理条例》《建设工程安全生产管理条例》等。

第三层次是地方性法规，地方法规不得与宪法、法律、行政法规相抵触。地方法规有两类：一类是为贯彻落实国家法律法规而制定的地方法规，如

① 参见李显忠：《城市地下空间建设政策与标准体系研究》，海洋出版社 2011 年版，第3页。

② 我国《物权法》第 136 条规定：建设用地使用权可以在土地的地表、地上或者地下分别设立。新设立的建设用地使用权，不得损害已设立的用益物权。

③ 我国《人民防空法》是系统规范地下人防工程的法律规范。

④ 我国《矿产资源法》第 3 条规定：地下矿产资源属于国家所有。

⑤ 我国《城乡规划法》（2015 年修正）对城市土地空间的开发和利用作出了原则性的规定。该法第三十三条规定：城市地下空间的开发和利用，应当与经济和技术发展水平相适应，遵循统筹安排、综合开发、合理利用的原则，充分考虑防灾减灾、人民防空和通信等需要，并符合城市规划，履行规划审批手续。

⑥ 我国《土地管理法》第 2 条、第 8 条规定：我国实行土地的社会主义公有制。城市市区的土地属于国家所有。

⑦ 1995 年 12 月 28 日，第八届全国人民代表大会常务委员会第十七次会议通过通过的《电力法》（2018 年修正），被认为是我国立法上最早涉及土地空间利用问题的法律。该法第五十三条规定：电力管理部门应当按照国务院有关电力设施保护的规定，对电力设施保护区设立标志。任何单位和个人不得在依法划定的电力设施保护区内修建可能危及电力设施安全的建筑物、构筑物，不得种植可能危及电力设施安全的植物，不得堆放可能危及电力设施安全的物品。在依法划定电力设施保护区前已经种植的植物妨碍电力设施安全的，应当修剪或者砍伐。

⑧ 我国《国防法》对涉及民防工程的地下空间利用进行了规定。

《河南省建设工程质量管理条例》《浙江省建设工程质量管理条例》《广西壮族自治区建设工程质量管理条例》《无锡市建设工程安全生产管理条例》《哈尔滨市建设工程安全生产管理条例》《洛阳市〈土地管理法〉实施细则》；另一类是省、自治区、直辖市和较大的市根据本地方的具体情况和实际需要，先行制定的地方性法规，如《深圳市地下空间使用条例》①《天津市地下空间规划管理条例》《珠海市地下管线管理条例》等。

第四层次是部门规章和地方规章。主要有我国住房和城乡建设部（以下简称住建部）（原建设部）《城市地下空间开发利用管理规定》（以下简称《地下空间管理规定》）②《城市规划编制办法》③自然资源部（原国土资源部）《土地登记办法》④《招标拍卖挂牌出让国有建设用地使用权规定》等。地方规章有《本溪市城市地下空间开发利用管理规定》《上海市城市地下空间建设用地审批和房地产登记试行规定》《杭州市区地下空间建设用地管理和土地登记暂行规定》《杭州市地铁建设管理暂行办法》《深圳市地下铁道建设管理暂行规定》等。

另外一个层次，即地方的规范性文件。在地方暂未制定法规和规章的情形下，规范性文件对于规范本区域内特定事项是很有必要的，如《无锡市城市地下空间建设用地管理办法（暂行）》《关于加强绍兴市区地下空间土地使用权管理的意见》等。

---

① 2005年深圳市首次对地下空间开发地块土地进行了拍卖，这是我国有史以来以经营性土地方式首次出让的地下空间利用权。

② 《城市地下空间开发利用管理规定》是现阶段我国对地下空间开发利用管理制定的系统性部门规章，就地下空间开发利用的具体事项加以明确，为实践中合理开发地下空间资源提供了规范依据。

③ 《城市规划编制办法》第32条规定：城市总体规划的强制性内容包括：……（三）城市建设用地。包括：规划期限内城市建设用地的发展规模，土地使用强度管制区划和相应的控制指标（建设用地面积、容积率、人口容量等）；城市各类绿地的具体布局；城市地下空间开发布局。

④ 《土地登记办法》第5条规定：土地以宗地为单位进行登记。宗地是指土地权属界线封闭的地块或者空间。

表 0.4　部分具有代表性地下空间利用法律规范汇总表 [①]

立法层级	制定部门	规定名称	实施日期
中央部门规章	住建部	《城市地下空间开发利用管理规定（2001 修正）》	2001.11.20
国务院规范性文件	国务院中央军委	《关于进一步推进人民防空事业发展的若干意见》	2008.01.08
中央部门规范性文件	住建部	《城市地下空间利用基本术语标准》	2015.04.01
	发改委住建部	《关于城市地下综合管廊实行有偿使用制度的指导意见》	2015.11.26
地方性法规	市人大	《上海市地下空间规划建设条例》	2014.04.01
	市人大	《天津市地下空间规划管理条例》	2009.03.01
地方政府规章	市政府	《广州市地下空间开发利用管理办法》	2012.02.01
		《深圳市地下空间开发利用暂行办法》	2008.09.01
		《武汉市地下空间开发利用管理暂行规定》	2013.07.01
		《沈阳市城市地下空间开发建设管理办法》	2012.02.01
地方性规范性文件	省政府	《浙江省人民政府关于实施"空间换地"深化节约集约用地的意见》	2014.02.21
	天津市规划局	《关于进一步加强本市地下空间规划建设管理工作的通知》	2011.04.02
	上海市政府	《上海市城市地下空间建设用地审批和房地产登记规定》	2013.11.26
	杭州市政府	《关于加强城市地下空间开发利用管理的若干意见》	2012.01.21
	市规划局市国土局市民防局等	《厦门市地下空间开发利用管理办法》	2011.05.16

　　纵观我国地下空间利用的相关立法发展，从无到有，从小到大，伴随经济发展而取得了长足的进步，具有典型代表性的相关规定可见表 0.4。但是，相较于先发国家及地区，我国地下空间利用立法起步较晚、层次较低、技术尚显滞后，我国住建部于 1997 年 10 月 27 日及时颁布了《地下空间管理规定》、2016 年 5 月 25 日发布了《城市地下空间开发利用"十三五"规划》作为《物权法》对于涉及地下空间立法的配套规范，但令人遗憾的是，上述规

---

　　① 　笔者通过北大法律信息网，以"地下空间"作为关键词进行模糊检索，共检索到中央部门规章 8 篇，地方性法规 2 篇，地方政府规章 11 篇、地方规范性文件 130 篇，最后检索日期：2019 年 5 月 1 日。

定也仅限于针对地下空间的规划利用，作为解决平等主体之间对于空间权属争议的民事法律立法仍然处于一种空白状态。由此，在国家立法层面建立起适合我国国情的地下空间开发利用基本法律制度已势在必行。

　　3. 我国地下空间利用法律困境

　　我国地下空间利用正处于蓬勃发展时期，然而我国的地下空间基本立法对于地下空间利用中发生的诸多涉法问题却缺少相应规范，特别是制度建设已经不能有效回应地下空间利用实践所衍生的问题，实践中的争议纠纷往往因为缺少统一的法律规定而难以达到定分止争。我国地下空间利用法律制度的局限和不足突出表现为以下几个方面：

　　一是地下空间法律制度体系缺失。就基本法律制度而言，遗憾的是作为民事权利基本立法的《物权法》，并未充分发挥其引领地下空间开发利用权利发展的标志性作用，仅是对地下空间开发利用作出了原则性规定。而与此同时，现行规范地下空间开发利用的部门规章，专项性较强，法律位阶过低，又难以适应对全国范围地下空间开发利用统一规范的现实需求。由于各地经济发展水平和地下空间利用程度的差异，部分城市通过制定地方性法规和规章在地下空间利用地方立法方面做了些有益尝试，但由于立法层次过低，其所规定的事项并不具备法律意义上的普遍约束力，难以发挥对地下空间开发利用相关权利的全面保护。尽管《物权法》第 136 条将空间列入了设立建设用地使用权的客体之中，但是仅从用语表述来看，空间的建设用地使用权能否成为一个单独的法律概念尚存疑虑，该条款仅为概括性规定，实难满足顶层制度设计和现实司法实践的需要。诸如，对于地下空间利用权的设立、取得、登记、流转、期限、税费等规定不明确；对于地下空间范围测量方式及登记规则的特殊要求迟迟未决；对地下空间利用成果归属的法律确认等没有相关法律法规予以配套等。

　　二是《物权法》第 136 条规定过于抽象。地下空间利用权是一项实践性极强的用益物权类型，这决定了其不同于也被探讨但尚未纳入用益物权中的其他物权类型，这是其得以独立成权纳入《物权法》之中的关键特质所在，因此，立足于满足实践的需要，对于地下空间利用权更应偏重明确具体化的权利规则，对立法技术要求较高，而现行相关法律制度的局限在于抽象性过强，具体性不够，这已成为我国地下空间利用权构建的重点和难点所在。对于地下空间权的性质及其物权运行规则的问题在《物权法》实施之前已存有争议，而当《物权法》以及《土地登记办法》及《不动产登记暂行条例》等相关配套规范性文件出台后，对该问题仍缺少回应，实践中遇到的此类问题仍未得到根本解决。《物权法》第136条对于空间利用权的规定简之又简，又缺少后续的配套规定，直接造成因规定过于原则化、抽象化而适用度不高，指导性不强的局面，既无法切实解决实践中出现的问题，又反而加大了部分争议。例如，常见的邻里之间私挖地下室情形，实务中多依据相邻关系比照处理，而相邻关系中并未对此予以规定，实显牵强。再如，《物权法》第136条与该法第146、147条存在适用上的冲突。[①]建设用地使用权可以在地下分别设立，但遇到地上物转让、互换时，所占用范围内的建设用地使用权必须一并处分，那么若某酒店地下建有停车场，二者分属不同的使用权利人，如果酒店转让，也必须对地下停车场一并处分，实难做到。又如农村集体土地下所涉及的空间利用问题也在增加，将地下空间利用权简单地糅合在建设用地使用权之中，造成农业地下空间权利缺位是不可避免的，也将是日趋严重的问题。[②]这也给农业地下空间征收征用埋下一定隐患。可见《物权法》第136条的规定过于笼统，至少表现在未对空间利用权的主、客体、权利内容、取得与变动、公示登记等方面作出基本的规定，确实不利于物权体系自身的完善与发展。

三是地方性立法中对地下空间利用权的规定较为片面。目前，我国地方性立法均未对地下空间权的性质作出规定，其先行先试的宽度和广度明显不够，地方性立法中多涉及以规范与城市化建设密切相关的投资及规划的内容，公法性质十足，而对于平等主体之间进行地下空间资源利用的立法十分有限，忽略的恰恰是能激发权利主体积极性的私法立法，进一步讲，就是对于以解

[①] 《物权法》第146条规定：建用地使用权转让、互换、出资或者赠与的，附着于该土地上的建筑物、构筑物及其附属设施一并处分。第147条规定：建筑物、构筑物及其附属设施转让、互换、出资或者赠与的，该建筑物、构筑物及其附属设施占用范围内的建设用地使用权一并处分。

[②] 叶知年：《论我国空间权法律制度之完善》，载《福建警察学院学报》2009年第3期，第5页。

决权属不清的争议和确定权属认定标准的问题，没有能够通过及时制定具有可操作性的地下空间利用权专门规定来实现。① 如 2013 年《上海市地下空间规划建设条例》系将公共利益放于首位，再如，属于地下空间利用权调整范畴的涉及地下运输管线或地下铁路交通建设的《北京城市地下管线管理办法》（2005 年）、《杭州市地铁建设管理暂行办法》（2007 年），均是从投资建设和规划利用等角度出发制定的规定，而对于地下空间利用权的性质、取得等问题均未予规定。可见地方性立法的天然位阶决定了其内容的片面性，因此，地方性立法仍然不足以解决地下空间开发利用实践中所遇到的诸多问题。

　　四是宏观管理法律制度不成熟。从规划管理法律制度来看，我国地下空间开发利用规划先行的理念已深入人心，但由于规划技术的落后，缺乏专门规划立法，造成部分地区地下空间开发事故频发，也未能完全实现地下空间开发规划与地上规划同步协调发展；从建设管理法律制度来看，管理主体不够明确，地下空间开发利用从开发建设到投入使用，每个阶段都由不同政府管理部门挟制，共享、协调效能失位，导致一旦出现纠纷或事故性问题，造成投诉无门，相互推卸责任的情况。同时，地下空间开发利用疏于对开发项目信息管理的重视，在没有充分信息供给情况下，造成地下空间开发利用效率受限。另外，我国缺乏地下空间开发利用激励机制，使民间资本和外资注入未能得到充分发挥的空间；从环境管理法律制度来看，由于地下空间开发利用相对地上更易造成地质环境变化，如果出现破坏环境问题，这种不可逆性的恢复成本要相当之巨，我国现有地下空间开发利用制度尚无对生态环境保护的专门规定，更未涉及对土地相关利益主体的生态环境补偿，造成公众

---

①　中国土地勘测规划院某课题组针对利用已出让土地建造的建筑物实际占用空间外的土地使用权人存在争论的情况所做调查结果显示，有 25% 的被调查者认为应该属于国家，34% 认为应该属于地表建设用地使用权人，41% 认为存在权属不清的问题。在该课题组在全国范围内选取的 116 座城市（包括 18 个中部城市，25 个西部城市，73 个东部城市）中，有 75 个城市已经就独立开发建设的单建地上或地下工程进行了土地空间权属登记，但空间用地范围的确权依据差别较大，53% 的城市认为应依据相关审批文件确定空间范围，19% 的城市认为依据最终实际建造的建筑物外围确定空间范围，15% 的城市认为依据最终实际建筑物的地面水平投影范围以及建筑物最高和最低高程确定，还有 13% 是其他的依据，比如有的城市是根据房屋所有权登记来确定空间范围，有的是按地面水平投影范围，未考虑高程。参见胡碧霞、李卫祥、董为红：《城市地上地下土地权利调查研究》，载《生产力研究》2011 年第 12 期，第 125–126 页。

参与度和积极性不高，殊值重视。①

　　鉴于上述客观问题的存在和我国现行地下空间利用法律制度的局限和不足，本书以问题为导向，寻找问题产生根源所在，定位相关法律问题的切入路径，科学构建地下空间利用权制度，全方位解决上述难题，保障地下空间利用权人合法权益，具有重要的现实意义，也是本书研究的重点和目的所在。

（三）我国地下空间利用权制度构建的切入路径

　　化解目前地下空间利用中存在的问题，排除制度障碍，加强制度保障机制建设，已属如箭在弦，并且需要多领域共同协同发展演进方能取得成效。本书着眼于民事基本法律制度的完善途径，在不改变既存法律架构的基础之上，采取局部丰富完善，解决实践中遇到的地下空间利用新情况新问题。为此，充分利用《民法典》制定的有利契机，依据将地下空间利用权作为一种新型民事财产物权的私法路径，在物权法定原则基础上，加大财产物权范围，丰富其内容，即将地下空间利用权乃至将作为其上位权的空间权一并纳入其中，搭载于物权制度之中。源于罗马法土地所有权"上达天宇、下及地心"的垂直观念已然被现代空间权立法所打破，实践也证明空间权制度的实施在地下空间开发利用方面取得了积极的效果，地下空间利用权纳入民法用益物权类型之中，已是丰富和发展地下空间利用私法规范的大势所趋。《物权法》第 136 条已经对建设用地使用权的分层设立进行了初步规定，在此前提之上进行比照扩展，是构建地下空间利用权制度比较易行的立法选择。

　　地下空间利用权虽然与建设用地使用权在权利制度上具有类似或交叉之处，但却存在着形式和实质的不同，在对地下空间利用权制度的构建中尚有许多基础理论问题和民法障碍亟须研究解决。诸如：地下空间利用权的内涵界定、权利性质定位及私法与公法协同配合的问题等。其作为空间权的下位

---

① 2013 年全国道路塌陷灾害普查探测研讨会透露，北京、上海、广州、深圳、哈尔滨、南京、西安、青岛、昆明、成都、太原等城市近年来都发生过路面塌陷事件。自然资源部（原国土资源部）、水利部会同发展改革委、财政部等十部委联合编制的《2011 年—2020 年全国地面沉降防治规划》指出，目前全国遭受地陷沉降灾害的城市超过 50 个，分布在全国 20 个省区市。对于地陷频发的原因，虽然一些地方政府强调天气异常、地质结构变动等"天灾"因素，但更多的调查表明，随着城市化进程的加快，地下空间开发利用和管护的失序才是主要原因。

权利，与空间权、土地使用权关系如何？地下空间利用权的主体应当如何设计？取得与转让具备哪些特殊性？如何与政府管理部门协调规制？能否通过对其构建化解当下的民事纠纷和权属争议？等等。问题归结于一点，即如何将空间利用权制度从传统土地使用权制度中抽离出来，通过对旧有制度的变革以适应时代的发展，本书所努力之处正在于尽力证成将地下空间利用权独立纳入我国民法物权体系的合理性、必要性和可行性。

本书的研究意义在于，以构建地下空间利用权作为完善法律制度的切入路径，助益于我国民法物权体系的完善和发展，为之提供新鲜血液与制度支撑。具体言之，就法理价值而言，地下空间利用权本质是一种新型用益物权，体现着自由价值和公共利益，通过对地下空间利用权这一权利形态的理论阐述，以期丰富民法物权体系涵涉，对空间权理念框架的建立大有裨益；[①] 就立法价值而言，通过深入探究地下空间利用权的制度内涵，借鉴域外立法先进经验，结合我国发展实践，探寻构建地下空间利用权基本规律，弥补现行土地使用权制度的缺陷和不足，进一步完善我国空间权民事立法体系；就社会价值而言，从法律向度对其进行整体研究，以期对现实中的地下空间权利行使和权力运行提供充分法律保障。力争通过本书的研究，能够对于地下空间利用权理论层面的深化，以及地下空间开发利用保障实践层面所面临的法律困境的解决，更充分地发挥地下空间资源效能，产生一定的积极借鉴意义。

二、研究综述

目前，由于地下空间现代化开发利用的历史有限，各国自身经济发展和法律制度体系的差异性也决定了国内外对于地下空间利用权这一新型权利及相关理论研究的程度不尽相同，各国的地下空间利用权制度也各具特点。有必要将域外先发国家对地下空间利用权的相关研究和我国的研究现状相比较，通过历史回顾和对已有研究的综合评述以及理论分析，对现有法律制度规定和理论研究成果作出客观梳理与评价，指出其贡献和不足，论证在我国构建

[①] 参见王利明：《空间权：一种新型的财产权利》，载《法律科学》2007 年第 2 期，第 117 页。

地下空间利用权制度过程中尚未破解的问题，以期为统一认识，达成理论共识，完善法律制度发挥重要作用。

（一）域外地下空间利用权制度研究现状

域外先发国家关于地下空间利用权制度的研究，乃至处于其上位的空间权法律理念制度研究已经相当成熟，相关研究成果主要聚焦和体现于对地下空间利用权的概念界定、性质属性、立法模式探讨和选择等方面（参见表 0.5）。

表 0.5　域外地下空间利用权立法比较 [①]

国家	概念称谓	性质属性	立法模式	典型立法
美国	空间使用权、发展权（开发权）	未明确物权	单独立法	《俄克拉荷马州空间法》1
英国	发展权、土地空间权	全民所有权	单独立法	《城乡计划法》2
日本	区分地上权、地上权、空中权、地中权、地下权	用益物权	民法典专门条款	《民法典》第 269 条、《不动产登记法》第 111 条 3
德国	地上权	用益物权	民法典专门条款	《民法典》第 1012 条、《地上权条例》4
法国	土地所有权、空间权	土地所有权	单独立法	《法国民法典》第 544 条、《矿业法》、《航空法》5
瑞士	建筑权（含空间及地下）	用益物权	民法典专门条款	《民法典》第 779 条 6

第一，在地下空间利用权的概念界定方面，依研究角度的倾向性不同，

---

① 参见钱七虎等：《地下空间科学开发与利用》，江苏科学技术出版社 2007 年版，第 323 页；胡碧霞：《完善空间权制度　衍生土地新价值——从国外情况探析如何完善我国空间权制度》，载于《城市开发》2007 年第 10 期，第 76 页；Barry Cullingworth、Vincent Nadin, Town and Country Planning in the UK, 14th edition, Routledge Taylor & Francis Group.Press, 2006, at 195–245；《日本民法典》第 269 条，王书江译，中国法制出版社 2000 年版；屈茂辉：《用益物权制度研究》，中国方正出版社 2005 年版，第 409 页；陈卫佐译，《德国民法典》第 1012 条，法制出版社 2015 年版；参见张莹、刘敏捷：《建立我国空间权制度的法律思考》，载于《前沿》2005 第 7 期，第 126 页；李浩培等译：《拿破仑法典》，商务印书馆 1979 年版，第 73 页；罗结珍译：《法国民法典》第 544、546、552 条，北京大学出版社 2010 年版；参见刘春彦、宋希超：《地下空间使用权性质及立法思考》，载《同济大学学报（社会科学版）》2007 年第 3 期，第 114 页；殷生根、王燕译：《瑞士民法典》第 779 条，中国政法大学出版社 1999 年版，第 191 页。

称谓及内涵表述差异较大，如以利用或使用地下空间程度的侧重点不同，有称为地下空间利用权或地下空间使用权（air spare right）等。又如以地下空间的权利归属不同，产生了地下空间所有权、地下空间使用权以及区分所有权等称谓；英国和美国还创设了与土地所有权相分离的发展权或开发权（development right）以及可移转的发展权（transfer of development right）等。

第二，在地下空间利用权的性质认识方面，成文法国家立法者及学者，均视其为一种用益物权。如德、日等国民法典均规定有空间地上权的概念。

第三，在地下空间利用权的立法模式方面，域外先发国家或地区受立法传统和立法技术等因素影响，基于各自地下空间开发实践的需要，逐渐形成以下三种地下空间利用权的立法模式：[①]

一是单独立法模式或称单行法模式。这一模式充分彰显出为适应鼓励地下空间开发利用的目的而选定，逐步摆脱无视他人的权益而赋予地面所有人绝对权利的传统规则。[②] 学界普遍认为英美法系国家主要采用了该立法模式，美国倡导各州使用"空间法"来制定空间权制度，最为典型的空间立法是《俄克拉荷马州空间法》，被认为是对此前有关空间权判例与学说问题的总结。[③] 英国早在16世纪，在英国普通法上就通过判例形式认定地表的上空空间可以作为权利的标的，1610年的贝特案和1870年的科比特诉希尔案是最著名的判例，1947年英国颁布了第一部真正意义上的《城乡规划法》，赋予了对空间的利用取得方式，[④] 至今英国对该法做了多次修改和完善。目前，英国的规划体系包括国家规划政策（PPG）、区域规划导则（RPG）和发展规划三个基本层面，其中伦敦采取了"空间发展战略"的形式。[⑤]

二是纳入民法典立法模式或称民法模式。该模式是大陆法系国家采用比

---

① 先发国家或地区对于地下空间利用权的三种典例立法模式，仍属于嵌入在各自国家或地区空间权的立法模式之中，故此，本章对于地下空间利用权的梳理受到空间权立法模式的影响。

② 参见［美］约翰.G.斯普兰克林：《美国财产法精要》第2版，钟书峰译，北京大学出版社2009年版，第493页。

③ 胡志刚：《不动产物权新论》，学林出版社2005年版，第323页。

④ 吴清旺、贺丹清：《房地产开发中利益冲突与衡平——以民事权利保障为视角》，法律出版社2005年版，第91页。

⑤ 《英国城乡规划立法概况》，http://www.landscapecn.com/paper/detail.asp?id=203，最后访问日期：2018年9月30日。

较普遍的立法模式。德国曾有学者风趣地表示："在德国空间权只是土地所有权的一种延伸。美国有这个概念,大概是由于摩天大楼建的太多"。[①]1896年《德国民法典》第4章1012条的规定体现出德国传统民法上认为地上权与空间地上权是一般与特殊的关系,[②]也就是说,将二者合二为一的规定在民法典具体章节之中,并没有将普通地上权和空间地上权加以区分,由此,有学者认为德国对于地下空间利用权的立法模式属于一般地上权模式,与日本和我国台湾地区的区分地上权模式不尽相同。[③]1919年德国颁布了《关于地上权之命令》(也译为《地上权条例》),较为详尽地丰富了地上权内容,在某种程度上认可了脱离土地的地下空间利用权制度。1912年《瑞士民法典》中第655、675、691、692条以及730、779条均涉及对空间权的规定,[④]只不过是分散规定在"建筑权"项下条文中。[⑤]日本与德国相似,为了保持《日本民法典》的完整性和稳定性,日本立法者在1966年修法时,未像《德国民法典》那样采用将空间地上权纳入普通地上权之中合二为一进行规定的方式,而是在"地上权"一章中,将地下空间利用权作为其中最后一个条款,从而使之成为独立于普通地上权的规定。[⑥]

三是综合立法模式或称法律包裹。就是在相关特别法中分别规定地下空间利用权的内容,形成一个多法律多条文的制度"包裹"。该模式往往顾及先前立法不受大幅度破坏为前提,我国台湾地区采用了此立法模式,[⑦]曾通过"内政部"解释、司法判例及修法逐步建立和完善了空间利用权制度的相关规定。[⑧]近年来,我国台湾地区仿照日本,在2010年5月26日经修正的我国台湾地区"民法典"中第三编物权的第三章地上权中单设第二节作为第841条

---

①　参见〔德〕雷盖伯:《德国物权法的新发展》,刘畅译,载王利明主编:《民商法前沿论坛》第2辑,人民法院出版社2004年版,第251页。

②　郑冲、贾红梅译:《德国民法典》,法律出版社1999年版,第237页。

③　马栩生:《论城市地下空间权及其物权法构建》,载《法商研究》2010年第3期,第86页。

④　详见殷生根:《瑞士民法典》,中国政法大学出版社2000年版,第354页。

⑤　杨与龄:《论分层地上权》,载《法令月刊》1987年第6期,第4页。

⑥　参见陈祥健:《关于空间权性质及立法体例的探讨》,载《中国法学》2002年第5期。

⑦　参见王利明:《物权法专题研究》,吉林人民出版社2002年版,第814—828页。

⑧　参见我国台湾地区"内政部"编:《地政法令汇编》1984年,第1260页;我国台湾地区"最高法院"《民刑事裁判汇编》,1988年。

的"附加"形式，于第 841-1 条至第 841-6 条专门规定为"区分地上权"。

通过对两大法系、三大立法模式基本异同点的比较分析，其中规律亦可为我国构建地下空间利用权制度在立法模式选择上提供借鉴。

一方面，两大法系代表国家或地区对于地下空间利用权立法模式的相同点，表现为：一是不同国家或地区的空间利用权立法模式选择受各自经济发展水平和历史传统的影响；二是虽然立法模式形式不同，但实质内容上仍体现为各种权利、义务主体在地下空间利用过程中对于利益趋衡的追求；三是立法模式多表现了国家、政府对于空间权益的管理深化，反而造成物尽其用原则在立法上的缺位。

另一方面，关于两大法系代表国家或地区对于空间利用权立法模式差异之处在于：大陆法系国家一般都把空间利用权放置在既有用益物权之内进行规定，所谓的"旧瓶装新酒"，目的是为了维护既存法律体系结构之完整，不致产生体系性错乱，至多只是寻找到一个与地下空间利用权最相类似，适合将地下空间利用权包容在内的某项上位权利，通过丰富上位权利或扩大解释的方法来达到规范地下空间利用权的目的。而英美法系国家源于判例法的传统模式，缺少既有成文法的羁绊，加之，英美法系国家历来关注于对财产权利的现实的、具体的保护，而不太注重理论上的抽象，无须像大陆法系国家及地区那样，采用以所有权和债权为核心的财产权体系，将新兴的具有独立经济价值的一定范围地下空间作为财产权利之一种的立法模式。

（二）我国地下空间利用权制度研究现状

虽然相比域外法律制度的完备和制度实施的成熟程度，我国仍有所差距，但随着民事基本法立法工作的持续推进，国内对于地下空间权的相关理论研究成果在数量上颇为可观，无论是期刊文章，还是学位论文，乃至法学专著均呈现出以地下空间权的相关权利作为研究对象的丰硕成果。从学科角度观察，一方面，与地下空间利用权或其上位概念的空间权相关的问题可以进行开放的交叉研究，如法学与建筑工程学、经济学、环境资源学等，但另一方面，法学领域特别是民商法领域对地下空间利用权相关问题尤其是以完备立法构建和实施为目的的研究还在不断深入。就目前我国的研究成果来看，与域外理论研究焦点相似，同样也主要集中表现在对空间利用权的概念界定、性质属性、立法模式探讨和选择方面：

1. 国内文献研究成果趋势概况

从中国知网检索的数据来看，以 2000 年 1 月 1 日—2018 年 12 月 31 日为期间，以"空间权"为关键词，对"文献"进行"模糊"检索，检索到相关文献 1027 条，并呈现出文献数量逐年增高的明确趋势，说明了以地下空间开发利用的相关制度为主要研究对象的理论研究日益为学界所关注。尽管我国《物权法》自 2007 年已开始实施，但学界对于地下空间利用权及相关制度研究并未因此而尘埃落定，反而研究更加不断深入，表明对相关制度的完善呼声更高。由此可见，对其进行深入研究符合科研规律，也顺应法学研究的时代要求。（参见图 0.6）[①]

图 0.6　近年来空间利用相关文献研究成果趋势图（来源中国知网）

从中国知网检索的数据来看，以 2000 年 1 月 1 日—2018 年 12 月 31 日为期间，以"空间利用"为关键词，对全部"文献"进行"精确"检索，检索

---

① 　以其他条件从中国知网检索的数据来看，以 2000 年 1 月 1 日—2018 年 12 月 31 日为期间，以"空间权"为关键词，对全部"文献"进行"精确"检索，检索到期刊论文共 274 篇，其中民商法学 191 篇；对"博硕士"论文进行检索，检索到博硕士学位论文共 90 篇，其中民商法学论文 53 篇，包括博士论文 3 篇、硕士学位论文 50 篇；又以 2000 年 1 月 1 日—2016 年 12 月 31 日为期间，以"空间利用权"为关键词，对全部"文献"进行"精确"检索，检索到文献共 114 篇，其中民商法学 91 篇；对"博硕士"论文进行检索，检索到博硕士学位论文共 29 篇，其中民商法学 20 篇，包括博士论文 2 篇、硕士学位论文 18 篇。最后检索日期：2019 年 5 月 1 日。

到的文献研究成果按年度统计，从 2000 年度的 8 篇持续增长到 2018 年度的 100 篇，增长超 10 倍。

2. 关于地下空间利用权的概念表述及内涵

国内法学界尚未有人提出明确的"地下空间利用权"概念，但如前检索所知，关于与"地下空间利用权"概念密切相关的"空间权"或"空间利用权"概念表述及内涵的研究成果却在不断涌现，我国一些学者和专家针对域外国家立法、学说和判例，结合我国法律体系发展实际，进行了大量研究和总结，按运用概念的文字表述及定义内涵的不同作为标准，可将主要研究成果划分为以下几种代表性观点（参见表 0.7）：

表 0.7　国内学者对空间利用权定义概念认识

概念	学者	代表文献
空间利用权	王利明	《民商法研究系列物权法研究》《中国民法典学者建议稿及立法理由》
	刘保玉	《空间利用权的内涵界定及其在物权法上的规范模式选择》
空间基地使用权	梁慧星	《中国物权法研究》《中国民法典草案建议稿附理由（物权编）》
	陈华彬	《物权法原理》
空间使用权	薄燕娜	《空间使用权若干问题探讨》
	孟勤国	《物权法（草案）》
空间地上权	徐国栋	《绿色民法典草案》
	陈祥建	《建设我国空间建设用地使用权制度若干问题的探讨》
空间权	王卫国	《中国土地权利的法制建设》

我国《物权法》将地下空间利用权纳入建设用地使用权之中。在我国台湾地区，学界对之称谓也不尽相同，以苏永钦、陈铭祥为代表的区分地上权，有以杨与龄、曾国修为代表的分层地上权及以王泽鉴、温丰文为代表的空间地上权等，[①] 区分地上权作为与普通地上权相并列的概念纳入 2010 年我国台湾地区"民法典"物权编地上权一章中。[②] 综上，对于地下空间利用权不同的称谓或定义，不仅反映了学界对空间利用权与传统物权差异的关注，也体现出

---

① 陈祥健：《空间地上权研究》，法律出版社 2009 年版，第 28 页。
② 详见我国台湾地区"民法典"（2010 年 5 月 26 日修正）第 841-1 条。

学界对空间利用权的物权法定位的不同理解与分歧。

3.关于地下空间利用权性质的认识

空间可以成为私法上的权利客体，在学界观点上基本无碍，对于空间权性质的分歧主要表现在关于空间权是否属于物权，是不是一个独立的物权种类的认识上。以王利明教授为代表的一些学者认为空间权能够因土地所有权人、使用权人的意思表示而从中分离出来，亦可通过登记公示方式进行确认，故而提出空间权是一种独立的、新型的用益物权类型，[①] 若直接将空间权纳入我国建设用地使用权规范范围之内，必在很大程度上限制了空间作为一项独立财产的价值。[②] 此为空间权肯定说。否定说则是以梁慧星教授为代表，这些学者主张，空间权仅是对一定空间所设定的综合权利而已，不能成为一种独立的物权类型。[③] 我国台湾地区受到日本的影响很大，其空间权理论发展也是与日本如影相随，如王泽鉴、温丰文、杨与龄等民法大家也都在其代表性著作中认为空间权和传统的地上权并没有什么本质上的区别，"仅有量的差别而无质的不同"。[④] 否定说观点无疑深受德国、日本和我国台湾等大陆法系国家及地区的影响，但不可否认的是，对于空间权的认识都经历了从无到有，从否定到肯定的过程。对于空间权与物权的关系在《物权法》中如何调和定位的问题，我国学者在《物权法》制定前提出的多种版本建议稿中给出了不同制度设计，不仅如此，学者们大多继续坚持并呼吁将空间权相关内容纳入其中。

对于我国《物权法》第 136 条的理解，即对于该条款是否承认空间权并将其纳入建设用地使用权的含义解读，也有肯定说和否定说两种观点。持否定说的学者认为《物权法》仍然沿袭了大陆法系的立法模式，就立法本意而言并不承认将空间权作为独立的物权形态，而只能归入建设用地使用权。与其相对，肯定说学者则主张，该条文实际上也已承认了空间权的独立性，这

---

① 王利明：《物权法研究》，中国人民大学出版社 2002 年版，第 478~479 页。

② 王利明：《空间权：一种新型的财产权利》，载《法律科学》2007 年第 2 期，第 128 页。

③ 梁慧星：《中国物权法研究》，法律出版社 1998 年版，第 591 页。

④ 参见王泽鉴：《民法物权 2：用益物权——占有》，中国政法大学出版社 2001 年版，第 58 页；温丰文：《空间权之法理》，载《法令月刊》1988 年第 3 期，第 35 页；杨与龄：《论分层地上权》，载台湾地区《法令月刊》1981 年第 6 期，第 63 页。

是空间权与建设用地使用权得以"分别设立"的前提所在。由此可见，否定说主要是立足于传统的立法模式，而肯定说则从实践需要出发，可谓各具特点，各有道理。笔者认为，任何法律的制定和权利的构建必将要以社会发展实践为基础，空间权肯定说更具有时代生命力，不仅适应时代发展的实践需要，也存在制度依据，并非凭空创设。

自从空间利用权作为一个法律概念被学界讨论和认知至今，对于其是否能够成为独立的用益物权类型，始终是学界对其性质认识的主要争点所在，无论是在《物权法》颁布之前，抑或实施之后，对该问题讨论热度均未消减，若以《物权法》实施为界，在此之前，形成了立法论意义上"肯定说"和"否定说"两种意见，而在此之后，针对《物权法》第 136 条的规定，对于空间利用权与建设用地使用权是否属于同一不动产用益物权，学界在解释论意义上又出现了截然不同的"吸收说"和"分立说"两种观点。诚然，由于立法尚未完善，对其立法论的探讨仍未停止，留待深入研究的空间也比较大。

在《物权法》颁布前，关于空间利用权是否能够成为独立的用益物权类型的问题。"肯定说"认为空间利用权是一种新型的财产权利，空间利用权可以与建设用地使用权相分离，成为一项独立的物权。王利明教授在其论文《空间权：一种新型的财产权利》进行了全面的论述，[①] 彭诚信教授在其论文《我国土地公有制对相邻关系的影响》《空间权若干问题在物权立法中的体现》、王卫国教授在其《中国土地权利研究》一书中均对该观点进行了阐述。[②]

否定说认为空间权仅系一种是权利综合表现形式而已，难以称为物权的一种。梁慧星教授曾将其分解成"空间基地使用权""空间农地使用权"和"空间邻地利用权"三种。[③] 陈祥健在其论文《关于空间权的性质与立法体例的探讨》中对此也有过类似论述。[④] 我国台湾地区学者王泽鉴先生在其著作

---

① 参见王利明：《空间权：一种新型的财产权利》，载《法律科学》2007 年第 2 期，第 117 页。

② 参见彭诚信、臧彦：《空间权若干问题在物权立法中的体现》，载《吉林大学学报（哲社版）》2002 年第 5 期；彭诚信：《我国土地公有制对相邻关系的影响》，载《法商研究》2000 年第 1 期；王卫国：《中国土地权利研究》，中国政法大学出版社 1997 年版，第 225 页。

③ 参见梁慧星：《中国物权法研究》，法律出版社 1998 年版，第 591 页。

④ 陈祥健：《关于空间权的性质与立法体例的探讨》，载《中国法学》2002 年第 5 期。

《民法物权》中认为可适用地上权的相关规定。①

　　在《物权法》实施后，关于空间利用权与建设用地使用权为同一不动产用益物权的问题，"吸收说"还是以梁慧星教授为代表，王燕霞在《论空间建设用地使用权登记制度之构建》文中主张没有必要引入专门"空间利用权"概念，可将其纳入建设用地使用权之中，使用空间或分层的特殊表述即可。②总之，"吸收说"与"否定说"基本一致，如同王泽鉴在《民法物权》中所言，空间利用权和建设用地使用权之间仅有量的差异，并无质的不同。"分立说"则仍以王利明教授为代表，其认为空间利用权和建设用地使用权是可以分离的，是并列的用益物权类型，对其独立性给予肯定。③

　　4. 关于我国地下空间利用权制度立法模式选择

　　从我国目前立法现状审视，就涉及地下空间利用相关制度大体可区分为宏观层面（各层级整体立法架构）即综合立法体系和微观层面（民法、物权法等）民事基本法律的具体条款两个层面。《物权法》颁布是我国地下空间利用权立法模式的初始选择，也为日后形成整体地下空间利用权法律体系构建奠定基础。在此，主要以《物权法》颁布时间作为时间节点，对前后关于地下空间利用权的立法背景及相关立法状况进行基本分析，提出一些建设性意见，以期为日后我国地下空间利用权立法模式选择提供借鉴。

　　《物权法》颁布以前，从宏观立法实践来看，主要是针对地下空间的规划利用，并未明确地下空间利用的权利归属，并仅存在相关的单行法及一些地方性法规。如我国自然资源部（原国家土地管理局）于1995年颁布的《确定土地所有权和使用权的若干规定》是我国第一个涉及空间利用权制度等相关

---

① "无论是普通地上权或区分地上权，均以'土地'为客体，以土地的'上下'为其范围，仅有量的差异，并无质的不同。故区分地上权并非物权的新种类，除有特殊规定外，应适用关于地上权的规定。"王泽鉴：《民法物权2：用益物权——占有》，中国政法大学出版社2001年版，第58页。

② 王燕霞：《论空间建设用地使用权登记制度之构建》，载《云南大学学报法学版》2012年第5期。

③ 参见王利明：《空间权：一种新型的财产权利》，载《法律科学》2007年第2期。

内容的部门规章，①1996 年修订的《中华人民共和国人民防空法》(以下简称
《人民防空法》)，1997 年我国住建部颁布的《地下空间管理规定》②等，也仅
是对专项的地下空间利用（如铺设地下管线等）进行了规定。③地方如上海、
深圳、天津等经济较为发达的省份和城市，也仅是从地下工程建设角度在立
法上有所先行突破。④

　　以何种方式构建完善我国地下空间利用权制度，已经受到立法和实务的
关注，也成为我国《民法典》物权立法探讨问题之一。在我国《物权法》制
定过程中，对于地下空间利用权立法模式的选择和确定主要体现为三种立法
模式，可以分为分散立法模式（梁彗星建议稿）、专章专节立法模式（王利明
建议稿）和吸收立法模式（法工委稿），同样，梁稿和王稿均将该方案的基本

----

　　① 该《规定》第 54 条规定："地面与空中、地面与地下立体交叉使用土地的（楼房除
外），土地使用权确定给地面使用者，空中和地下可确定为他项权利。平面交叉使用土地的，可
以确定为共有土地使用权也可以将土地使用权确定给主要用途或优先使用单位，次要和服从使
用单位可确定为他项权利。"参见陈耀东、罗瑞芳：《我国空间权制度法制化历程问题研究》，载
于《南开学报》(哲学社会科学版)，2009 年第 6 期。

　　② 该《规定》的颁布对我国当时城市的发展做出了积极的贡献，因为其对我国空间资源
的合理开发利用及管理的方式方法等做出了详尽的规定。例如，其单独设立一章对我国空间资
源的规划、工程的建设以及政府部门应如何进行管理等相关内容做出了专门性的规定。可以说
它的出台为我国政府行政部门在没有空间专门立法的背景下解决城市建设实践活动中遇到的突
出问题提供了法律依据，同时也有益于最大限度的利用和开发城市地下的空间资源，与我国提
出的走可持续发展的国策不谋而合。引自李雪光：《论我国空间权法律制度的完善》，延边大学
2011 年硕士学位论文，第 20 页。

　　③ 2000 年自然资源部（原国土资源部）在回复广东省国土资源厅《关于地下建筑物土地
的确权登记发证问题的请示》中曾指出：1. 凡是与地上建筑物连为一体的地下建筑物，其土地
权利可以确定为土地使用权。具体登记时，将地下的建筑物的建筑面积计入整体总面积，然后
按权利人拥有的地下建筑面积占整体建筑面积的比例分摊地面上的土地面积。2. 离开地面一定
深度单独建造，不能与地上建筑物连为一体的地下建筑物，其土地权利可确定为土地使用权地
下。其土地面积为地下建筑物垂直投影面积，并在备注栏注明相应地上土地使用权的特征。土
地使用权（地下）在不违反地下建筑物规定的用途、使用条件的前提下，可以进行出租、转让
和抵押。

　　④ 如在浙江省政府在 2002 年颁布的《浙江省土地登记办法》中对地下空间的使用权进行
规定后，陆续有深圳、上海、南京、天津等城市也在酝酿通过立法对地下空间的利用进行规范，
并渐次出台了一些规定或规定草案，如：上海市人大通过的《上海市民防条例》《上海市民防工
程管理办法》《上海市地下空间开发利用管理办法》《上海市城市地下空间建设用地审批和房地产
登记试行规定》《深圳市地下空间开发利用管理办法》《天津市地下空间规划管理条例》，但这些
都属于地方性法规，只能在本地行政区域内适用，效力层次较低。而且这些法规只涉及地下空
间的规划、建设等方面的规定，并未整体涉及地下空间性质及物权领域。详见嵇健锋：《地下空
间权研究——兼谈地下车库的权属》，苏州大学 2013 年硕士学位论文，第 24 页。

内容纳入各自所提出的民法典草案建议稿之中。① 纵观各种不同观点与学说，分歧主要集中在两方面：一是空间利用权是否是一个独立的用益物权；二是未来《民法典》物权篇应如何完善空间利用权的规定。对此，笔者选取了梁慧星《中国民法典草案建议稿》、王利明、徐国栋《绿色民法典草案》中相关内容做以比对，阐述其优劣性与适合性，论证并提出妥当的立法建议。在三个版本的民法典草案中对于空间利用权的认识主要表现为：

其一，梁慧星教授主持拟定的《中国民法典草案建议稿》基本沿用了其在《中国物权法草案建议稿》中对于"空间"的物权制度设计，此稿中未见用益物权与担保物权的划分，亦未出现划分自物权与他物权之字样。②

其二，王利明教授主持拟定的《中国民法典草案建议稿》也基本沿用了其在《中国物权法草案建议稿》中对于"空间利用权"的物权制度设计，略有调整，独立成节共计10条放置在第五编物权第三章用益物权中作为第七节，充分体现该稿对空间利用权作为一种新型用益物权的重视。③

其三，徐国栋教授主持拟定的《绿色民法典草案》中，参考《日本民法典》第269条的相关规定，使用"空间地上权"概念作为专门条款，并置放于第二编"财产关系法"——第五分编"物权法"——第三题"他物权"——第一章"用益物权"——第四节"地上权"的规定之中。

第一种，分散立法模式。具体架构可参见图0.8。

---

① 在梁慧星教授主持拟定的物权法草案建议稿中，将空间利用权分别置于基地使用权、农地使用权、邻地利用权之中，各以单独的条文简明扼要地规范各种空间利用权。参见梁慧星：《中国物权法草案建议稿》，社会科学文献出版社2000年版；在王利明教授主持拟定的物权法草案建议稿中，空间利用权为其用益物权一章中的独立一节（第六节），设有11个条文，分别对空间利用权的定义、设定、期限、费用、享有、行使、转让、抵押、出租、限制及空间利用权的相邻关系等作出了较为详细的规定。王利明：《中国物权法草案建议稿及说明》，中国法制出版社2001年版。

② 该稿第424条、457条、489条。梁慧星：《中国民法典草案建议稿》，法律出版社2013年版，第90~105页。

③ 该稿第955~964条。王利明：《中国民法典草案建议稿及说明》，中国法制出版社2004年版，第133页。

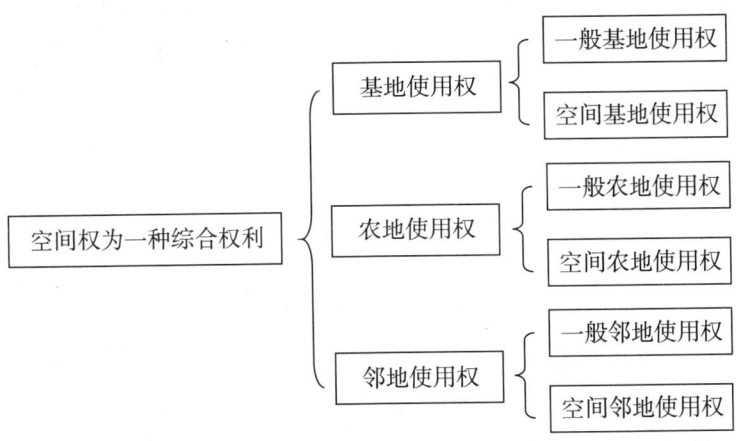

图 0.8　分散立法模式

第二种，专节立法模式。具体架构可参见图 0.9。

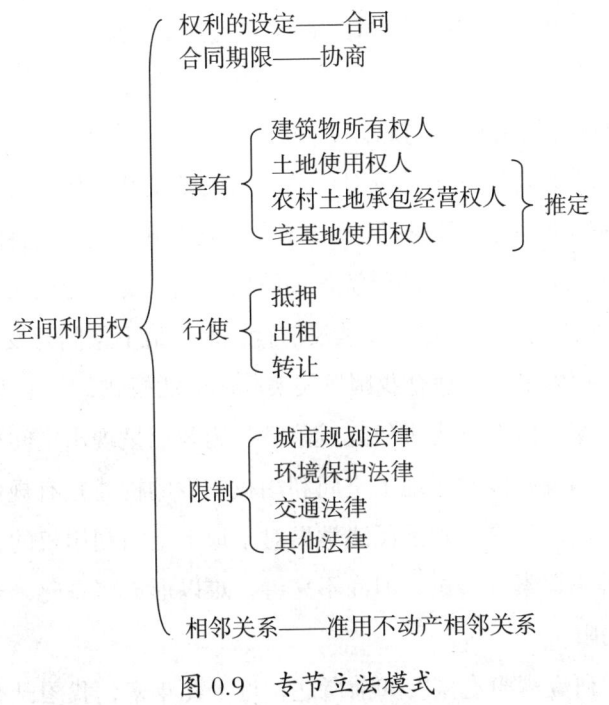

图 0.9　专节立法模式

比较以上两种我国学界代表观点，可见分散立法模式重在分类纳入土地权利的相关章节之中，不强求整合，并且规定比较概括。而专节立法模式不再将空间权进一步分类，而是统一使用空间利用权的概念，在用益物权一章中，单独列为一节，与其他用益物权并列。

第三种，吸收立法模式。我国《物权法》并没有采纳学界建议的前两种方案，而是直接用一个条文将地下空间纳入建设用地使用权的调整范围。

立法机关之所以作出这一选择，是因建设用地使用权的客体是国有土地，以建设为目的而使用国有土地主要是为城市的开发建设。

笔者认为，立法上将地下空间利用权委身于建设用地使用权规定之中，且仅以《物权法》中一个条文予以规范，尚存有诸多不明之处，实践中，因地下空间利用带来的矛盾纠纷始终未得到法律上的彻底解决，立法上的弊端已有所显现。因此，对于构建完整的地下空间利用权制度乃至空间权法律制度体系，既需要制定单行法规加以明确，同时，又有必要在未来《物权法》修正中予以充实，直至在民法典中予以最终完善，我国《物权法》的现行规定仅是地下空间利用权制度得以构建的起点，绝不是终点。

（三）对现有研究成果的总体评述

相比于域外先发国家及地区对于地下空间开发利用形成较为成熟的立法模式，我国还仅停留在理论探讨及技术化立法争鸣之中，这种鲜明的差距，究其原因在于二者处于不同的经济发展阶段，我国的《物权法》正面临着实践的检验，《民法典》的制定正在破浪前行，对于地下空间开发利用的法律配套规范，需要探索出一条适合我国发展实际的立法模式，并不可能一蹴而就。但无论如何，域外既有的先进研究成果已经为我们呈现出空间权制度发展的基本规律，我国现阶段对于地下空间利用权制度的构建是有规可循的，也是完全必要的。国内学界特别是民法学界对于地下空间利用权的相关问题也进行了初步的理论探索和尝试，但尚不完善，难以形成体系化，至少存在以下两个方面的局限：

一方面，研究视野有限。如前所述，近十几年来，我国已有部分民法学者提出设立"空间利用权"制度调整和促进地下空间资源的开发和利用，并形成了一定的研究成果，但也存在一定的分歧和体系性的不足，易言之，基本权利理论的研究较多，分歧也比较明显。如王利明教授的论文《空间权：一种新型的财产权利》，开宗明义，得到部分青年学者的支持，如张洋、朱学辉《论空间利用权作为独立权利的基础》、李延荣《关于空间利用权的思考》、肖平容《土地空间利用权的若干思考》、贾宏斌《论我国地下空间利用权之构建——以地下车位权属交易为视角》等论文。而另有一些学者在其论文中提出相反或保留性的意见，如刘保玉《空间利用权的内涵界定及其在物权法上的规范模式选择》、陈祥健《论空间地上权》等论文。与此相应，通过"空间利用权"的设定，丰富完善各位价制度的程度还不够深入，仅为泛泛而论，与行政法管理规范如何协调，如何通过制度的运行化解现存主要问题尚略显不足。如肖军独著《城市地下空间利用法律制度研究》，邓少海、陈志龙、王玉北所著《城市地下空间法律政策与实践探索》等。因此，针对地下空间利用权的理念与实践联系方面，作为用益物权独立性构建与相关权利关联方面，民法构建与经济法规制协调方面，均需要进一步深入剖析。

另一方面，研究成果体系化思维不足。体系化研究与构建长期以来被视为科学和理性的标识，体现了普遍联系和永恒发展的时代主题。从以上文献归纳中不难看出，我国地下空间利用民事权属立法欠缺，行业管理法律和地方立法的效力较低，地下空间开发利用的配套法律法规不尽完善，管理法制存在问题明显。①对于地下空间利用权的法律法规一体化构建的研究不足，掣肘着地下空间利用权作为新型民事用益物权的实践功能，使其影响力尚未完全发挥出来。因此，地下空间利用权并非只限定于在基本法律文本中的构建，更应注重私法规范与调整公权力的行政法规、部门规章、地方性法规、规章等公法性规范的协调共建。

综上，国内尚未形成专门"地下空间利用权"制度的系统性理论研究成果，研究大多是要么纠结于"空间利用权"的概念和属性上，要么散见于各行其是、各自为政的具体规定的简单设计上，而且都没有明确指定"地下"这一具体明确的范围。"只有专注，方可深入"，发挥空间权的现代功能，通过构建地下空间利用权制度必将丰富传统用益物权内容，反过来指导于实践，

---

① 参见邓少海、陈志龙、王玉北：《城市地下空间法律政策与实践探索》，东南大学出版社2010年版，第86页。

回应并解决地下空间开发利用中的所遭遇到的难题和纠纷。诚然，构建地下空间利用权法律制度尚有很多理论障碍需要破除，实践问题需要澄清，本书研究探讨的主旨在于为我国地下空间利用权制度的系统构建和完善提供些许功能诠释和理论支撑，在丰富民法物权制度创新的同时，为规范地下空间资源开发利用提供更为有效的法律制度支持。

三、基本框架

首先，从地下空间利用涉及的民事法律问题视角出发，通过梳理先发国家及地区对地下空间立法实践和理论成果，结合我国立法及司法实践，论证我国对于地下空间利用权制度进行构建的必要性和进步意义。为促进地下空间资源合理利用，维护当事人合法权益，有效解决实践纠纷，笔者认为，在我国民法物权中缺少一种专门的用益物权来规范地下空间开发利用民事行为，故而提出在我国民法物权中应构建具有独立性用益物权性质的地下空间利用权制度，用以回应实践需要。详见本书第一章、第二章。

其次，对于我国地下空间利用权自身内部构造，即权利本体进行阐述。着重从地下空间利用权的主体、客体、内容三要素进行分析探讨。其中对于主体的论述，主要着眼于为土地私有制先发国家及地区与我国土地空间公有制的主体之间的比较分析；对于客体的论述，主要在将客体定义为地下"典型空间"的基础之上，围绕地下"典型空间"的特点和应用进行探讨；对于内容的论述，按照民事权利内容论证的通行做法，分别对于我国地下空间利用权的权能、边界、救济的构建进行了论证分析。详见本书第三章。

再次，沿着从权利内部向外部，从权利静态向动态运行的发展方向，就我国地下空间利用权在民事权利制度范畴内运行状况逐步论述，并从权利人角度出发，着重围绕地下空间利用权取得与变动相关制度构建进行阐述。详见本书第四章。

最后，就如何将地下空间利用权的权利运行扩展至与外部相关公权力制度交互运行，协同发展进行探讨，以期通过构建全面地下空间利用权法律体系制度及运行方式，规范、指导、服务于我国地下空间开发利用实践，充分回应、适当解决前文提出的问题。详见本书第五章。

四、研究方法

本书所关注的主题是针对比较明确具体的民事权利制度构建问题，因此，应本着尊重和符合权利研究的规律而行，笔者认为，至少应在三个方面理清脉络，逐步拓展。其一，关于法理念方面，应坚持辩证唯物主义思想，从实际出发，实事求是，与时俱进，理论与实践相结合，立足于我国当代发展，结合历史传统，从庞杂的空间权理论观点中抽象出地下空间利用权的基本规律和发展趋势，探索在我国现行土地法律制度体系框架内，《民法典》研究制定的背景下，提倡和支持将地下空间利用权作为一种新型的财产型用益物权纳入民法物权体系之中。其二，关于法技术方面，本书探讨的主旨在于对一项新型民事权利的构建，文章写作的性质当属民事法律立法论研究范畴，力求在言之成理，自圆其说的同时，合理采用民法解释论的研究方法和写作方式，在此基础之上形成具有立法论意义的文章，很大程度上属于是"站在巨人肩膀上"看待问题。其三，关于法学习方面，新型民事权利的构建并不是凭空臆想产生，而是经过对既有学术成果的学习和借鉴，破解或回应当下存在的问题而为，展现了对民法学习过程的一个侧面。

在此基础之上，撰写文章所使用研究方法主要采用了以下三种：

（一）经济分析法研究方法

经济分析法是建立在辩证唯物主义和历史唯物主义基础之上的研究方法，是从经济方面着眼分析政治现象的方法，现已广泛应用于社会科学研究领域，法学作为社会科学的代表专业，当然不可抛弃对经济分析法的有效利用。地下空间利用权的构建是因现实经济发展过程中出现的具体问题所引发，又以回归到化解现实矛盾为旨趣，地下空间利用权的法律制度构建作为完善上层建筑的政治内容，是现实具体问题作为经济基础的内容的反映，也是经济分析法在地下空间利用权制度构建论述中得以应用的体现平台。

本书尝试运用经济分析法的研究方法对地下空间开发利用实践与地下空

间利用权法律制度构建之间作以互联互动，分析我国现行制度在适用于构建
地下空间利用权时所遭遇的制度瓶颈和观点分歧。本着地下空间开发利用效
益最大化，立法成本最小化的原则，从社会效益和经济价值的角度出发，有
助于合理利用土地，提高土地空间利用率；有助于达到加强地下防卫的目的；
有助于提高民众的空间利用权意识，使因地下空间利用造成的纠纷得以有效
化解，为当事人的合法利益得到有效保护提供了法律依据，为我国地下空间
利用权制度构建提供一定的制度设计模式参考。

（二）实证分析法研究方法

理论来源于实践，实践是问题产生的土壤，而坚持问题为导向是法学研
究的重点方法之一，脱离实践的研究犹如无源之水，无本之木，注定是没有
生命力的。本书对于地下空间利用权制度构建的研究，着眼于地下空间开发
利用的既往、现状和前景，实证收集扎根于域内外的典型事例或司法案例，
以确保研究的理论针对性及实践可行性。如在我国地下空间利用权的主体、
客体、内容等方面的具体制度构建间，收集、引用、评述某些具体的个案妥
当性，用实证分析的思路，提炼和抽象出权利得以运行的内在规律，加以规
范，形成日后能够有效指导实践的权利制度；再如通过检视的方式，将拟构
建出的地下空间利用权制度对现有问题进行拟解决，以展示出该制度构建的
必要性和可行性，有效性和科学性，这种检验方式也是必不可少的和最具说
服力的论证方式之一。

（三）比较分析法研究方法

只有比较才能看到差距，只有比较才能发展规律，只有比较才有进步的
动力。在科技日新月异高速发展的当今世界，法律制度的创设也应适当提速，
不能只顾闭门造车。纵观世界先发国家及地区对于地下空间的立法规范各有
特点，不论是大陆法系主要采用的纳入民法典式的立法模式，还是英美法系
主要采用的单独立法模式，抑或是我国台湾地区的法律包裹立法模式，虽然
形式不同，但都基本取得了规范地下空间开发利用的目的，可谓殊途同归。
比较分析法的优势在于对我国地下空间利用权制度构建提供了更多可供选择

的思路和模式，减少试错机会，降低立法成本。^①通过比较域外先发国家及地区的空间权制度优势与我国的现行地下空间利用法律制度的缺陷，对我国在民事基本立法中引入并创设地下空间利用权这一新型财产型用益物权的必要性和可行性予以证成，同时分析可供选择借鉴的各种制度模式在运行过程中形成的成功经验和遇到的困境，对制度构建的方式和路径提出完善性意见建议，从而为选择适合我国语境的地下空间利用权制度立法模式提供借鉴。

① 参见［美］大木雅夫：《比较法》，范愉译，法律出版社1999年版，第74~75页。

第一章　我国地下空间利用权的创设缘由

　　工业革命带来了土地利用多元化的进步，先发国家及地区为了适应空间开发利用的大趋势，在政策和立法上都制定了许多关于空间权利的规定，并逐步完善。我国自改革开放以来，社会经济进入快速发展时期，土地资源供求的矛盾日益突出，空间权制度在立法上的缺失，已不能适应和满足经济社会发展对空间权利法律制度的构建需求。基于现代科技水平发展对地下空间利用的强力支持和登记技术的发达完备对地下空间利用权公示的有效支撑，地下空间利用权作为一种生活实践中典型的普遍存在的权利形式，其上升为一种新类型物权性权利成熟程度已然具备，并有纳入物权类型制度构建之必要。因此，研究和借鉴域外空间权立法制度，有利于我们结合国情，填补空间权保护在立法上的缺失。空间权体现在民法物权之中，更多是作为空间的利用权能而出现，地下空间利用权制度的构建无疑是回应实践需要和促进空间权体系发展的重要成果。

一、地下空间利用开发进程概述

　　任何理论都来源于社会生活实践，法学理论也无法出其右，而一项具体的制度是理念成熟化标志化的产物。同样，法律制度的形成发展也是源于生活实践，反过来又指导生活实践。地下空间利用权作为法学理论和法律制度正在发展过程中的研究对象，其在每一阶段的丰富、改进、完善都与地下空间开发利用实践发展程度休戚相关。为此，了解地下空间开发利用发展的历史，方能更准确地对其进行制度化研究探讨，以克服脱离生活实践的单纯理论研究的局限性，突破单独从部门法律角度进行制度构建思考的狭隘性。

（一）先进国家和地区地下空间利用进程回顾

回顾历史、总结经验，是为了加深对客观事物规律性的认识，是为了更好地面对现实，立足现实，指导现实。① 只有从历史中不断汲取力量，辩证思考，才能在正确的研究道路上不断创新，不断进步。

1. 人类地下空间利用的历史追溯

据部分考古文献显示，人类利用地下空间的历史最早可以追溯到人类史前文明，典型的遗迹有美国中部马莫斯大洞穴系统、位于阿尔卑斯山的让波尔纳大洞穴、土耳其境内的安纳托利亚高原的大规模洞穴等。② 古罗马建立的罗马帝国，被喻为最伟大之处，是城市的地下供水排水系统，不仅从一个侧面折射出罗马社会文明进步的程度，而且通过它们也可以获悉古罗马社会的诸多历史信息。在当时的历史条件下，地下空间的开发建设既是经济社会发展的历史产物，在某种程度上又是推动社会整体发展的历史动因之一。受益于欧洲大陆的历史发展传统，近代的法国巴黎、英国伦敦都有较为著名传世的地下空间建筑。如巴黎建有百余年历史的地铁系统，地下停车场及天然气输送管道、电信通信管道等都已形成完备的地下网络系统。法国著名电影《悲惨世界》中所展现的一幕，主角冉·阿让在巴黎下水道里做了一次长途旅行，里面大大小小的下水道纵横交错，仿佛是一个奇妙的地下迷宫。雨果写作此书是 1862 年，那时巴黎地下开始挖空，下水道已经星罗棋布。③ 伦敦于 1863 年就建成了世界上第一条地铁，开创了世界上地下铁道建设的先河。目前世界上已经修建地铁投资运营的国家和地区有 40 多个，城市有 100 多个。④ 地下空间与宇宙、海洋并称为人类最后留下的新的开拓领域。⑤

---

① 胡锦涛：《会见参加中国抗日战争的俄罗斯老战士代表的讲话》，载《人民日报》2005 年 5 月 9 日。

② 参见邓少海、陈志龙、王玉北著：《城市地下空间法律政策与实践探索》，东南大学出版社 2010 年版，第 86 页。

③ 参见 [法] 雨果：《悲惨世界》，张荣超译，吉林出版集团有限责任公司 2013 年版。

④ 参见李艳楠、彭贤博、谈琦隆、章梦影：《城市地下空间的开发与利用问题研究——以武汉市为例》，载《武汉冶金管理干部学院学报》2012 年第 2 期，第 7 页。

⑤ 耿永玉、赵晓红：《城市地下空间建筑》，哈尔滨工业大学出版社 2001 年版，第 19 页。

2. 先进国家和地区地下空间利用的现代发展

进入 20 世纪，世界经济发达国家和地区迎来了地下空间开发利用的发展高峰期，技术进步和制度创新引领下的地下空间开发建设取得了举世瞩目的进展。诸如日本地下街在城市地下空间开发利用的领域中，占有着重要的位置，在国际上也享有较高的声誉。[①] 从 1930 年日本东京上野火车站地下步行通道两侧开设商业柜台，最早建成了"地下街之端"至今，地下街已从单纯的商业经营性质演变为由交通、商业及其他设施共同组成的相互依存的具有多种城市功能的地下综合体。[②] 日本比较重视地下空间的环境设计，无论是商业街，还是步行道在空气质量、照明乃至建筑小品的设计上均达到了地面空间的环境质量。[③] 北美地区的美国和加拿大都是开发利用地下空间的成功代表。美国纽约地铁是世界上运营线路最长、车站数量最多的地铁；典型的洛克菲勒中心地下步行街，将 10 个街区范围内的大型公共建筑在地下予以连接；美国明尼阿波利斯市在商业中心建设了地下公共图书馆，使地下空间利用率达到一个空前的高度。加拿大蒙特利尔城围绕着国际交易中心，一大批项目通过地下人行道与地下城相连，使地下城的人行道长度达到了 30 公里，成为了世界上最长的地下人行道，完整的地下通道系统，没有明显的高差出现，反映出地下空间开发利用过程中规划及建设的科学性，被称为"蒙特利尔地下城"。北欧地下空间的利用与民防工程、市政环保工程的结合是其一大特点。瑞典是首先试验用管道清运垃圾的国家，斯德哥尔摩地区有 120 公里长的地下大型供热隧道，并建设地下贮热库，为利用工业余热和太阳能节约能源创造有利条件。芬兰赫尔辛基的大型供水系统，隧道长 120 公里，过滤等处理设施全在地下。挪威的大型地下供水系统，其水源也实现地下化，在岩层中

---

①　转引自陈志龙、王玉北著：《城市地下空间规划》，东南大学出版社，2004 年版。

②　See Tetsuya Hanamura: "Japan's New Frontier Strategy, Underground Space Development", Tunneling and Underground Space Technology, 1990，5：13–21.

③　1973 年之后，由于火灾，日本一度对地下街建设规定了若干限制措施，使得新开发的城市地下街数量有所减少，但单个地下街规模却越来越大，设计质量越来越高，抗灾能力越来越强，同时在立法、规划、设计、经营管理等方面已形成一套较健全的地下街开发利用体系。据统计，日本已至少在 26 个城市中建造地下街 146 处，日进出地下街的人数达到 1200 万人，占国民总数的 1/9。参见崔曙平：《国外地下空间开发利用的现状和趋势》，载《城乡建设》2007 年第 6 期，第 69~70 页。

建造大型贮水库，既节省土地又减少水的蒸发损失。[①]另外值得一提的是，印度、埃及、墨西哥等发展中国家现今开始了对地下空间的开发利用。[②]

3. 先进国家和地区地下空间发展的趋势分析

目前，发达国家已逐渐将地下铁道、地下商业街、地下停车场及地下管线等连为一体，成为多功能的地下综合体。因此，也有学者大胆预测称：本世纪末世界上将会有 1/3 的人工作、生活在地下空间之中。[③]发展趋势主要体现在以下几个方面：

（1）利用功能综合化

先进国家和地区地下空间利用发展的首要趋势应属功能综合化，表现为大量地下综合体的日益涌现。欧洲、北美和日本等一些大城市都建设了不同规模的地下综合体，成为具有大城市现代化象征的建筑类型之一。其次是表现为城市交通的地下化，将成为未来地下空间开发利用的重点。如美国波士顿 1950 年建成的中央干道将转入地下。作为新一代城市间地铁项目，瑞士正在研发可在地下隧道中运行的磁悬浮列车。[④]第三，综合化表现在地上、地下空间功能既有区分，更有协调发展的相互结合模式。

（2）开发利用深层化、分层化

深层地下空间资源的开发利用已成为未来城市现代化建设的主要课题。如加拿大温哥华修建的地下车库已达到 14 层，日本 30 米以下的大深度地下空间利用已开始规划实施。同时，各空间层面分化趋势越来越强，人、车分流，管线、交通分层，保证了地下空间利用的充分性和系统性。

（3）先进技术的成熟和运用

随着地下空间开发利用程度不断扩展，在硬岩层采用 TBM、在软岩中

---

① 参见邓少海、陈志龙、王玉北著：《城市地下空间法律政策与实践探索》，东南大学出版社 2010 年版，第 22 页。

② 林坚、黄菲、赵星烁：《加快地下空间利用立法，提高城市可持续发展能力》，载《城市规划》2015 年第 3 期，第 24 页。

③ 李显忠：《城市地下空间建设政策与标准体系研究》，海洋出版社 2011 年版，第 3 页。

④ 据统计，城市规模越大、人口越多，采用地铁建设方式的比重越高。在轨道交通的建设方式上，人口 200 万以上的城市采用地铁条数占 77.5%，运营长度占 90.5%；人口在 100 万～200 万的城市，采用地铁线路条数占 69.3%，运营长度占 64%。崔曙平：《国外地下空间开发利用的现状和趋势》，载《城乡建设》2007 年第 6 期，第 71 页。

采用盾构等先进挖掘技术越来越广泛。目前世界采用微型隧道技术已修建了5000公里管道。共同沟的发展将成为必然趋势。GPS（卫星全球定位）、RS（遥感）和GIS（地理信息系统）技术在地下空间开发中的应用将会得到越来越大的推广。

（4）风险灾害应急管理倍受重视

由于位于城市的地下空间开发建筑多具有人口密集、产业集中和资产聚集的特点，一旦发生事故灾害，很可能将造成较地上建筑更为复杂巨大的物质经济损失和人身损害，在这种情况下，从城市发展的过程入手，对地下空间利用的规划过程、建设过程、运行过程进行缜密分析，对可能的发生的突出事件严格排查，提前预设，实现全方位、全过程、无缝隙主动应对，成为未来空间开发利用所必须优先考虑的大势所趋。

（二）我国地下空间利用进程概说

我国是具有悠久历史的文明古国，在对地下空间的利用方面同样具有可供追寻的历史印迹，从对历史传统的传承角度看，了解我国地下空间利用的历史发展脉络，必将为当下及未来我国地下空间开发利用坚定信心，提供动力支持。

1.我国古代地下空间利用发展历史

《易传·系辞》曰："上古穴居而野处，后世圣人易之以宫室，上栋下宇以待风雨，盖取诸大壮。"这段话大概是讲：上古时候，冬天藏身洞穴，夏天则在野外居住，后世圣人，为了防止洪水猛兽的侵袭，遂教民建筑宫室，上有栋梁，下有檐宇，以防御风雨，是取象于大壮卦。在生产力水平极低的状况下，天然洞穴自然首先成为原始人最适宜居住的"家"。从早期人类的北京周口店、山顶洞遗址可见，穴居作为原始人类的主要居住方式，满足了原始人对生存的最低要求。秦始皇陵作为中国历史上第一个皇帝陵园，也是最大的皇帝陵，充分展示了古时对地下空间开发利用的规模水平。在水利工程方面，也有开发地下空间的事例，如陕西褒城的石门隧洞，是东汉明帝为了打通道路下诏在褒谷处开凿的穿山隧洞。洛阳含嘉仓是用作盛纳京都以东州县所交租米之皇家粮仓，历经隋、唐、北宋三个王朝，是隋朝在洛阳修建的大型储粮仓库。综上可见，我国古代在生产建设中，曾致力于地下空间资源的开发，尤其是施工技术方面，处于当时世界领先的地位。

2. 我国地下空间利用的发展现状

新中国成立后至今，按不同历史时期，政治经济发展任务和目标的不同，我国地下空间开发利用大致可划分为三个阶段：

第一阶段：民防建设时期（从 20 世纪 50 年代到 70 年代）。这一时期建设了一大批地下工厂，早期人防工程，形成了以民防为主的地下空间开发利用主体。人防工程是防备敌人突然袭击、有效地掩蔽人员和物资、保存战争潜力的重要设施。我国第一条地铁线——北京地铁始建于这一时期，但由于属于战备工程，北京地铁在通车后很长时间内不对公众开放，需凭介绍信参观及乘坐。

第二阶段：平战结合时期（从 20 世纪 70 年代到 80 年代末）。这一阶段我国提出民防建设与城市建设相结合，开始将已有的民防工程向改造为和平使用转向，以充分利用空间资源、发挥民防工程的平时经济效益，逐渐演化成按照平战两用的思路建设民防工程，如上海的民防工程当时用与和平使用率达 60% 左右。

第三阶段：开发利用时期（从 20 世纪 90 年代到现在）。这一时期地下空间逐渐形成一个完整的概念，从民防范畴独立出来或者说是转化而来，并且反过来包容民防内容，地下空间迎来了开发利用的时代。2002 年中国公路隧道的通车里程比 1979 年增长了 13 倍，已成为世界上隧道最多、最复杂、发展最快的国家。1992 年，上海市政府规划建设了大陆第一条规模最大、距离最长的共同沟——浦东新区张杨路共同沟。2006 年在中关村（西区）建成了我国大陆地区第二条现代化的共同沟。

进入 21 世纪，我国地下空间开发快速增长，体系不断完善，特大城市地下空间开发总体规模和速度已居世界同类城市前列，对提高城市空间容量、缓解交通、保护地面环境做出了重要贡献。一是地下交通设施建设取得快速发展。截至 2014 年初，我国已有 28 个城市开建地铁，已建成运营总里程 2074 公里，位居世界前列，承担客流比例逐年上升，有效缓解了交通拥挤。二是城市大型地下综合体规模大、水平高。深圳福田火车站作为目前世界上最大的地下火车站，解决了高速铁路穿城线路和设站问题，化解了铁路对城市交通阻断和环境影响大的传统疾瘤。三是地下空间总量增长迅速，节约了城市建设用地，扩大了城市空间容量。截至 2013 年底，北京、上海的地下空间总面积均接近 6000 万平方米。北京市地下车库约占地下建筑量的 40%，向社会提供近 80 万个停车位。[①] 四是环境质量和舒适度取得新进展。北京国贸商城、上海虹桥枢纽、广州动漫星城、苏州星海广场等地下空间，其内部采光通风和视觉环境与发达国家先进水平相当，提高了城市生活质量，增强了地下空间的吸引力。[②]

3. 我国未来地下空间利用的发展趋势

由于我国对地下空间开发利用工作起步比较晚，虽然总体上已经成为世界上地下空间开发利用的大国，但还不是强国，和先进国家和地区相比还有较大差距。我国地下空间开发利用中还存在孤立分散、盲目冒进以及立法规划滞后等问题，在不断寻求解决问题的过程中，我国地下空间开发利用将会呈现出如下主要趋势：一是未来我国发展地下交通将成为地下空间开发利用的主流，地下商业空间将是地下空间开发建设的重要组成部分。地下轨道交通和地下快速道路建设总体规模将进入空前发展时期。民营、外资投资兴建平战结合的地下商业将成为新的经济增长点。二是在以解决城市发展中的关键问题为导向的整体建设过程中，公共利益和公共设施的建设将会被优先考虑，具体地下空间项目的决策依据科学性、全面性，以及适应未来发展的弹性控制策略将受到极大重视。三是地下空间开发利用将更加强调可持续性发展战略，体现在地上地下空间一体化、公共空间连通及网络化、基础设施集约和廊道化等方面，建立一个基于地下空间利用的形态优化模式将成为目标追求。四是在地下空间开发利用的协调原则、职责分配、决策机制都将发生重大变革，重点表现在顺应市场经济发展，坚持公益优先，"以人为本"的理

---

① 2013 年 7 月 5 日，上海 2013 年度地下空间管理工作会议召开，会议指出：截至去年底，全市已建成地下工程 3.28 万多个，总建筑面积 6393 万平方米，其中地下生产、生活服务设施占 94.8%。这些设施中以汽车库和自行车库为主，其中汽车库建筑面积达 3136 万平方米，提供停车位 93.6 万余，可容纳全市约三分之一的机动车。参见周珂、贺佐琪：《地下空间开发利用法律制度研究》，载于《南阳师范学院学报（社会科学版）》2014 年第 2 期，第 22 页。

② 祝文君：《拓展城市发展的战略新空间——关于城市地下空间开发利用的调查与思考》，载《光明日报》，2014 年 10 月 7 日，第 3 版。

念将成为地下空间开发的基本准则，市场推动、专家咨询、部门监管、政府依法决策，专门法律制定等方面将不断得到完善。总之，未来地下空间的开发利用必将成为人类社会生活不可分离的一部分，在人类开拓新的生存空间，提升生活品质中具有广阔的发展前景。这种情况并不是历史的简单重复，而是人类文明发展到更高阶段的反映。[①]

二、空间权体系的构成发展

空间权作为地下空间利用权的权利渊源和上位范畴，其所构筑的权利体系包含着地下空间利用权，反过来讲，地下空间利用权作为与社会生产生活密切相关的民事权利，也成为空间权的核心内容。通过对空间权体系构成进行解读，以及对空间权的演进过程进行考察，势必对我国构建地下空间利用权制度提供借鉴性作用，反过来，通过地下空间利用制度的构建也必将会为丰富和发展空间权体系发挥促进作用。

（一）空间权体系的构成

"空间"一词肇始于物理学概念，是"物质存在的一种客观形式，由长度、宽度、高度表现出来。是物质存在的广延性和伸张性的表现。"[②]人类的生存活动空间，是由物质构成的，从物理学角度看，在对空间的实际利用上可分为实态和虚态，[③] 实态空间往往由静态工作物如建筑物、管道等所占据而形为具有包容性的空间，虚态空间也可因建筑物被拆除而由实态空间转换而来，反之亦然。空间作为一种自然固有的有限的资源，虽然不依外力制造而产生，但其是可以被人类开发利用的，表现出非生产性、固定性、相对性、可重复利用性等特性，空间以土地为参照，与周边的经济活动状态相关，自身既不会老朽也不会消灭。

---

① 参见童林旭：《地下空间与城市现代化发展》，中国建筑工业出版社 2005 年版，第 310 页。

② 中国社会科学院语言研究所词典编辑室编：《现代汉语词典》，商务印书馆 1996 年修订第 3 版，第 720 页。

③ 官本仁：《空间与空间权》，载《引进与咨询》2006 年第 4 期，第 37 页。

在法律视域下的"空间"概念依其所涵盖的范围从广到狭可细化分为广义、相对广义、狭义三个层次。广义的空间当为范围最为广阔的空间，又可分为公法上的空间与私法上的空间。公法上的空间指向地球外层空间，即"外太空"。而相对广义和狭义的空间当属私法上的空间，均属于受私法调整的权利客体。私法上相对广义的空间既包含着土地自身上下附属的一定空间，还包括土地上下附属的一定空间之外的那部分空间，两者相临界，但不重叠，具体界分因地上物的区别而有所不同。而狭义的空间专指土地上下附属的一定空间之外的那部分空间。（如图 1.1 所示）本书讨论的中心是围绕私法上的狭义空间即物权法上的狭义空间所展开，而附属于土地上下的一定空间则仍可依土地制度得到规范。

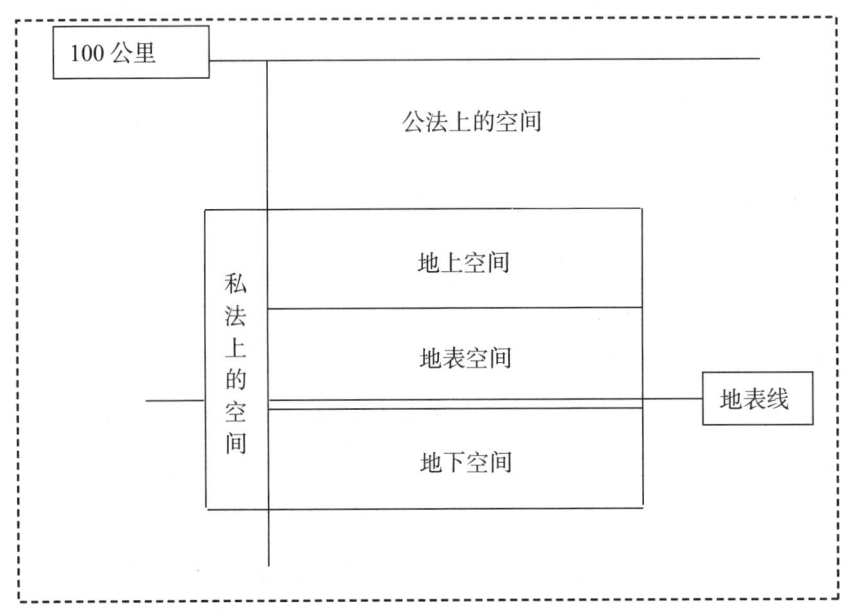

图 1.1　狭义的空间

空间权的称谓难以统一是长期以来学界争论的焦点之一，称谓的差异体现了学者们对空间权的认识也不尽相同。美国是世界上开发利用空间资源较早也较先进的国家，其国内部分州还制定了"空间权法"，美国在将地表之上一定范围的特定空间称为"空中权"，地表之下一定范围的特定空间为"地中权"之后，将"空间权"限定为以空中或地下特定的"断层"为客体而设立的权利。[①] 日本对其称谓较繁杂，通说称为"区分地上权"，此外学者还有译为"区分地上权""部分地上权""阶层地上权""制限地上权""地中权""地下权"等。我国台湾地区对称谓的表述也不尽一致，其中多表述为"空间地上权"或"区分或分层地上权"；我国大陆地区学者对此项权利的称谓大致有："空间利用权""空间权""空间地上权""土地分层地上权""分层建设用地使用权"等。在立法、判例和学说对于空间权涵义的表述方面，我国学者代表观点也存在着一定的差异。可详见表 1.2。

表 1.2　空间权含义代表观点[②]

类型	侧重点	称谓	含义	代表人
1	权利客体角度	空间权	（相对广义）于空中或地中横切一断层而享有的权利，抑或对土地地表上下一定范围空间的权利，是不动产财产权一种。	梁慧星陈华彬
2		空间权	（狭义）以土地地表之上的空中或地表之下的地中的一定范围为客体而成立的不动产权。	陈华彬
3		空间权	以土地上下一定范围内的空间为客体而成立的权利。	梁慧星
4		空间地上权	以土地空中或地下地中一定范围为客体而成立的不动产权。	陈祥健

---

① Richard M Rhodes：Air Rights，Subsurface Easements，and Other Fractional Interests：The Appraisal Journal，1974（4），p.261–272.

② 参见梁慧星、陈华彬：《物权法》，法律出版社 2003 年版，第 238 页；梁慧星：《中国物权法研究》，法律出版社 1998 年版，第 360 页；陈祥健：《空间地上权研究》，法律出版社 2009 年版，第 2 页；刘保玉：《空间利用权的内涵界定及其在物权法上的规范模式选择》，载《杭州师范学院学报》（社会科学版）2006 年第 2 期，第 68 页；《物权体系论》，人民法院出版社 2004 年版，第 228 页；[日] 筱塚昭次：《空间权、地中权之法理》，载《论争民法学（3）》，成文堂 1971 年版，第 174 页；[日] 渡边卓美：《空中权和开发权的移转》，载《法律时报》，1996 年 64（3），第 40 页；[日] 丸山英气：《空中权论》，载《法律时报》，1996 年 64（3），第 15 页；王利明：《空间权：一种新型的财产权利》，载《法律科学》2007 年第 2 期，第 118 页；《物权法论》，中国政法大学出版社 2003 年版，第 480 页；[日] 我妻荣：《新版新法律学辞典》，董璠舆译校，中国政法大学出版社 1991 年版，第 260 页。何庆：《台湾关于空间权与发展权的立法研究》，载《中外房地产导报》2001 年第 18 期；胡兰玲：《土地空间权论》，载《西南民族学院学报·哲学社会科学版》2001 年第 9 期；叶知年：《论我国空间权法律制度之完善》，载《福建警察学院学报》2009 年第 3 期，第 97 页。

续表

类型	侧重点	称谓	含义	代表人
5		空间权	以土地地表之上的一定空间或地表之下的一定地身范围为客体而成立的一种不动产权利。	刘保玉
6		空间权	对土地之地表上下垂直性所有与利用的不动产法称为"土地法",对地表的上面或下面横切区分水平断层的所有与利用的不动产法称为"空间法"。	筱琢昭次
7		空中权	将土地在一定高度予以水平分割,规定其上下范围,而以这一定范围为客体所建立的不动产权。	渡边卓美
8		空中权	将土地的上部未利用空间之一部或全部,与其下的上地地表分离出来而作为单独的权利客体,且不移转其物理位置,而由他人以所有建筑物及其他工作物为目的加以利用的权利。	丸山英气
9	权利主体角度	空间利用权	公民、法人或其他组织利用土地地表上下一定范围内的空间,并排斥他人干涉的权利。	王利明
10		空间利用权	公民和法人利用土地地表上下一定范围内的空间,并排斥他人干涉的权利。	孙宪忠
11	权利内容角度	空间利用权	空间权仅仅是利用土地上之空间的权利的别称。	我妻荣
12		空间权	为存在于地上或地下一定水平空间所生成的所有权与利用权。	何庆
13		土地空间权	指以他人土地为依托但并不直接与地表相连接,在地面上空或地下建造建筑物、构筑物或维持工作物的权利。	胡兰玲
14		空间权	是指权利人对地上一定空间或者地下一定空间所享有的支配和利用的权利。	叶知年

从表 1.2 及前述内容可知,关于空间权的称谓及基本含义界定,各种观点依据不同的侧重点可分为三大类型,即分别侧重权利客体、权利主体、权利内容所得出的定义。

第一,依空间权的权利客体角度进行表述,又可分为方向性和范围性两种。使用方向性的表述侧重对地表垂直上下不同方向性的利用,如类型 6、7、8;使用范围性的表述侧重一定高度范围的水平性分割,如类型 1、2、3、4。在此之中,有观点使用了空中权概念,并将空间权划分为空中权和地中权,因地中权应用较少,为突出空间范围,使用空中权概念代表空间权,对此,笔者认为不妥,因为空中权一词突出表达地表之上较高的空间,无法涵盖地表之下的地下空间,而对此若表述成地中权,既易使土地权和空间权相互混淆，又增加了不必要的分类，有失上位概念的抽象概括性。还有观点使用了空间地上权的表述，相类似的表述也有区分地上权或分层地上权等，空间是空间，土地是土地，为保持空间的特定独立性，没有必要辅之以地上权的窠臼。另外，对于没有地上权概念传统的我国来讲，地上权从词义上看，难以让人们体会到还囊括了对于地下空间的权利，易使人们产生概念上的模糊，很难适应我国对于空间权构建的现实需要。

第二，依空间权的权利主体角度进行表述，如类型9、10。在一定程度上弥补了侧重客体表述的不足，但对于主体限定过窄，我国的土地所有权制度传统决定了我国空间权的权利主体，国家、集体不宜被排除在外，况且我国农村大部分实行土地集体所有制，集体的权利也不容被轻易抹杀。笔者认为，对于空间权的权利主体应予明确，并与土地权利制度有机衔接。

第三，依空间权的权利内容角度进行表述，如类型11、12、13、14，也包括类型6、8、9。体现在空间可以成为权利客体的前提下，均对于空间权的权利内容的界定存在不同的表述。笔者认为，空间权的权利内容更多体现为对其开发利用，即是一种利用权，即使存在支配、处分的权利内容，其也属利用的前提，使用"利用"一词，最能表达出空间权的内涵和旨趣。

通过对其分析对比，取其优势，可使空间权的定义及基本含义趋于周严。纵观对空间权的称谓使用和内涵定义基本框架相同，并无实质上的区别。对于将空间权作为上位概念，基本达到通说的标准。笔者以为，私法上的空间权的概念是对空间权这一权利束的抽象与概括，应满足对于权利主体、客体、内容、范围特征的基本表述，可概括为：民事主体（国家、集体、公民、法人和其他组织）基于法律的直接规定或一定的民事法律行为或事实，得以利用土地地表之上一定高度空间或地表之下一定深度空间的不动产权利。

空间权的私法研究范围一旦明确，对于空间权的体系构成问题，选择科学的分类研究视角则成为重中之重，直接关系着地下空间利用权在体系中的地位和作用为何？笔者尝试从学界认识出发，对主流观点进行梳理、阐述，以期对我国地下空间利用权制度构建寻求上位权利制度依托，同时，也为丰富和发展空间权体系提供可能。

我国台湾地区学者温丰文曾于1988年提出过空间权的基本构成，如图

1.3 所示。① 该观点得到我国致力于空间权研究的学者们广泛借鉴和引用，已形成学界对于私法上空间权体系基本分类的主流观点，是以权利性质或说以空间权行使权能的角度对空间权内容的划分，笔者对此比较认同。该观点首先作以基础性划分，将空间权依性质与内容不同，划分为空间所有权和空间利用权两大部分，作为第一层级；然后，在对空间所有权不作细分的情况下，重点解剖空间利用权的组成类别，对渐次依空间利用权的性质与效力的不同，将其划分为物权性的空间利用权和债权性的空间利用权两部分，作为第二层级；最后，依各自属性的不同，根据实践需要，着重提出空间地上权、空间（地）役权纳入物权性质的空间利用权之中，将空间租赁权和空间借贷权纳入债权性质的空间利用权，使空间权体系得以丰满。因该体系观点关涉本书立论依据，故笔者逐一具体分析如下：（如图 1.3）

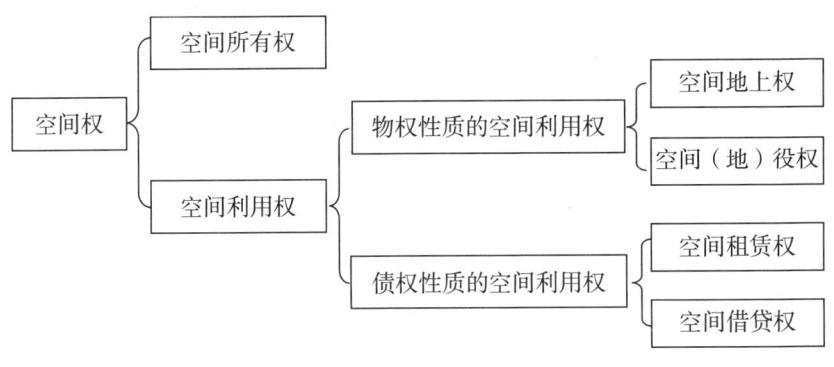

图 1.3　空间权基本构成体系

（1）空间所有权。是指对于离开地表上下一定范围的空中或地下空间所享有的所有权。② 空间所有权人拥有最完整、最周全的物上所有权，可以排他地、绝对地、直接地对其所有的空间行使占有、使用、收益和处分的民事物

---

① 温丰文：《空间权之法理》，载于《法令月刊》1988 年第 3 期，第 7—11 页；陈华彬：《建筑物区分所有权》，中国法制出版社 2011 年版，第 77 页；陈祥健：《论空间权的构成及其三个法律问题》，载《福建论坛·经济社会版》2003 年第 1 期，第 62 页；刘保玉：《空间利用权的内涵界定及其在物权法上的规范模式选择》，载《杭州师范学院学报》（社会科学版）2006 年第 2 期，第 69 页。

② 参见温丰文：《空间权之法理》，载《法令月刊》1988 年第 3 期，第 8 页。

权。[①]区别于传统民法，绝对土地所有权思想囊括着地表、空中和地下范围内的所有权，[②]也就是说，倘若某一土地地块之上已经存在了一个所有权，那么在该地块范围的上下均不能再设定另外一个所有权。发展到近代，受社会法、团体法理念影响，加之人口的增长、土地的稀缺、科技的发展，导致土地垂直范围内的立体利用愈发受到重视，而主要表现在对土地上下一定范围的空间具体的开发利用价值的重视，在民事权利体系不断丰富进步中，以空间所有权为首的权利概念逐步从土地所有权的躯壳中脱离出来，日渐成为空间权体系中的基础内容。

现代民法制度下，学界讨论最多的当属空间所有权独立与一物一权主义之间的关系为何？空间所有权乃至空间权抑或其他涉及空间权体系之中的其他项下权利能否成为一项新类型物权，均须对该问题作理论上的回应。随着物权思想的蓬勃发展，特定空间能够成为物权的客体已得到学界的普遍认可，进而，空间所有权独立与一物一权主义的矛盾亦得到有效排除，在比较法上，特别是在英美法系中，已将此充分做实。[③]除此之外，涉及与物权法定主义和物权公示的相关问题，笔者将在后文对于地下空间利用权的具体构建中分别予以阐述。

（2）空间利用权。正如法律明确规定矿产资源、水资源的国家所有权一样，空间所有权归国家所有在法律上加以确定乃是法治建设的需要一样，同时也为空间利用权的界定和保护奠定了基础。众所周知，我国与西方发达国家及地区土地制度最大的不同在于所有制的不同，推行土地公有制度的我国，对于从土地中脱离出来的空间来讲，其不动产物权所有者应与土地所有制保持一致性的观点，并不存在过多的争议。相较于空间所有权在空间权体系中

---

① 参见刘得宽：《土地所有权理论之新发展》，载《民法诸问题与新展望》，五南图书出版公司1995年版，第65页。

② 参见周相：《罗马法原论（上）》，商务印书馆1994年版，第198页。

③ 在英美法系中其判例是承认土地空间可以单独成为所有权的客体，也就是承认空间所有权的。英国最初于1587年根据绝对土地所有权理念，由伯里诉波谱（Bury v. Pope）一案确立了土地上空可以单独成为所有权客体的立场。此后，在1610年贝特案（Baten's Case）、1870年科比特诉希尔（Corbett v. Hill）一案中，法院再次表明了承认土地上空可以单独成为权利客体的立场。参见林英彦译：日本建设省空中权调查研究会编"空中权之理论与运用"，载《人与地》第41期。转引自吴清旺、贺丹清：《房地产开发中利益冲突与衡平——以民事权利保障为视角》，北京法律出版社2005年版，第92-93页。

所处于无可辩驳的地位，空间利用权则存有更大的研讨空间，对其深入研究极具现实意义，其居于空间权体系中承上启下的地位，贴近物权种类的性质，指导实践的灵活功能，均彰显出对其进一步展开研究的必要。

（3）物权性质的空间利用权和债权性质的空间利用权。将空间利用权区分为物权性质和债权性质并非一味迎合我国民事法律架构的需要，而是为充分满足丰富空间权理论体系及立法的需求，[①] 笔者对此持肯定态度。那么，相比于债权性质的空间利用权在空间资源开发利用过程中大多情况以当事人意思自治而解决纠纷，对于物权性权利却得不到周全的保护，因此，物权性空间利用权的制度构建更益于保护空间权利人的权利，且可减少交易成本，故笔者主要将学理上物权性质的空间利用权作为本书研究重点予以阐述。

（4）空间地上权。一般将其界定为以享有土地所有权的权利人地表上下一定空间范围作为权利客体的特定地上权。[②] 提出空间地上权的观点，主要系基于与传统地上权同质异量的学说观点。空间地上权对于空间是否能够脱离于土地而独立存在的态度模糊，缺乏突显空间特点的代表性，不易体现空间权与地上权的差别。

（5）空间役权。其也被称作空间地役权，我国台湾地区学者温丰文将其定义为以他人特定空间供自己或自己土地便宜之用之权。[③] 由此，其权利人即可以是空间或者土地所有人，也可以是使用人，空间役权的客体则仅限于他人的特定空间。

（6）空间租赁权和空间借贷权。由于我国民法将租赁权列入债权范畴，因此空间租赁权不受物权法定主义的拘束，特定空间当然可以成立租赁关系。[④] 空间借贷权在空间权体系中的地位与本已不占权利优势的空间租赁权相比更加薄弱，其只能在理论体系架构中不致被遗漏或淡忘而已。

除以上对于空间体系构成的主流观点之外，学界依据其他不同标准，也作出过不同的分类，如：按照空间权是否具有可移转性进行的动态化划分，将空间权划分为可转移性的空间权和不可转移性的空间权；按照权利人享有

---

①　参见温丰文：《空间权之法理》，载《法令月刊》1988 年第 3 期，第 8 页。

②　赵秀梅：《土地上下空间使用权问题的思考》，载《法学杂志》2008 年第 5 期。

③　温丰文：《空间权之法理》，载《法令月刊》1988 年第 3 期，第 4 页。

④　［日］玉田私毅：《空间利用权》，载《综合法学》37 卷，1976 年 8 月号，第 20 页。

的空间权存续期间的不同，划分为有期限的空间权和无期限的空间权等。[①] 在我国的空间所有权人当然享有的是无期限的空间权，而空间利用权人在与所有权人并非同一主体的情况下，则应仅享有有期限的空间权，而在土地私有制情况下，无期限的空间所有权当然可以由私人享有。至于空间永佃权的问题，其预示着未来空间利用权的发展趋势，就如在特定区域水下一定深度为发展渔业养殖而设定空间永佃权，[②] 这也是为适应耕地面积减少和农业技术现代化发展的需要，只是因为立体农业的发展尚未达到发达的程度而未引起足够重视。在某种程度上，空间永佃权的出现也间接对我国现行空间权利制度指出了不足，使空间利用权的概念的通用性和抽象性更具概念优势。

（二）空间权制度的演进

城市化的进程和科技的发展所面临的诸如建设、交通、环境、资源等一系列问题均不约而同地指向了人类赖以生存的土地。而土地资源的稀缺性与社会发展要求的矛盾日益显现，又迫使人类将资源开发利用的触角延伸至位于地表上下的空间。

1. 空间权产生的现实原因

长久以来，社会学科研究大都将土地当作一个平面概念进行探讨，很少对地表上下一定空间另作区别研究。空间权之所以能从土地权利中脱离而出，主要原因在于：一是空间带来创造性价值是其独立之本。将空间权视为不动产财产权，可使同一土地上下范围一定距离的空中和地下空间脱离地表，至少分别形成横向三部分的用益物权。这样就使土地利用率得到极大的提高，可最大效率地实现土地价值。与此同时，通过空间权立法以衡平土地所有权人和空间利用权人的各自利益，达致适应社会经济发展的需要。二是空间权是平衡利益冲突和降低社会总成本的有效手段。空间权的社会化，是近现代所有权观念逐步接受和容纳社会公共利益要求的现实需要，如果片面强调所有权绝对观念可能造成对社会公共利益事业的阻碍，进而影响人类社会的发

---

① 参见梁慧星、陈华彬：《物权法》，法律出版社 2015 年版，第 152 页。
② 参见梁慧星：《中国民法典草案建议稿附理由——物权篇》，法律出版社 2004 年版，第254 页。

展和进步，唯有将个人利益与社会公共利益相协调的权利思想，既能满足社会公益要求，又能同时保护个人自由及权利。空间权的产生简化了土地所有人、相关空间土地使用人及其他权利人的复杂关系，降低了私权运行成本；同时，在降低保护资源和环境成本方面，空间权保护了一定土地和空间资源得到有效利用，避免环境污染程度。运用理性人之间相互监督来保护空间环境资源，有利于降低环境保护和资源利用的成本。三是空间权是突破土地特性制约，反向刺激科技进步的必要路径。土地因其不可再生性、不可移转性、价值相对性、可重复利用性等自身特性，决定了无限度地扩大某一区域的平面土地，增大其载荷已无可能。对于植根于某地区的原始居住者而言，换地是不可接受的，大面积的拆迁又十分艰难，特别是基础设施完善的地方，所承载的人口数量更是趋于饱和。这些特性严重制约着地域发展的进程，也被人称为所谓的"现代土地问题"。[①] 为寻求突破，重新恢复特别是城市的有效机能，就有必要引入空间权制度，从而实现利用手段与利用目的的平衡，提高土地的综合利用水平。[②] 与此相应，空间权的产生反作用于生产力的发展，促进科技水平的提升。综上可见，土地立体开发利用的现实需要是空间权理论发展的直接动因和现实基础。

2. 空间权产生的理论基础

空间权系脱胎于土地所有权而出现并蓬勃发展，其很大程度上受制于土地所有权的型态基础。从比较法制史而言，所有权的原始型态分为两种：一种为罗马法型所有权型态，另一种为日耳曼型所有型态。前者出现于公元前 2 世纪至 5 世纪的罗马，其认为所有权是一种排他的、绝对的权利，所有权人对自己的所有物享有自由使用、收益、处分的权利。因其带有个人主义色彩，故称之为"个人的所有权"。后者出现于 500 年至 1400 年的日耳曼，其认为所有权是非排他的权利，在同一土地上可并存着"上级所有权（Obereigentum）"与"下级所有权（Untereigntum）"，因其注重以"村落共

---

① 陈华彬：《土地所有权理论发展之动向——以空间权法理之生成及运用为中心》，载梁慧星主编：《民商法论丛》第（3）卷，法律出版社 1995 年版，第 69 页。

② 参见［日］日本项目产业协议会：《城市开发与空中权——国内事例的调查研究》，载高田寿史监修：《空中权的解说与文献资料集成》，开发问题研究所昭和 59 年（1984 年）版，第 87 页。

同体"为单元的土地利用，所有人对自己所有土地的使用收益，要受到团体的约束。因而带有团体主义色彩，故称之为"社会的所有权"。[①] 近代土地所有权的思想变迁，系由"个人的所有权"思想发展到"社会的所有权"思想，再由"社会的所有权"思想发展为"个人与社会调和的所有权"思想。[②] 在空间关系中，特别是在如今城市立体化发展如火如荼建设中，具有相互支撑情形的各种建筑物层出不穷，错综复杂的空间利用关系搭载着不同利益向度，若不及时明确相关空间权法律制度规定，对于利益的平衡及冲突的解决必将造成不利的局面，因而空间权作为一种新型财产权利应运而生。

3. 空间权立法的发展概况

两大法系代表国家或地区虽然对空间权进行规范的立法模式不同，但在历史演进过程中，均受到过绝对土地所有权理念的影响，随着时代科技的进步和社会经济的发展，先发国家及地区均表现出对规范空间开发利用的重视，在空间权立法方面都在不断进行制度创新，并取得了一定的经验成果。

19 世纪工业革命后，西方发达国家率先开启城市化进程。英美法系国家打破了原有的绝对土地所有权思想，在理论研究和立法实践中促成空间权法律体系的形成和发展。英国为解决土地的空间利用问题，着眼于社会发展实践所需，拉开对于传统土地所有权进行权利解构的序幕。美国秉持一贯的立法司法创新，其判例和立法均肯认了空间权。大陆法系国家由于受绝对土地所有权思想影响较深，在空间权立法初期相比英美法系国家略显迟缓，但并未妨碍随后其空间权的迅速发展和体系化的完善。德国首先认可空间地上权在性质上是普通地上权的一种特殊形式。法国则将空间权规定在"行政财产"规范之内等。从立法模式上看，英美法系国家多是将空间权从土地权利中抽离出来，采取单独立法的形式对空间权进行立法。大陆法系国家则是采用将空间权的规定纳入其本国或地区的民法典之中，作为区别于土地权利之物权的一种，进行专章或专节规定。如我国台湾地区仿照日本，在 2010 年 5 月 26 日的修正台湾地区"民法典"中第三编物权的第三章地上权中单设第二节作为第 841 条的"附加"形式，形成"第 841-1 条至第 841-6 条"专门规定为

---

① 以下内容参见温丰文:《土地法》，洪记印刷有限公司 2010 年版，第 43—45 页。
② 鲍德澄:《土地法规概论》，中国地政研究所 1984 年版，第 127 页。

"区分地上权"。① 无论采取何种模式立法，都充分代表了空间权的发展趋势，也反映了先发国家或地区对空间权制度构建的重视程度。部分典型特点可见表 1.4。

表 1.4 各国（地区）空间权利构建相关情况对比表 ②

国家（地区）	法系	土地所有权范围	空间权利类型	立法体例	役权类型
美国	英美法系	由土地的利用性质和利用方式决定	空间权（发展权）	判例法成文法	地役权
德国	大陆法系	"上达天宇，下达地心"	地上权	民法典单行法	地役权人役权
日本	大陆法系	以实际利用范围决定	区分地上权	民法以附加的方式增设	地役权
我国台湾地区	大陆法系	以实际利用范围决定	区分地上权	民法以附加的方式增设	地役权

（三）我国空间权制度的探索

我国是具有悠久历史的文明古国，在对地下空间的利用方面同样具有可供追寻的历史印迹。从早期人类的北京周口店、山顶洞遗址可见，穴居作为原始人类的主要居住方式，满足了原始人对生存的最低要求。秦始皇陵作为

---

① 具体规定为：第 841-1 条（区分地上权之定义）称区分地上权者，谓以在他人土地上下之一定空间范围内设定之地上权。

第 841-2 条（使用收益之权益限制）区分地上权人得与其设定之土地上下有使用、收益权利之人，约定相互间使用收益之限制。其约定未经土地所有人同意者，于使用收益权消灭时，土地所有人不受该约定之拘束。前项约定，非经登记，不得对抗第三人。

第 841-3 条（区分地上权期间之第三人权益）法院依第八百四十条第四项定区分地上权之期间，足以影响第三人之权利者，应并斟酌该第三人之利益。

第 841-4 条（第三人之权益补偿）区分地上权依第八百四十条规定，以时价补偿或延长期间，足以影响第三人之权利时，应对该第三人为相当之补偿。补偿之数额以协议定之；不能协议时，得声请法院裁定之。

第 841-5 条（权利行使之设定）同一土地有区分地上权与以使用收益为目的之物权同时存在者，其后设定物权之权利行使，不得妨害先设定之物权。

第 841-6 条（准用地上权之规定）区分地上权，除本节另有规定外，准用关于普通地上权之规定。我国台湾地区"民法典"，2010 年 5 月 26 日修正。

② 胡碧霞、姜栋：《部分国家和地区土地空间利用法律制度比较》，载《中国土地科学》2010 年第 12 月，第 74 页。

中国历史上第一个皇帝陵园，也是最大的皇帝陵，充分展示了古时对地下空间开发利用的规模水平。洛阳含嘉仓是用作盛纳京都以东州县所交租米之皇家粮仓，历经隋、唐、北宋三个王朝，是隋朝在洛阳修建的大型储粮仓库。综上可见，我国历史上曾对地下空间进行过某些力所能及的开发利用，而且从当时技术发展程度看，业已达到世界领先水平。

新中国成立后至今，按不同历史时期，政治经济发展任务和目标的不同，我国地下空间开发利用大致可划分为三个阶段：第一阶段：民防建设时期（从 20 世纪 50 年代到 70 年代）。这一时期建设了一大批地下工厂，早期人防工程，形成了以民防为主的地下空间开发利用主体。我国第一条地铁线——北京地铁始建于这一时期，但由于属于战备工程，北京地铁在通车后很长时间内不对公众开放，需凭介绍信参观及乘坐。第二阶段：平战结合时期（从 20 世纪 70 年代到 80 年代末）。改革开放后，以和平发展作为时代主题的情况下，地下空间的利用目的逐渐向民用转变，人们此前对于地下空间的民防工程性质的认识，也向平战结合、双重利用的思想发生转化，如上海的民防工程利用率高达 60% 左右。第三阶段：开发利用时期（从 20 世纪 90 年代至今）。地下空间利用逐渐成为一个明确概念深入人们脑海，而民防工程却淡出人们的视野，地下空间迎来了开发利用的时代，已有包含并取代民防工程之意。上海市浦东新区张杨路共同沟、北京中关村共同沟分别于 1992 年、2006 年建成并投入使用，成为我国最具规模的两条现代地下公共设施。截至 2014 年初，我国已有 28 个城市开建地铁，已建成运营总里程 2074 公里，承担客流比例逐年上升，有效缓解了交通拥挤。北京市地下车库约占地下建筑量的 40%，向社会提供近 80 万个停车位。①

虽然在总体上我国已经成为世界上地下空间开发利用的大国，但还不是强国，和先进国家和地区相比还有较大差距，在不断寻求解决问题的过程中，我国地下空间开发利用未来不仅会呈现如先进国家及地区的上述趋势，也会

---

① 2013 年 7 月 5 日，上海 2013 年度地下空间管理工作会议召开，会议指出：截至 2012 年底，全市已建成地下工程 3.28 万多个，总建筑面积 6393 万平方米，其中地下生产、生活服务设施占 94.8%。这些设施中以汽车库和自行车库为主，其中汽车库建筑面积达 3136 万平方米，提供停车位 93.6 万余，可容纳全市约三分之一的机动车。参见周珂、贺佐琪：《地下空间开发利用法律制度研究》，载《南阳师范学院学报（社会科学版）》2014 年第 2 期，第 22 页。

因我国经济的特殊发展阶段出现以下特点：一是未来我国地下空间开发利用的主体将由政府单一投资主导向多元化投资转变，民营、外资投资兴建平战结合的地下商业区将成为新的经济增长点；二是未来我国地下空间开发利用将继续强化以发展地下交通作为主流，无论是总体规模还是个体特色化都将迎来高速发展期；三是具体地下空间项目的决策依据科学性、全面性，以及适应未来发展的弹性控制策略将受到极大重视；四是在地下空间开发利用的协调原则、职责分配、决策机制都将发生重大变革，重点表现在顺应市场经济发展，坚持公益优先，"以人为本"的理念将成为地下空间开发的基本准则，市场推动、专家咨询、部门监管、政府依法决策，专门法律制定等方面将不断得到完善。总之，未来地下空间的开发利用必将成为人类社会生活不可分离的一部分，这也是我国未来地下空间开发利用的主要发展趋势。

前述先发国家及地区在空间权理论研究和立法实践演进发展的规律和经验，值得我国在未来空间利用法律制度体系构建中予以借鉴。其对我国地下空间利用权法律构建及相关法理研究，至少有以下三方面启示。

第一，域外空间权制度构建为我国提供了现实蓝本。由于我国对空间权的研究还是处于初期阶段，特别是在基本民事立法方面尚不周全，明显落后于先发国家及地区，尽管如此，也丝毫不能否定空间权制度的有效性和可行性，也不能成为我国进行空间权民事基本立法的阻碍。反过来讲，先发国家及地区的成果和经验更是为我国立法提供了多种选择和借鉴的蓝本，可以为我国减少和降低试错的成本，提供实现跨越性发展的契机。

第二，域外空间权制度法律理念为我国扫清了理论障碍。目前国内理论界仍存在部分观点认为空间权完全可以不脱离土地权单独设立，而作为土地权，诸如建设用地使用权或地上权的一部分而特别规定即可，没有必要增加其作为用益物权的新类型。但笔者认为，正是由于先发国家及地区对于空间权制度的发展和完善，才为我国破除理论和制度上的藩篱提供借鉴，空间权制度未来发展大有赶超乃至包含土地权的趋势。

第三，域外空间权制度成功经验为我国清除了效能疑虑。我国民事立法上对于空间权尚无专门的明确规定，实践中对于空间的开发利用也无法取得和土地使用权相当的法律地位，正所谓"名不正，言不顺"，这不利于空间权利的保护。先发国家及地区先进的空间权制度成功经验表明，一项法律制度的产生和发展不会因为与其相似相仿的既有制度的存在而被无情地抛弃，同样，既有制度所应对的问题范畴也无法囊括其他相似相仿的现实问题。易言之，空间权的创设不因与其相近似的土地相关权利制度的存在而无立身之处，空间开发利用中出现的不同于土地使用中的问题催生了空间权的独立和发展，法律制度具有历史的传统性，但更重要的一点是不破不立的创新性，适应现实社会实践的发展需要，才是法律制度向前发展的不竭动力和源泉。

综上，在我国《物权法》乃至未来《民法典》物权编中确立空间权（地下空间利用权）制度将使空间的财产概念得到进一步确认和普及，有利于真正保护空间利用人的合法权益，脱离因法律缺失造成的窘境。①

我国《物权法》已然肯认了"空间"可以成为物权的客体，但并没有对于空间权种类体系做出清晰的、专门化规定，而对于《物权法》究竟承认了哪些空间权类型，大多是通过学者们针对具体法律条文予以解读而成。如《物权法》并未引入"空间所有权"概念。根据《物权法》第47条、58条之规定可见，就我国土地所有权概念而言，空间是土地的一个不可分割的组成部分，空间所有权即使存在，也被包含在土地所有权之内，《物权法》并未承认空间所有权概念。又如，《物权法》并未采纳"空间役权"概念。从《物权法》第156条之规定可见，将"空间"作为一种新型不动产，纳入地役权之中，也顺应了供役地、需役地的相关规定。再如，《物权法》承认了"空间利用权"制度。其第136条的规定，使用了"分别设立"的表述，这一立法进步，充分表明了空间利用权与建设用地使用权的可区分性，再予强调建设用地使用权吸收或替代空间利用权已显无力，空间利用权的独立性既体现在与建设用地使用权相脱离，也可通过权利登记予以单独设立，该权利一旦登记，就可以产生对抗第三人的效力。具体《物权法》相关立法特征可见下图1.5所示：②

---

① 参见王卫国、王广华：《中国土地权利的法制建设》，中国政法大学出版社2002年版。
② 史浩明、张鹏：《论我国法律上的空间权及其类型》，载《政法论丛》2011年第5期，第31页。

表 1.5[①] 《物权法》相关立法特征

土地（空间）权利种类	客体		
土地所有权	土地		
建设用地使用权	一定范围空间		
	地上一定范围空间	以地表为中心一定范围空间	地下一定范围空间
地役权	不动产		
	土地	建筑物	一定范围空间
土地承包经营权	土地		

综上几点，尽管在《物权法》起草过程中，有人曾提出使用"空间权"的概念，但是，当时立法机关从简化立法篇幅考虑，试图以建设用地使用权的专门条文规定一并解决空间利用问题，故暂时没空间利用权的概念明确在《物权法》之中，但并未否认将其规定在未来的《民法典》或《物权法》修订之中。[②] 而且，随着空间利用的蓬勃发展，矛盾纠纷问题的涌现，立法机关这一初衷很难在实践上完全实现立法目的，或言之，使用建设用地使用权制度已不能完全解决所有空间利用的问题。《物权法》第 136 条的规定已将空间利用权作为一项空间权制度规范予以确立，但对于空间权体系构建而言，只属起步阶段。[③] 正如法律明确规定矿产资源、水资源的国家所有权一样，空间所有权归国家所有在法律上加以确定正是法治建设的需要，同时也为空间利用权的界定和保护奠定了基础。我国是否应对于空间所有权做出规定可以在空间权立法成熟后再适当加以考虑，目前当务之急应将研究重心落实在空间利用权之上。

三、空间利用权的功能定位

空间权作为统领空间权体系的上位概念，以"空间"作为客体，统领着

---

① 此处"土地"是指包括地表以及地表上下广泛空间的一个立体概念。

② 全国人大常委会法工委民法室编：《中华人民共和国物权法条文说明、立法理由及相关规定》，北京大学出版社 2007 年版，第 256 页。

③ 王利明：《物权法研究》（修订版）下卷，中国人民大学出版社 2007 年版，第 134 页。

各个向度的民事权利类型，如同一束花的主干，树之躯干，将其组成内容吸附于自身周围。[①] 面临地下空间利用的实践需要，又鉴于我国在空间独立开发利用方尚属初级阶段，对于法律制度的构建还应秉持一贯的从简原则，即可以运用简洁的制度化解现实矛盾问题，就不必去找寻更加复杂的制度设计，能够通过现行法律进行解释而解决现实矛盾问题，就没有必要再在立法论方面寻求突破。因此，对于空间权体系构建应取学理认识中之精华，切中要害，故而，先行构建物权型的空间利用权当属现阶段的立法目标。[②]

具体而言之，空间所有权得以独立存在，已破除了理论上物权法定原则、一物一权原则、物权公示原则三大藩篱，登上民事权利舞台，[③] 但现阶段在我国土地所有制度下，对空间所有权进行立法，其可行性和必要性明显不足。主要理由在于，一是就对土地所有权人自身作为空间所有权人而言，现有土地所有权制度已将空间所有权吸收，权利人自行利用其所有的土地所有权，就可以实现对地表上下空间的利用和支配了，不必另寻空间所有权为据；二是就提供空间所有权的原土地所有权人而言，土地所有权人很难接受将自己土地一定范围的空间所有权永久转让给他人的，无法排除的权利割舍；三是就空间利用人的动意而言，相比于付出较低成本即可获得在空间利用层面与付出较高成本获得的空间所有权并无二致的他物权，权利人当然更趋向优先选择取得空间利用权，而不是纠结于空间所有权的取得。因此，从土地所有权人、空间所有权人、空间利用人主体角度考查，无论从法律制度发展传统，还是从现行制度架构看，我国立法体系均难以在土地所有权之外再接受并设立"空间所有权"。而借鉴国外立法例，大陆法系中也有法国、德国、日本等不承认空间所有权概念的先例。[④] 进而，为规范空间的利用所要进行的制度构建多体现为物权性质的空间利用权，物权性质的空间利用权是保护空间有效

[①] 史浩明、张鹏：《论我国法律上的空间权及其类型》，载《政法论丛》2011年第5期，第29页。

[②] 刘保玉：《物权体系论——中国物权法上的物权类型设定》，人民法院出版社2004年版，第228页。

[③] 陈华彬：《土地所有权理论发展之动向——以空间权法理之生成及运用为中心》，载梁慧星主编：《民商法论丛》第（3）卷，法律出版社1995年版，第93页。

[④] 吴珮君：《区分地上权之探讨——以物权编修正草案为中心》，载《铭传大学法学论丛》2011年第15期。

利用的主要法律手段。

空间权体系中，空间利用权当属次上位概念，即中维性概念，其上位概念为空间权，空间役权及空间租赁权与空间借贷权应属下位概念，如果说将诸下位概念不加以区分一律以空间利用权替代，在学理上也是不够严谨的。但是，就现阶段立法而言，就空间役权而论，其权利义务关系绝大部分可依相邻关系及地役权的有关原则处理，另外，域外立法中对空间役权专门规定的立法例也不多见，[①] 综上，我国法律中也就无需再细致到单独设立空间役权。[②] 尽管现代立法上空间租赁权已有物权化趋势，但其在现行民法制度体系中仍居于债权范畴之内，学理上将其纳入债权性质的空间利用权，是为了研究体系的饱满，但在立法上并不能将其混同为纯粹物权性质的空间利用权。空间租赁权与空间借贷权均可由当事人自由约定各自的权利义务而设立，具有无需登记，权利存续期间较短，权利不能自由转让，节约成本等特性。但其弊端也显而易见，如不能申请登记，不能主张"买卖不破租赁"，故而，空间租赁权与空间借贷权当属债法中的内容，应遵循民法意思自治原则，由当事人之间自由约定其各自的权利义务，立法上可以通过债权法给予权利保护，并不必然在《物权法》中予以单独设立。[③]

笔者认为，尽管学理上对于空间利用权作出了多种分类，但在立法上应采具有中维性概念意义的空间利用权作为构建的主体比较恰当。因为其上位概念空间权过于宽泛，立法也不应过于超前，而其下位的诸如空间地上权、空间役权、空间租赁权，要么在称谓上失于传承和表意，要么过于片面和分散。同时，构建空间利用权也可达到与我国传统的建设用地使用权相区分的目的。现代社会与传统建设用地使用最具标志性的区别在于对于地下空间的开发利用可以通过科技手段的运用避开其同一区域的地表而进行，换言之，空间利用权人若要开发利用某土地下方的地下空间，则也不以取得全部地表所在的建设用地使用权为必须，这也有利用于空间利用权人降低开发利用成

---

① 参见苗延波：《关于我国物权法中是否规定空间权的思考》，载《河南省政法管理干部学院学报》，2005 年第 6 期。

② 参见王利明、郭明瑞、房绍坤：《中国民法学案例与学理研究》，法律出版社 1998 年版，第 295 页。

③ 参见陈祥健：《空间地上权》，法律出版社 2009 年版，第 10 页。

本。因此，在民事法律中构建空间利用权也是必然趋势。

目前我国学界对于空间利用权的概念定义，依据侧重内容的不同，可以分为以下几种，可见表1.6。

表 1.6　空间利用权概念 [①]

侧重点	定义内容	代表学者
空间基地使用权	是指以在他人土地的空中或地下有建筑物或其他工作物为目的而使用其空间的权利，在地上或地下一定的可为不动产登记确定的空间，可以设立基地使用权。	梁慧星
权利整体	是指权利人在法律、法规规定的范围内，利用地表上下一定范围内的空间，并排除他人干涉的权利。	王利明
权利要素	是指其他民事主体从土地所有人处取得的对土地用益物权（如地上权）所及的上下空间范围以外的空间加以利用的权利。	——
区别于相关权利	是指在土地使用权及其效力所及空间之外，对地表上下的一定范围内的空间所享有的排他使用权。	刘保玉
权利范围	是指以空间水平断层为对象，以使用收益为内容的一种权利，其权利范围应按照法律规定或由合同来约定。	杨立新
利用目的	是指在他人土地之空中或地中以构造建筑物或者其他工作物为目的而利用他人空间的权利。	陈华彬
作用功能	是指空间利用权人依法律或约定对他人所有的空间享有的占有、使用、收益的权利。	彭诚信

由表1.6可见，空间利用权的概念总是与土地所有权和土地使用权联系在一起的，学者对其定义的异同点也主要表现为侧重面不尽相同，既然本书的旨趣在于为我国地下空间利用权制度构建提供借鉴参考，就应该体现出立法的前瞻性，并且有必要对空间利用权作以完整全面的定义。纵观上述定义，王利明教授所作的定义属于相对完整的定义，笔者亦将该定义作为本书对于"空间利用权"的基本涵义，即认为，空间利用权又可称为空间权，两者具有

① 参见梁慧星、陈华彬：《物权法》，法律出版社2003年版，第153—154页；何艳真：《空间权问题研究》，山东大学2004级硕士学位论文，第8页；刘保玉：《空间利用权的内涵界定及其在物权法上的规范模式选择》，载《杭州师范学院学报》（社会科学版）2006年第2期，第69页；杨立新、王竹：《不动产支撑利益及其法律规则》，载《法学研究》2008年第3期，第55页；陈华彬：《物权法原理》，国家行政学院出版社1998年版，第529页；彭诚信、臧彦：《空间权若干问题在物权立法中的体现》，载《吉林大学社会科学学报》2002年第3期，第95页。

同一指向，是指民事主体（包括国家、集体、公民和法人）利用土地地表上下一定范围内的空间，并排斥他人干涉的权利。[①] 在传统民法物权所有权理论及制度已然完备的情形下，现代民法物权理论更加追求物的利用，这既为物权得以向利用角度转变提供了可能，也提出了要求。土地空间所有权所代表的传统物权思想正在向土地空间利用所引领的现代物权观点转变。空间利用权是侧重并聚焦于空间开发利用实践而产生发展而来，因此讲，空间利用权居于空间权法律体系的核心地位并不为过。

本书论证脉络系根据空间权法理及在对空间权构成体系进行理清的基础之上，对中维性概念空间利用权进行全面阐述，并结合我国《物权法》的现行规定和空间利用实践情况而展开。在此，对于空间利用权的内涵予以一定阐释并进行必要的界定，利于为后文的充分论述奠定逻辑基础，铺平论证道路。

第一，空间利用权与土地所有权通常情况下不属同一主体。倘若土地所有权人与空间利用权人实质为同一主体，那么空间利用权就已经没有独立存在的空间和必要。空间利用权面对的是空间所有人之外的权利人开发利用空间的必要独立性，其权利主体要求空间所有权人让渡出一定的用益物权。但应当注意的是，如果权利人分别取得此两项不同的权利时，如空间所有权人自身又取得其拥有所有权的同一空间的空间利用权，那么由于该两种权利各自具有其独立的价值，故权利人系双重身份，应接受双重权利义务规范要求，不可只任其一。

第二，空间利用权并不是自物权，而是他物权。在我国土地所有制度下，因为只有国家和集体可以成为土地所有权的主体，所以土地使用权人只能通过从土地所有人处依法取得的方式成为他物权主体，故此，空间利用权将与土地使用权保持一致，处于同一位阶作为他物权的一种，既体现出其空间利用权的自身价值，同时也保持了我国物权体系的完整。与此相近，空间利用权只能从空间所有权人处或者其他已经从空间所有权处取得空间利用权的权利人处取得，而不能是从土地使用权人处取得，原因在于一方面土地使用权

---

① 贾宏斌：《论我国地下空间利用权之构建——以地下车位权属交易为视角》，载《西安电子科技大学学报·社会科学版》2015年第5期，第76页。

人所取得的依附于地表的一定空间使用权与空间利用权指定的特定空间范围
互不包含；另一方面，即使空间利用权人期许获得利用的空间恰属土地使用
权人所拥有的依附于地表的那部分空间或与其发生重叠交叉，双方完全可以
依地役权规则解决，并不属实质意义上的空间利用权法律关系，这也是避免
两者适用中出现混淆的基本定限原则。[①]对于从空间所有权人处取得的，本书
将其称为空间利用权（也有人称为"空间地上权"或"空间建设用空间利用
权"）；对于从其他空间利用权人处取得的，本书也将其称为空间利用权（也
有人称为"空间地役权"或"空间役权"），为统一概念表述，笔者不再将空
间利用权的表述按照取得方式的不同再作细化区分。

　　第三，空间利用权所指向的空间范围具有特定性。与前文中论述的空间
权客体相同，可见图 1.1。这是本书讨论地下空间利用权需要明确的前提问
题，后文在地下空间利用权客体的有关论述中将进一步深入剖析和界定。在
此重点概述的空间范围特定性主要指向与原本业已存在并持续发生的我国建
设用地使用权或大陆法系所称的地上权的土地客体中的"一定空间"。如果地
表与空间截然分开，那么建设用地使用权或地上权必然失去了依托。由此而
来的问题是，建设用地使用权或地上权所包含的吸附于地表的地上或地下的
一定空间并不是本书所讨论的空间利用权的客体，比如，在某地面之上建造
20 层楼房，那么假设其合理的地基为该地表之下 20 米深度，则该地下 20 米
的空间并非本书所探讨的空间利用权客体，但是，若开发建设者期望将地下
20 米作为权利客体，在此之内建设地下室或地下车库另行出售，那么由于涉
及地下空间的另行利用，为了解决与买受地上楼房房屋业主之间的共有权问
题，开发建设者应另行取得该地下 20 米空间的地下空间利用权，此时，该地
下 20 米空间则转化为地下空间利用权的空间客体，当然在空间利用权人与建
设用地使用权人一体的情况下，只需空间利用权人依法从空间所有人处取得
即可。由此，对于地下 20 米再往下的地下空间，其他需要利用者可以依法另
行向空间所有人处取得，而成为新的空间利用权人。至于两者的协调利用和
权利行使的问题后文将作进一步论证。简而言之，为使空间资源达致物尽其

---

　　① 参见刘保玉：《空间利用权的内涵界定及其在物权法上的规范模式选择》，载《杭州师
范学院学报》（社会科学版）2006 年第 2 期，第 70 页。

用的目的，对于空间利用权的空间客体进行分析是必不可少的。为了与土地所有权、使用权相区别，将这种独立其外的权利，称之为空间利用权更为合适。①

综上，空间利用权区别于传统物权法垂直方向上三部分一体的土地归属与利用观念，是以水平分割空间而形成的对土地地表上、下一定空间的归属与利用的财产性权利，是各种空间财产权利的总称，根据空间利用权人获得的空间利用权位于土地地表之上或地表之下，空间利用权可以分为地上空间利用权和地下空间利用权两大类。需要重点说明的是，鉴于目前我国对于空间开发利用主要表现在地下一定空间，特别是一般情况下出现的民事权利纠纷均发生在地表之下一定空间，故本书在前述概念界定基础上，对空间利用权构建思路都是围绕"地下空间利用权"这一研究对象而展开。

四、地下空间利用权的内涵界定

对于一项民事权利的研究，首先必须界定该项权利的定义及内涵，才能在界定的范围内赋予其构成要素，在此基础之上，构建权利行使及权力运行方式。探讨我国地下空间利用权的构建，则必须在现行制度体系下确定相关概念的范畴及具体内容，才能保障该项权利的顺利实现。由此，首先应在对空间利用权的概念表述基础之上，对其内涵进行界定。如前文所述，学界在空间利用权制度的研究中，对相关概念的表述差异很大，理论上的不同认识，必然影响到具体制度的创建。本书关于我国地下空间利用权构建问题的探讨，是基于以下相关概念的界定而进行的。

地上、地下，在地理学中区分二者的标准在于地平线，在物理学法上关键点在于对地表的规定，地表是客观存在天然形成或经开发而形成，在物权法上是对空间与土地的区别而成为权利客体的范围界定。② 在此语境下，地上空间利用权的权利指向地表之上固定立体空间作为标的物，而地下空间利用

---

① 参见李延荣：《关于空间利用权的思考》，载《法学家》2006 年第 3 期，第 104—105 页。

② 参见李威：《空间利用权：土地分层与空间分层的立体利用》，载《中国社会科学院研究生院学报》2014 年第 4 期，第 87 页。

权的权利指向为地中横切一立体空间而以之为标的物所设定。^① 至于笔者为
何采用"地下空间利用权"这一称谓展开权利制度构建，而非空间地上权或
分层建设用地使用权等概念，主要原因在于：第一，"地下空间利用权"在词
义上体现出"利用"的实践特征和"地下"的客体范围，完全符合笔者将其
界定为一种新型用益物权的观点，体现着其在空间权体系中的具体地位，也
迎合了普通民众的心理和习惯，不至于晦涩难懂。第二，地下空间利用权作
为空间权的次下位概念，更为具体，在抽象立法中兼具形象表征，易于民众
接受和普及，相较于空间地上权、分层地上权的不知所云，其更为贴近立法
实践。第三，受到立法的篇幅所限和修法的不稳定因素，地下空间利用权的
代表性足以应对现实地下空间资源开发利用过程中，对民事权利保护的需要。
实践需要促使该称谓脱颖而出，受到学界和实务的青睐。具体情形可以从前
述学理上空间权体系构成的论述中看出，我国土地所有权制度下，空间所有
权应与其保持一致性，故此对于空间所有权现暂无讨论之紧迫感，空间役权
所解决的实践问题绝大多数可以通过地役权或者相邻关系来解决，因此空间
役权已没有单独设定之必要。故现阶段确立空间利用权概念在民法物权体系
中是以代表空间权，体现其制度价值。第四，地下空间利用权系一种可通过
登记方式实现物权公示的物权种类，将其纳入《物权法》用益物权中的一项
权利予以对待，是促进物的利用，脱离土地所有权或使用权，丰富物权内容
的效能所在，因而地下空间利用权可以成为一项独立的物权。^② 综上所述，地
下空间利用权是指民事主体（包括国家、集体、公民和法人）利用土地地表
之下一定范围内的空间，并排斥他人干涉的权利。^③ 笔者将尝试将地下空间利
用权定位为独立的用益物权，通过构建地下空间利用权制度，专注于地下空
间现实纠纷的解决，化解实践中略显复杂的矛盾，将地下空间利用权的构建
达致完备，进而推广比照适用，实现地下空间立法的目标。

　　就一项具体民事权利的构建而言，只有以诉讼等实例为背景予以检视，

---

　　① ［日］平松弘光：《日本地下深层空间利用的法律问题》，陆庆胜译，载《政治与法律》
2003 年第 2 期。

　　② 参见王利明：《物权法论》，中国政法大学出版社 2003 年版，第 644 页。

　　③ 贾宏斌：《论我国地下空间利用权之构建——以地下车位权属交易为视角》，载《西安
电子科技大学学报·社会科学版》2015 年第 5 期，第 76 页。

才会更清晰的理解具体民事权利构建的正当性和有效性。[1]因此，不妨选取近几年我国司法实践中涉及地下空间利用纠纷的民事诉讼案例作为问题导向的突破口和着眼点，更加明确地指明我国地下空间利用权构建的重大意义。

案例1.1：沈阳市大东区新华壹品小区业主委员会（简称"新华壹品业委会"）诉沈阳桦海房地产开发有限公司（简称"祥桦公司"）、沈阳金香玉餐饮管理机构有限公司（简称"金香玉公司"）等建筑物区分所有权纠纷案。[2]

基本案情：新华壹品业委会诉至法院，请求判令金香玉公司将新华壹品小区47#楼地下停车场的使用权交给全体业主，管理权交给业主委员会。

法院生效裁判认为：首先，涉案47号楼下的地下停车场并未纳入园区的公摊面积，亦不属于占用新华壹品小区业主的共有道路、场地增设的停车场，故该地下停车场不属于业主的共有部分。其次，根据沈阳市人民防空办公室出具的《结合民用建筑修建防空地下室立项审批通知书》，本案中47号楼的地下停车场系祥桦公司投资建设的人防工程。依照《人民防空法》第五条第二款的规定，非战时该地下停车场应由祥桦公司使用管理并获得收益。故驳回新华壹品业委会的诉讼请求。

案例1.2：太仓市恒荣泰广场业主委员会（简称"恒荣泰业委会"）与太仓美豪房产开发有限公司（简称"美豪公司"）、昆山润华商业有限公司（简称"润华公司"）业主共有权纠纷案。[3]

基本案情：美豪公司与润华公司签订了商业用房（含附属场地、设施）租赁合同，约定美豪公司将其合法拥有的商业用房（含附属场地、设施）出租给润华公司。2010年6月8日，美豪公司与润华公司签订协议书，约定在租赁合同中出租给润华公司的租赁面积基础上，美豪公司将地下一层停车场

---

① 参见贾宏斌：《民法教与学的有效路径——漫谈蔡立东教授"民法七维学习法"》，载《高教研究与实践》2015年第1期，第45页。
② 参见辽宁省沈阳市中级人民法院［2013］沈中审民终再字第130号民事判决书，载中国裁判文书网，http://www.court.gov.cn/zgcpwsw/content/content?DocID=1e7ee70f-48a8-4b55-ad7c-51954bc34c87&KeyWord=%E6%96%B0%E5%8D%8E%E5%A3%B9%E5%93%81%E5%B0%8F%E5%8C%BA，最后访问日期：2019年5月1日。
③ 参见江苏省苏州市中级人民法院（2014）苏中民终字第02861号民事判决书，载于中国裁判文书网，http://www.court.gov.cn/zgcpwsw/content/content?DocID=82107ec5-2a14-4b5c-96ce-8e60a1663dcc&KeyWord=%E5%9C%B0%E4%B8%8B%E7%A9%BA%E9%97%B4，最后访问日期：2019年5月1日。

（含车道及配套设施）出租给润华公司，由润华公司管理使用。后恒荣泰业委会召集业主召开业主大会，就通过法律手段维护小区全体业主合法权益达成共识，诉至法院，请求为太仓市恒荣泰广场地下一层停车场及地面广场属太仓市恒荣泰广场全体业主共有，美豪公司与润华公司签订的关于太仓市恒荣泰广场地下一层停车场及地面广场的租赁合同和协议书无效，美豪公司、润华公司立即停止侵占使用太仓市恒荣泰广场地下一层停车场及地面广场的行为，清空场地并交还恒荣泰业委会，同时美豪公司应按其收取润华公司租赁费之金额向恒荣泰业委会支付场地使用费。

二审法院生效裁判认为，根据《物权法》第七十四条之规定，除已出售的地下汽车停车位外，恒荣泰业委会并无证据证明美豪公司在与太仓市恒荣泰广场小区其他业主签订房屋买卖合同时，同时已将涉案地下车库通过出售、附赠、出租的方式交付小区业主，驳回了恒荣泰业委会的该诉讼请求。

案例1.3：柏志海、汪爱玲与盐城市力拓房地产开发有限公司（简称"力拓房地产公司"）地下车位纠纷案。[①]

基本案情：2012年，柏志海、汪爱玲与力拓房地产公司签订《力拓·倾城花园2#地下室车位使用权转让合同》，受让位于力拓·倾城花园2#人防地下室10-1、10-2号停车位，并交付了购买车位使用权款。嗣后，柏志海、汪爱玲以双方所签合同违反相关法律、法规为由，诉至法院，请求解除地下室车位使用权转让合同，返还转让款及利息。

法院生效裁判认为，根据《物权法》第136条、第137条的规定，力拓房地产公司提交证据证明其已经按照法律规定的程序取得了相应的土地使用权，根据《物权法》第142条的规定，涉诉地下车位系由力拓房地产公司投资建设，地下车位属于其开发建设的构筑物或者附属设施，力拓房地产公司应当对此享有所有权。结合《人民防空法》第5条、第18条、第19条、第21条、第22条的规定，是对人防工程"平时"与"战时"的使用问题所作的规定，不是专门对于地下车位权属问题所作的界定，相反，该规定也充分

[①] 参见江苏省盐城市中级人民法院（2014）盐民终字第01318号民事判决书，载于中国裁判文书网 http://www.court.gov.cn/zgcpwsw/content/content?DocID=dd13517b-3be9-418a-bc18-57572caf276c&KeyWord=%E5%9C%B0%E4%B8%8B%E7%A9%BA%E9%97%B4，最后访问日期：2019年5月1日。

说明了民用建筑的人防工程应为"投资者"所有，即力拓房地产公司对案涉人防地下车位享有除土地所有权之外的较为完整的物权。从双方合同约定足以认定，涉案合同交易的车位"使用权"具有"所有权"的实质要义及其占有、使用、处分、收益等权能，并不是租赁合同，所以不适用《合同法》第214条关于租赁期限不得超过二十年，超过部分无效的规定，且该规定是关于合同效力的规定，而非关于合同解除的规定。故该理由显然也不成立。根据《物权法》第72条的规定，将案涉合同认定为实质上的"地下车位所有权转让（出售）合同"，符合维护合法权益的民法价值追求和合同法鼓励交易的立法宗旨，不仅不违反法律、行政法规的强制性规定，不具有其他合同无效的事由，而且可以更好地确认、调整和维护各方法律关系和财产关系。故认定为有效合同，对双方当事人均具有约束力，也更有利于权利保障。根据最高人民法院《关于审理建筑物区分所有权纠纷案件具体应用法律若干问题的解释》〔法释（2009）7号〕第2条、住建部《房屋登记办法》第96条、江苏省建设厅《江苏省实施〈房屋登记办法〉若干问题的指导意见》〔苏建房（2009）196号〕第十二.2条①等规定，案涉车位所有权完全具备登记的法律条件，只是暂时不具备地方登记机构给予登记的操作条件。因此，案涉车位可以作为建筑物专有部分成就独立的所有权。故驳回柏志海、汪爱玲的诉讼请求。

案例1.4：楼高荣与宁波华泰股份有限公司（简称"华泰公司"）地下车位买卖案。②

基本案情：2004年，楼高荣与华泰公司签订"华泰剑桥二期地下车位买卖合同"，该车位所在地下空间属于人民防空工程。楼高荣诉至法院主张作为人防工程的设施是不得买卖的，双方签订的买卖合同是无效合同。请求判令确认双方车位买卖协议无效，返还购车位款，赔偿利息损失。

法院生效裁判认为，双方争议的主要问题是法律是否禁止属于人民防空

---

① 江苏省建设厅《江苏省实施〈房屋登记办法〉若干问题的指导意见》〔苏建房（2009）196号〕第十二.2条规定："地下车位和按原规划建造的地面车位，符合房屋登记条件的可以申请登记。"

② 参见浙江省宁波市鄞州区人民法院（2008）甬鄞民一初字第3959号，载于北大法宝网司法案例 http://www.pkulaw.cn/case/pfnl_118280735.html?keywords=%E5%9C%B0%E4%B8%8B%E7%A9%BA%E9%97%B4&match=Fuzzy，最后访问日期：2019年5月1日。

工程的地下车位使用权的买卖。《人民防空法》未明确规定人防工程设施的使用权禁止买卖。《浙江省实施〈中华人民共和国人民防空法〉办法》第 19 条规定：人民防空工程除重要的指挥、通信等工程外，在不影响其防空效能的条件下，鼓励平时予以开发利用。综上，法律和行政法规未禁止作为人民防空工程的车位使用权的买卖，故双方之间签订的合同合法、有效。但作为人民防空工程的车位的使用权有一定的限制，如发生战争时必须作为人民防空工程使用，如果楼高荣在购买讼争车位的使用权时，对该车位系人民防空工程不知情，存在重大误解，可以要求变更或撤销合同。在经释明后，楼高荣未对诉讼请求作出变更的情况下，法院驳回楼高荣的诉讼请求。

案例 1.5：辽宁省投资集团有限公司（简称"投资集团"）与王雅芝、辽宁省投资集团有限公司房地产分公司（简称"投资集团分公司"）合同纠纷案。[①]

基本案情：2013 年，王雅芝与投资集团分公司签订《地下停车位有偿使用协议书》，约定王雅芝有偿使用地下停车场负一层 1077 号停车位（案涉地下停车位），使用期限与王雅芝购买该项目地上房屋的土地使用权年限相对应。王雅芝按照协议约定一次性向投资集团分公司支付有偿使用费，并实际接收和使用案涉地下停车位。由于双方对于合同效力等问题产生纠纷，王雅芝向法院提起诉讼，请求确认租赁协议，超过 20 年的部分无效，退还无效期间的租金，确认 20 年期满后享有续租优先权，赔偿缔约过失利息损失等。

一审法院认为，双方签订的涉案合同实质为租赁合同。涉案地下停车场系属人防工程，根据《合同法》第二百一十四条的规定，租赁期限不得超过二十年，超过二十年的，超过部分无效，其余均有效。因超过二十年期限部分的合同无效，故被告应向原告返还该部分的租金。二审法院生效裁判认为，根据《物权法》第 136 条、137 条，省投资集团房地产分公司对相对应的土地拥有合法的土地使用权。根据《人民防空法》第 5 条，民用建筑的人防工程应为"投资者"使用管理，收益归"投资者"所有。省投资集团分公司实质上是将其取得的权利让渡转移给了王雅芝，而并非是简单的"租赁关系"，而且以"使用权"为标的物的合同也并非一定为"租赁合同"。此类合同具有其

---

① 参见辽宁省沈阳市中级人民法院（2016）辽 01 民终 6403 号生效民事判决书。

自身的特殊性，相关立法尚亟待进一步明确完善，其订立符合当前房地产市场发展的实际需要和惯常交易模式，故本案不宜轻易按照一般的有名合同来进行归类和判定。《人民防空法》未明确规定，作为人防工程的设施的使用权禁止转让，即法律和行政法规未禁止作为人防工程的车位使用权的交易，对案涉合同应认定为有效。因案涉合同并非实质意义上的"租赁合同"，所以不适用《合同法》第214条关于租赁期限不得超过二十年，超过部分无效的规定。进而，改判为驳回王雅芝的诉讼请求。

随着城市发展到一定阶段，地下空间的开发利用逐渐成为新趋势。城市商品房开发中要求修建人民防空工程，开发商将其建成地下停车位后将权利转移给业主，并按照约定收取一定的费用，此种交易模式符合当前房地产市场发展的实际需要，有利于解决城市停车位供求日趋紧张的矛盾，故而在实践中普遍存在，但相关纠纷也日渐增多。全国各地的司法实践不一，在法律适用上缺乏统一清晰的规定，成为我国法律的空白区。因此，当开发商和业主之间产生纠纷时，如何合理认定和妥善处理，就成为司法审判领域值得探究的问题。如上述五则案例，若依地下空间利用权规范处理，则简明易行，即开发商在取得地上房屋建筑所在地的建设用地使用权之后，另行单独通过地下空间出让或转让取得其所开发建设区域的地下车位所在地下空间范围内的地下空间利用权，经过其开发建设的地下车位自然顺理成章具有出卖处分权，与此同时，购买地上房屋业主并不当然享有地下空间的共有权，如此也就没有主张享有共有权的法律依据。这样，地下车位的买受人也可当然取得地下车位所有权。诚然，当事人可以在签订合同和履行登记中注明地下车位属于地下人防工程性质的特别条款，以便在遇到战争时可以响应国家的召唤，取消各方的顾虑。[①]

综上可见，目前我国地下空间利用权的立法模式和内容不足以完整的保护空间利用权这一新兴的财产权利形态，也无法适应我国地下空间开发利用建设的现实需求，因此，对地下空间利用权进行立法保护和全面构建是不容忽视的课题，在我国民法基本法律制度物权中导入地下空间利用权制度，是

---

① 参见贾宏斌：《论我国地下空间利用权之构建——以地下车位权属交易为视角》，载《西安电子科技大学学报（社会科学版）》2015年第5期。

推进和完善这一课题的重中之重，具有重大的理论和现实意义。

第一，对我国地下空间利用权进行立法构建，是有效解决地下空间资源利用需求与空间资源相对匮乏矛盾的必然选择。传统民事法律将空间利用权包含在土地使用权之内，已不能适应当今土地立体开发利用的发展需要，如果继续维持此制度模式，极有可能加剧了土地所有权、使用权的独立性、排他性与地下空间的社会公共性的矛盾。只有将地下空间利用权从土地所有权、使用权中抽离，并以私法形式使之确立为一项独立的财产权利，方能有效破解此矛盾，从而克服同一土地垂直空间的利用僵化问题，促使土地开发利用的平面化向空间利用立体化转化过程依法而行。通过对我国地下空间利用权进行立法构建，不仅可以化解并降低不同权利主体在地下空间利用开发过程中发生的权利冲突纠纷，而且顺利实现对地下空间合理开发与有效利用的立法目的。

第二，对我国地下空间利用权进行立法构建，符合健全完善我国的民法物权制度的立法趋势。通过前述对发达国家和地区空间权及空间利用权制度发展演进的比较，不难发现他们均通过判例形式或立法方式肯认了空间权制度，尤其是空间利用权制度已日趋完善。[①] 我国《物权法》第 136 条的规定，虽然被学界一致认可为对空间利用权制度在民事基本立法中的重大进步，但受条文表述、立法模式所限，显然不足以实现对地下空间利用权的整体保护。同时，学界对于概念的使用和权属性质的划分等理论问题研究尚不统一，我国《民法典》的制定为地下空间利用权研究提供了有利契机，对于地下空间利用权给予《民法典》物权层面的立法保护，是顺应 21 世纪世界范围内民法物权立法趋势和完善我国民法物权制度体系的必然要求，也是统领与之配套的其他法律法规得以顺利制定的先决条件。地下空间利用权作为现代物权法体系中用益物权的类型之一已是大势所趋，不宜减免或被替代。对我国地下空间利用权进行立法构建，可以将空间可以作为特定财产的概念推广至公众，加快人们对其认识的普及速度，必将激励那些致力于投资地下空间资源开发利用者的积极性和主动性，从而繁荣地下空间依法开发利用景象。

---

① 参见王卫国、王广华：《中国土地权利的法制建设》，中国政法大学出版社 2002 年版，第 155 页。

第三，对我国地下空间利用权进行立法构建，有利于法律规范在优化空间资源配置中发挥最大效能。美国经济学家库斯在《社会代价问题》中提出法律制度归根到底是受效益原理支配的，[①] 而法律规范在指引作用中对社会的指引是其重要一环。正是基于对这两种思想或作用的有机结合下，将地下空间利用权纳入民法物权之中，在效益原则下，地下空间利用权作为基本法律制度所确认的民事权利之一，必须引导和促进人们依照最有效的方式利用地下空间资源，最大程度地发挥法律制度自身的普遍性、规范性和强制性的功能，约束和规范人们的具体行为，从而提高地下空间资源使用和配置的优化程度。与此相呼应的是，现今生活实践中人们期待着对于地下空间的开发利用可以保持长久安稳的状态，这也是对我国地下空间利用权进行立法构建提出的迫切要求。因此，在我国民法物权立法中导入地下空间利用权制度，明确其法律地位，即认可同一块土地的地表、地上空中及地下空间可以成立三个或更多个用益物权，从促进地下空间资源的有效利用来看，只有通过制定明确的法律规范，方能明晰土地使用权人和地下空间利用者之间依法享有权利的范围和界线。

本章小结

在着眼于对地下空间开发利用既往实践及国际视角考察和对其上位概念空间权法学理论和法律制度的比较研究两方面分析，笔者从立法论意义上阐释地下空间利用权在我国民法物权中得以构建的实践需求和法律依据。具体而言，世界范围内先发国家及地区对于地下空间开发利用实践由来已久，现今发展也是日新月异。近年来，我国对于地下空间开发利用也可谓突飞猛进，而在实践中却因对于地下空间开发利用的法律制度缺乏或不完备，导致问题频出。比如，地下空间利用权或人民防空设施工程建成后，对于投资建设者而言，如果无法取得能够证明其权利的凭证，也就意味着权利悬空，时刻担心投资权益难以保障，因而必然会影响其投资热情。又如，在涉及地下空间利用权或地下空间建造设施工程的租赁、销售、转让、拍卖、抵押过程中，

---

① 卓泽渊：《法的价值论》，法律出版社1999年版，第203页。

基于特殊的财产形态，出现在具体关系处理中，各方当事人对相关财产价值及移转方式态度不同，对权利形态难以准确判断，导致交易成本加大。

　　地下空间利用权是空间权的次下位概念，也是伴随着空间权的发展而不断发展的，空间权的产生和发展具有深刻的现实原因和传统的理论基础，具有历史必然性，对空间权制度演进的规律与启示进行科学的认识和把握，分析比较先发国家及地区对空间权制度在理论和实践中的差别，吸收其成功经验，是科学构建我国地下空间利用权法律制度的必要条件。从我国地下空间开发利用中出现的纠纷及法律制度解决路径来看，地下空间利用权居于空间权体系的核心地位，又因地下空间利用权总是与土地所有权和土地使用权时常联系在一起，其复杂程度较比空间权诸多分类中的其他权利要高出许多，通过对地下空间利用权制度的构建，可以促进空间利用权及空间权制度体系的发展，有效解决地下空间开发利用过程中的矛盾纠纷。

第二章　我国地下空间利用权的性质定位

　　地下空间利用权虽为一种新的权利形式，但其在我国《物权法》等法律中的确立以及在实践中的产生和发展尚属起步阶段，应在权利构建过程中更准确地将我国地下空间利用权的权利性质予以科学合理的定位。如前所述，由于我国经济发展的历史原因，无论是在地下空间开发利用的实践技术水平、实际效能发挥，还是在开发规划理念、法律法规制度、行政管理手段诸方面与先发国家及地区相比，均存在明显差距，特别是对于地下空间利用的法律制度制定和实施方面尚存在一定的问题和瓶颈。因此，本书着眼于从私权构建角度在立法论方面论述关于我国地下空间利用权制度的构建，并以此为基础，将其权利性质定位于空间权的体系范围之中，从而对地下空间利用权的构成和运行作以全面阐述。

一、地下空间利用权是独立性用益物权

　　如前所述，地下空间利用实践中产生的大量民事纠纷需要通过构建地下空间利用权这一用益物权法律制度予以科学有效的解决。地下空间利用权的确立是开发利用地下空间的生产生活实践需要，具有不可替代的独立于既有权利类似权利的特质，当然，地下空间利用权独立作为一种新型用益物权也可找寻到合适的法理依据，同样也体现着诸多现实积极意义和权利功能作用。[①]以下，从笔者近年来审理过的涉地下车位和地下商铺两则民事纠纷诉讼案件着眼，着重对于地下空

---

　　① 贾宏斌：《论我国地下空间利用权之构建——以地下车位权属交易为视角》，载《西安电子科技大学学报·社会科学版》2015年第5期，第77页。

间利用权作为独立性用益物权的制度构建的优势性和可行性作以研析。

案例 2.1：付某与辽宁某房地产有限公司地下车位租赁合同纠纷案。^①

基本案情：坐落于辽宁省沈阳市皇姑区某园区人民防空工程系由辽宁某房地产有限公司（简称"甲公司"）开发建设。2012 年 12 月 18 日，付某作为承租方与作为出租方的甲公司签订《地下停车位长期租赁协议》（简称"《租赁协议》"）两份，约定付某以 400,000 元的价格承租甲公司开发建设的某园区地下停车场 A 区 39 号、40 号的两个车位（简称"案涉地下车位"）。租赁期限自 2014 年 1 月 1 日起至 2033 年 12 月 31 日止，共 20 年。赠送租赁期限从 2013 年 11 月 1 日起至 2013 年 12 月 31 日止；2034 年 1 月 1 日起至 2060 年 11 月 1 日止。签订合同当日，付某向甲公司交付租赁车位租金 400,000 元。2013 年 10 月，甲公司通知付某办理接收手续，付某以地下车位不具备使用条件为由而拒绝。此后，付某以甲公司只与当地人防部门签订了一年期的使用合同，致使对于甲公司向其出售并赠送的地下车位使用期限难以兑现，缺乏保障为由，诉至辽宁省沈阳市皇姑区人民法院，起诉请求解除《租赁协议》，由甲公司返还租金 400,000 元，并支付占款期间利息，赔偿直接损失 4000 元。

裁判结果：一审法院认为，双方签订的《租赁协议》合法有效，但以甲公司不能提交其已取得协议租期内的全部期限使用权的证据为由，结合付某拒不办理车位入住手续的事实，确认双方之间的《租赁协议》合同目的已不能实现为由，判令解除该协议，甲公司返还付某租金 400,000 元及给付贷款利息。2014 年 7 月 1 日，甲公司与沈阳市皇姑区人民防空办公室签订《人民防空工程使用合同》一份，约定使用期限 1 年，即 2014 年 7 月 1 日起至 2015 年 6 月 30 日止。使用费 148,320 元。

宣判后，甲公司以其已取得涉诉车位租期内的全部期限使用权，有权对地下车位进行租赁，一审判决解除合同没有任何法律依据，有悖于民法保护交易安全的基本原则，向辽宁省沈阳市中级人民法院提出上诉。

二审期间，甲公司提交了沈阳市皇姑区人民防空办公室向法院出具了《关于人防工程的情况说明》，载明：甲公司"有权对地下人防工程进行使用

---

① 详见辽宁省沈阳市皇姑区人民法院（2016）辽 0105 民初 1685 号一审民事判决书、辽宁省沈阳市中级人民法院（2016）辽 01 民终 13567 号二审民事判决书。

和收益，也有权与业户签订《租赁合同》，收取租赁费。此做法为沈阳市地下车位经营通行做法"。沈阳市人民防空办公室、沈阳市城乡建设委员会分别出具证明材料，证明地下车位竣工验收时间为 2013 年 10 月。

辽宁省沈阳市中级人民法院作出终审判决，认为：甲公司对案涉地下车位享有除土地所有权之外的较为完整的物权性权利，法学理论和司法实务中对于地下人防车位所有权归属于国家还是归属于开发商或业主的认识分歧，并不能影响本案对于案涉地下车位使用收益权利人的认定，依据双方提供的证据可以认定，甲公司作为"投资者"，有权出租案涉地下车位，并获取相应收益。付某与甲公司签订的《租赁协议》系双方真实意思表示，付某主张因其对案涉地下车位的性质存在重大误解而要求撤销《租赁协议》，无事实与法律依据。付某对于该协议既不享有合同约定解除权，也不享有合同法定解除权，在甲公司同意继续履行并具备继续履行《租赁协议》条件下，付某坚持解除协议的行为系单方毁约行为，应当承担对此不利的法律后果。故此，在判令解除双方《租赁协议》的同时，改判为在扣除付某应按协议约定接收涉地下车位之日起至判决作出之日止的地下车位闲置期间租金和按案涉地下车位月租金标准给付甲公司三个月的租金作为甲公司待出租地下车位损失赔偿后，甲公司向付某返还剩余部分的租金。

从表面上看该案法律关系错综复杂，涉及物权确认、合同效力、合同履行、合同撤销、合同解除、违约责任等认定内容，但经梳理，不难发现该案纠纷的产生及化解的逻辑关系比较清晰，概括而言，可以归纳为以下几层关系：一是案涉地下车位的权利属性是如何分配的，决定着开发商是否有权向业主出租地下车位。二是如果开发商有权出租，那么其与业主之间签订的租赁合同效力如何认定，是有效，还是部分有效、部分无效，抑或全部无效，是否属于可撤销可变更合同情形？三是如果合同真实有效，那么合同能否正常履行，是否存在履行的障碍，合同目的现实中是否完全可以得到实现？四是在业主提出合同无效和合同属于可撤销情形的主张均不能成立，开发商亦不构成违约的情形下，业主是否可以要求解除合同，或者说业主仍然拒绝继续履行合同，拒不接收地下车位，法院应如何处理的问题。该案的特殊之处在于租赁物为地下车位这一空间客体，甲公司作为开发商在处分案涉地下车位时，已经意识到上述问题，故采取了与业主订立长期租赁协议的方式，而没有采用直接转让使用权的合同，避免形成无权转让而引发合同效力的争议。甲公司又考虑到《合同法》对于最长租赁期间的限制规定，将案涉地下车位的租赁期限划分为租赁期限和赠送租赁期限，从形式上规避了与法律规定的矛盾，在一定程度上缓解了当事人意思自治与现行法的冲突，也取得了园区绝大多数业主的认可。但是，由此也产生了少数业主因合同租赁期间过长，又是一次性支付租赁费，对其权利能否得到长期有效保障提出质疑的情况。该案中，一审法院恰恰采纳了付某这一看似合乎情理的质疑，赋予其合同解除权，判令解除合同，并由甲公司承担返还租金、赔偿利息损失的违约责任。由此可能引发的连锁反应表现在，法院若采信付某提出的此质疑理由，从而认定为甲公司构成违约，势必将同园区乃至同地区的地下车位交易惯例、管理规则予以打破，进而极有可能间接影响到整个地区地下车位交易的稳定性。这种赋予付某不受任何限制的随时解除权，是有失妥当的。故二审法院考虑到该因素，以及是鉴于付某表现出强烈的解约意愿，在向付某充分行使释明权后，在不宜强制缔约和保护守约方利益的原则下，判令解除《租赁协议》的同时，认定付某构成违约，判令由其承担怠于接收地下车位闲置期间及三个月寻租期租金损失。从法律效果上看，兼顾了开发商与业主的利益，从社会效果上看，避免了同类型纠纷的大量发生。①

随着人们生活水平的提高，买房购车成为了现代人们追求的新目标，由于地上车位占地资源已不能完全满足车辆增长的需求，许多人本着对土地集约利用的原则，便把目光投向了地下。地下空间的开发利用逐渐成为新趋势。城市商品房开发中要求修建人民防空工程，开发商将其建成地下车位后将权利转移给业主，并按照约定收取一定的费用，此种交易模式符合当前房地产

---

① 本书中所称的"地下车位"仅指地下区域中为停放汽车而划分的单个停车空间，并不包括机械停车设备中停放汽车的部位。"业主"系指区分所有权制度下的法律概念。即《最高人民法院关于审理建筑物区分所有权纠纷案件具体应用法律若干问题的解释》第一条所规定的"依法登记取得或者根据物权法第二章第三节规定取得建筑物专有部分所有权的人"。"开发商"定义为房地产开发公司的通俗称谓，是指从事房地产开发、经营、管理和服务活动，并以营利为目的进行自主经营、独立核算的经济组织。本书中将开发商与房地开发建设单位不再作语义的区分。住宅为地下车位的对应概念，应作广义理解，包括且不限于普通住宅，同时，本书将其与房屋亦不再作语义区分。

市场发展的实际需要，有利于缓解城市地下停车位供求矛盾。但是，由于我国空间权理论在立法和实践上的长期缺位，导致地下车位权利归属没有明确统一的界定，实务操作中亦难以完全实现对地下空间利用权属实施统一登记，因此对地下车位的权属交易造成一定的制度掣肘，某种程度上阻碍了地下空间的合理利用，有关地下车位引发的民事诉讼纠纷案件也随之涌现。因此，当开发商和业主之间产生纠纷时，如何合理认定和妥善处理，就成为司法审判领域值得探究的问题。

　　由于地下车位的交易管理在界限划分、权属界定、制度规范等方面较为复杂，为进一步探寻到一定的解决问题思路和路径，笔者从诉讼领域着眼，对自2010年以来，涉地下车位民事诉讼纠纷案件在全国范围进行一定的可视化数据分析，对所反映的突出问题作以检视。笔者通过"把手案例"数据库，对涉地下车位民事诉讼裁判文书进行检索，更为直观地体现该类型纠纷的特点和规律。

　　数据采集（一）：以"地下车位"为关键词，将案件类型集中在"民事"领域，文书的类型为"判决书"，裁判年份为"2010年"至"2017年"，文本检索为"本院认为"部分。共检索到相关案件数量为2414篇。[①]

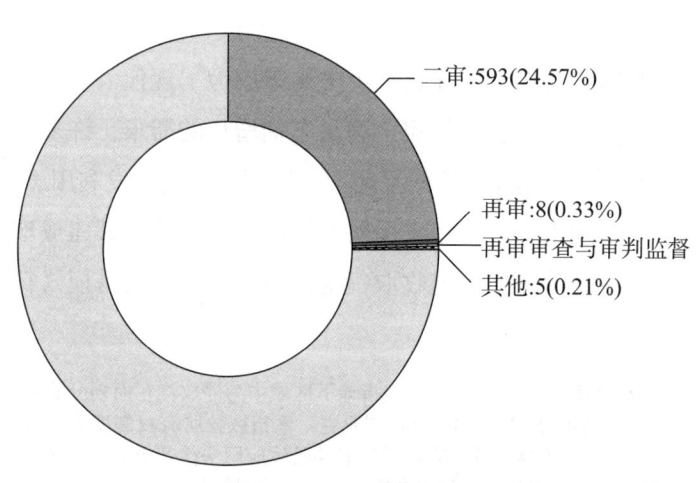

图 2.1　审理程序

---

　　① 数据来源：把手案例（www.lawsdata.com），案例基础来源均为中国裁判文书网，过滤掉裁判文书网中重复公布的裁判文书，去掉了仅公开标题而未公开内容的裁判文书（法定不公开案件）。

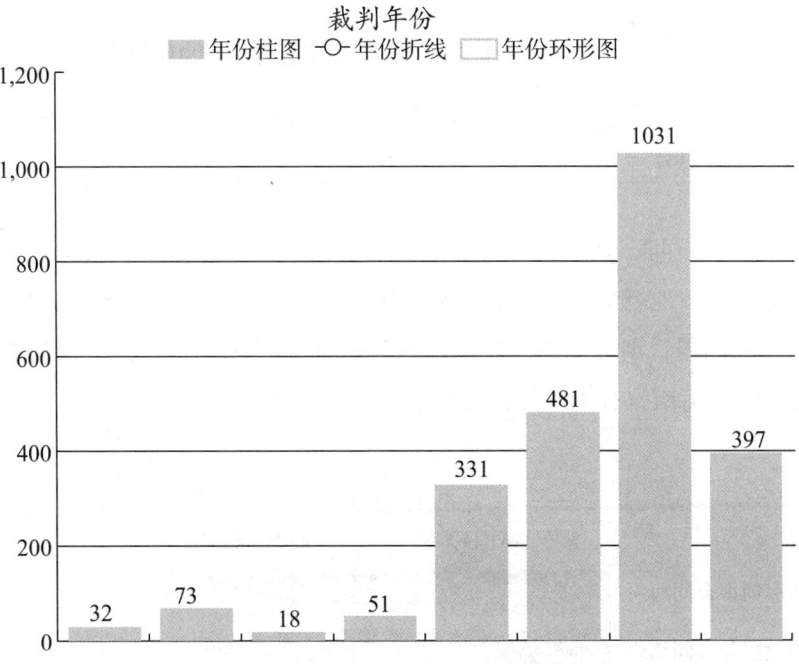

图 2.2　裁判年份分布情况

从图 2.1 和图 2.2 可见，2010 年后，法院在受理和实体审理涉地下车位民事纠纷案件数量持续上升，其中一审案件占比达到 74.69%，二审案件达 24.57%，其他仅占 0.74%。

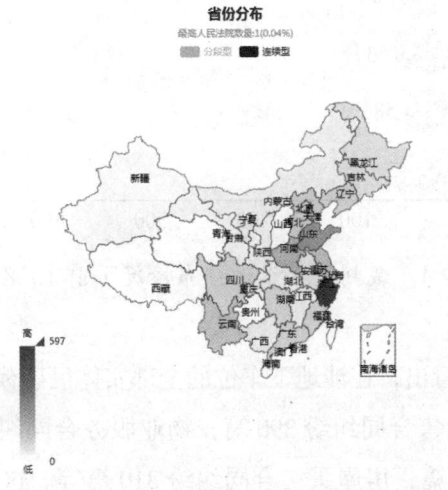

图 2.3　裁判文书的地域分布情况

表 2.1　裁判文书的地域分布情况（前 10 位）

省份	浙江	山东	河南	天津	江苏	云南	上海	河北	辽宁	四川
数量（件）	597	243	169	137	131	127	99	97	88	83

从图 2.3 和表 2.1 可见，2010 年后，法院在受理和实体审理涉地下车位民事纠纷案件按地域分布趋势为，从我国东部地区至中部、东北地区再至西部地区逐渐趋缓：浙江省有 597 件，占总数的 24.7%；山东省有 243 件，占总数的 10%；河南省有 169 件，占总数的 7%。

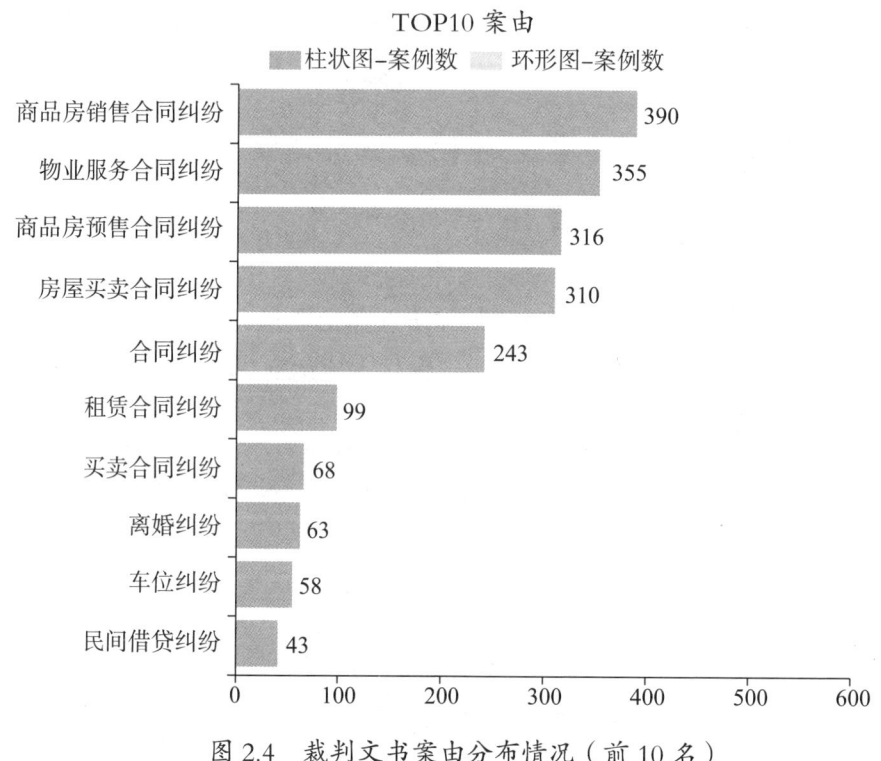

图 2.4　裁判文书案由分布情况（前 10 名）

通过图 2.4 可以看出，在涉地下车位的全部实体民事裁判文书 2414 篇中，案由主要有商品房销售合同纠纷 390 篇，物业服务合同纠纷 355 篇，商品房预售合同纠纷有 316 篇，房屋买卖合同纠纷 310 篇等。这些纠纷主要集中在涉及房屋及物业纠纷的案件中，在一定程度上表明地下车位与房屋交易及园区管理关系密切。在涉地下车位的租赁合同纠纷的裁判文书也出现了99篇，围绕该案争议，有必要对此类租赁合同纠纷作进一步分析。

数据采集（二）：在数据采集（一）的检索结果中，将案件案由设定为"租赁合同纠纷"，检索到的裁判文书分布地域及法院如图 2.5 所示，裁判文书的年份分布如图 2.6 所示。可见，2010 年以来，由地下车位引发的租赁合同纠纷时有发生，分布的地域及法院与此类全部案件发生总趋势具有一致性。

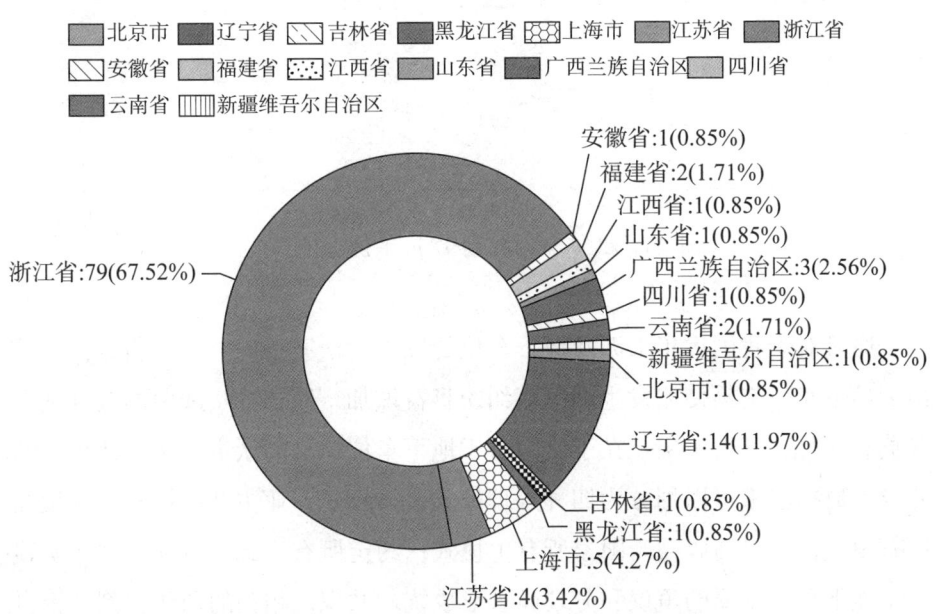

图 2.5 租赁合同纠纷裁判文书地域分布情况

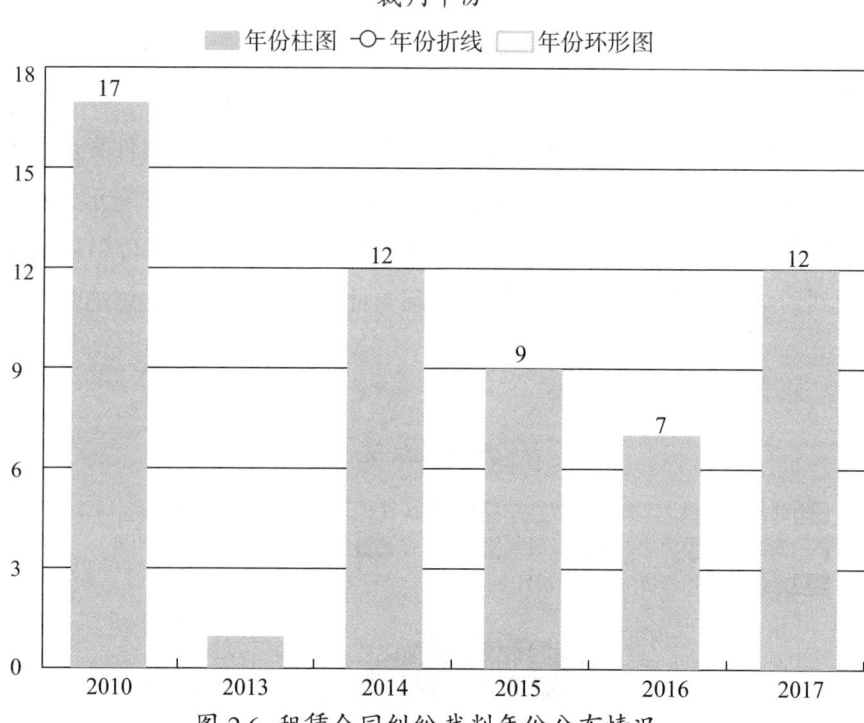

图 2.6 租赁合同纠纷裁判年份分布情况

　　通过对于我国近年来涉及地下车位的民事诉讼案例的数据分析，不难看出因地下车位交易使用发生的民事纠纷日益增加，而司法实践中的裁判观点又莫衷一是，其根源主要在于法院对于地下车位权属的认定产生了认识上的差异，概括起来可以划分为四种处理模式，分别是：业主共有模式；开发商所有模式；开发商收益（国家所有）模式；约定所有模式。目前，司法实践对于地下车位权属的争议和分歧尚未形成统一共识，相关的司法裁判结论也认定不一，甚至大相径庭，笔者收集了近年来实务界出现的对于比较典型的涉地下车位民事纠纷案件的多种裁判观点，摘取其审理要旨及裁判思路，以期对未来审判实践及立法或修法提供参考和借鉴，具体内容可见表 2.2。

表2.2　裁判要旨及审理思路重点摘录

认定结论	裁判观点	适用依据及要旨	引证来源
业主共有模式	1.开发商对车位无处分权，开发商将车位出售属于无权处分……权利人即全体业主对于开发商出售车位的行为不予追认，由此，开发商与业主签订的车位买卖合同应当认定为无效合同。	《物权法》第七十三条、第七十四条第三款的规定。	山东省菏泽市中级人民法院：山东鑫路源建设有限公司与张玉萍车位纠纷二审民事判决书，（2014）菏民一终字第218号。
	2.新建住宅小区配套的人防工程，如满足人防工程的建筑面积计算在公摊面积之中，开发商将建造人防工程的成本核算在住宅开发成本之内等条件，在房屋销售后，购房的全体业主成为小区人防工程的实际投资人，依法行使对相关人防工程的管理使用及收益权利。	《人民防空法》第四条、第五条的规定，人防工程建设实行国家投资与社会筹资建设相结合，建成后的人防工程，平时由投资者使用管理，收益归投资者所有。	甘肃省天水市中级人民法院：唐云龙与天水市嘉诚物业管理有限责任公司租赁合同纠纷二审民事裁定书，（2015）天民二终字第7号。
	3.依据地方性法规，认定没有特别约定的，房地产首次转让合同对停车场随房地产同时转移，归业主共有。	《深圳经济特区房地产转让条例》第十三条第二款规定，房地产首次转让合同对停车场、广告权益没有特别约定的，停车场、广告权益随房地产同时转移；有特别约定的，经房地产登记机关初始登记，由登记的权利人拥有。开发商将部分地下停车位出租及收益的事实，并不能反证其对涉案地下停车位享有权益。	广东省深圳市中级人民法院：深圳市元盛实业有限公司与深圳市南山区美加广场业主委员会车位纠纷二审民事判决书，（2016）粤03民终3713号。

续表

认定结论	裁判观点	适用依据及要旨	引证来源
开发商所有模式	4. 民用建筑的人防工程应为"投资者"所有。	《人民防空法》第五条是对人防工程"平时"与"战时"的使用问题所作的规定，不是对权属问题的专门界定，而管理主体与权属主体并不等同。相反，地下车位是开发商投资建设，该条规定恰恰也说明民用建筑的人防工程应为"投资者"所有。	江苏省盐城市中级人民法院：柏志海、汪爱玲与盐城市力拓房地产开发有限公司车位纠纷二审民事判决书，（2014）盐民终字第01318号。
	5. 开发商取得车位的建设工程规划许可证，车位应由小区业委会共有的主张，不能成立。	小区业委会在不享有争议车位所有权的情况下，占有、管理争议车位没有法律依据，小区业委会应向从开发商处购买案涉车位的权利人返还车位。	河南省高级人民法院：许志宏、王国忠、张洪成及新乡市红旗区莲花苑小区业主管理委员会与新乡市建源房地产开发有限责任公司确认所有权纠纷二审民事判决书，（2010）豫法民一终字第126号。
开发商收益（国家所有）模式	6. 根据谁投资谁收益原则，认定开发商享有人防工程的相关权益，有权行使相关权利。	开发投资建设地下车位，我国法律、行政法规并未明文禁止此类车位的买卖。	江苏省靖江市人民法院：贾明娟与靖江市中天置业有限公司车位纠纷一审民事判决书，（2014）泰靖民初字第1881号。
		根据《物权法》第七十四条，业委会无法提供证据证明开发商与小区业主签订房屋买卖合同时，同时已将案涉地下车位通过出售、附赠、出租的方式交付给小区业主，故对于业委会要求确认开发商与小区业主另行订立的车位买卖合同无效的诉讼请求不予支持。	江苏省苏州市中级人民法院：太仓市恒荣泰广场业主委员会与太仓美豪房产开发有限公司、昆山润华商业有限公司业主共有权纠纷二审民事判决书，（2014）苏中民终字第02861号。

续表

认定结论	裁判观点	适用依据及要旨	引证来源
		案涉地下车位并未纳入园区的公摊面积，亦不属于占用小区业主的共有道路、场地，依照《人民防空法》第五条第二款的规定，该地下车位不属于业主的共有部分，是开发商投资建设的人防工程，非战时应由开发商使用管理并获得收益。	辽宁省沈阳市中级人民法院：沈阳市大东区新华壹品小区业主委员会与沈阳桦海房地产开发有限公司、沈阳金香玉餐饮管理机构有限公司等建筑物区分所有权纠纷再审民事判决书，（2013）沈中审民终再字第130号；（2014）沈中民再终字第24号
	7.业主以开发商隐瞒地下车位是人防工程，造成业主因重大误解与开发商签订地下车位使用权买卖合同，要求撤销合同，返还车位款及赔偿利息损失，法院认定开发商可以利用人防工程建成的地下车库进行经营管理并取得收益，业主明知所购车位的产权性质，自愿在合同上签字捺印，故驳回业主诉讼请求。	《物权法》第五十二条、《人民防空法》第五条。	山东省威海市中级人民法院：李密与威海仙姑顶旅游开发有限公司商品房预售合同纠纷二审民事判决书，（2016）鲁10民终2070号。
		开发商作为该人防工程的投资开发商，具有对地下车位的管理使用权，每年审批属于行政机关正常的管理规范，并不必然影响对地下车位的使用。另，地下车位协议约定，与双方签订的《商品房买卖合同》为不可分割的整体，彼此关联，同时履行，同时解除。业主仅要求单独撤销地下车位买卖协议，无事实与法律依据，不予支持。	北京市第一中级人民法院：中矿宏业锦泰（北京）房地产开发有限公司与苏畅合同纠纷二审民事判决书，（2015）一中民终字第08453号。
约定所有模式	无		

　　造成上述裁判结果相互不一的法律原因在于法律规定不明确和法理认识

不统一两个层面。一方面，在现行法律规定方面，首先，《物权法》没有明确建筑区划内地下车位是否属于本区划内业主共有的空间，直接导致的问题是，倘若约定开发商享有地下车位所有权，那么业主的土地使用权就只能涉及地表之上建筑物部分，进而，意味着在同一土地上设置了部位重叠、权属分立的土地使用权，一旦两者发生冲突，比如拍卖房屋导致的地价分摊等纠纷，在法律规定上难以寻求到明确的裁判依据，将会导致其中一方无法享有或行使土地使用权的可能。《物权法》第74条的规定共为三款，虽然体现出立法者试图通过约定方式来界定车位权利归属问题，但并未规定在没有约定或约定不明时，权属应当如何认定，这给现实操作留下了隐患。同时，对于由共有车位所产生的收益应当如何分配也没有予以明确规定。此外，也没有规定地下车位的权属登记制度，导致业主通过约定所取得的地下车位，难以通过登记方式明确物的归属和发挥物的效能。其次，为缓解上述问题为审判实践带来的困惑，最高法院在《关于审理建筑物区分所有权纠纷案件具体应用法律若干问题的解释》（以下简称"《建筑物区分解释》"）第2条没有直接规定如何具体认定地下车位的归属，而是以通过归纳专有部分特点的方式对权属作出间接认定，这也为在理论和实践上对地下车位权属规范做进一步探讨留下了发展空间。① 复次，《城市房地产管理法》第31条规定了房地产转让时房屋占用范围内的土地使用权同时转让的地随房转原则，由于该法对于占用范围内的土地使用权在横向、纵向界址均没有规定明确标准，所以，在对土地使用权范围进行登记过程中，各地大多没有将公共用地分摊、垂直高度划定等因素纳入登记事项之内，这样也就从形式上间接否认了业主对其购买的房屋所占土地地表之上以外的土地享有使用权。再次，《物业管理条例》肯定了业主享有物业共有部位和共用设施的所有权与使用权，建设单位不得擅自处分，而对于共有部位和共用设施如何界定没有定义，地下车位是否属于共有

---

① 最高人民法院《关于审理建筑物区分所有权纠纷案件具体应用法律若干问题的解释》第二条：建筑区划内符合下列条件的房屋，以及车位、摊位等特定空间，应当认定为物权法第六章所称的专有部分：（一）具有构造上的独立性，能够明确区分；（二）具有利用上的独立性，可以排他使用；（三）能够登记成为特定业主所有权的客体。规划上专属于特定房屋，且建设单位销售时已经根据规划列入该特定房屋买卖合同中的露台等，应当认定为物权法第六章所称专有部分的组成部分。本条第一款所称房屋，包括整栋建筑物。

部位和共用设施，该《条例》并没有明确规定，也是造成纠纷难以化解的原因之一。最后，根据《城市居住区规划设计规范》第 2.0.29 关于容积率的规定说明当开发商把计算容积率的建筑物出售完毕时，参与计算容积率的建筑面积应全部移转给全体建筑物区分所有权人，否则就侵害了业主的权益，而在确定权属时法律并未明确适用容积率规则，颇显不足。

尽管《物权法》第 73、74 条以及最高法院此后出台的相关司法解释关于建筑物区分所有权规定对小区地上车位起到一定的规范作用，但对于地下车位的交易权属确认依据尚未予明确规定，造成由此引发的纠纷无法得到完全解决。当购买者购得地下车位时，究竟取得什么样的权利，是所有权？或只是使用权利？或是其他权益？[①] 这就涉及另一个层面，即理论层面上对该问题的认识发展过程。

另一方面，在法理认识上，主要表现在对于主、从物关系、土地使用权、空间利用权及建筑物区分所有权理论认识上存在的差异。诸如地下车位与地上建筑物是否为主从物关系，权利能否分别转让；对于房屋所有权、土地使用权和空间利用权在交易过程中作为整体还是分立财产对待；地下车位是否为建筑物区分所有权中的共用部分等一系列认识问题，尚未能形成统一认识。[②]

通过以上涉地下车位法律规范和法理观点两个层面的原因性梳理和挖掘，不难发现，无论是从导致涉地下车位民事纠纷产生的原因来看，还是从解决此类问题的方式路径选择来看，实践中所体现出来的方式方法均不能很好地解决我国目前地下车位权属交易中出现的现实问题。因此，需要一种新的理论体系和立法建构来有效规制涉地下车位民事纠纷，并形成统一认识运用到司法实践中去。

[①] 蔡明诚：《停车位所有权及专用权相关问题探讨》，载《台湾本土法学杂志》2003 年第 43 期。

[②] 参见贾宏斌：《论我国地下空间利用权之构建——以地下车位权属交易为视角》，载《西安电子科技大学学报》(社会科学版) 2015 年第 5 期。

案例 2.2：郭某与辽宁某公共设施管理有限公司地下商铺租赁合同纠纷案。[①]

基本案情：2013 年 11 月 29 日，郭某（乙方）与辽宁某公共设施管理有限公司（简称"甲公司"）（甲方）签订《太原街地一大道商铺经营使用权转让合同》（以下简称"涉诉《转让合同》"），约定商铺位于沈阳市太原街地一大道地下的上层 T019-1 号，使用面积约 6.6 平方米（简称"涉诉地下商铺"）。太原街地下开业时间预计为 2013 年 12 月 14 日，乙方享有商铺经营使用权的期限自商场开业三年后 37 年，甲方将就太原街地下的实际开业日期进行公告，若太原街地下实际开业时间与本协议约定的预计开业时间不符，甲乙双方同意以太原街地下的实际开业时间为准。乙方的转让期限按商场实际交付之日起进行相应顺延。合同签订后，郭某交纳了商铺经营使用权转让款 565，956 元，甲公司于 2013 年 11 月 29 日为郭某开具了两张收款收据（金额分别 394，526 元和 171，430 元）。

另查明，2013 年 11 月 7 日，沈阳市建设工程质量检测中心出具结构实体验证检验报告，载明沈阳市太原街地区人防工程混凝土强度、钢筋保护层符合国家现行标准。2013 年 12 月 5 日，太原街人防工程取得公众聚集场所投入使用、营业前消防安全检查合格证。涉诉地下商铺所在的太原街新天地广场于 2013 年 12 月 14 日开幕。

2016 年 11 月 5 日，甲公司向郭某邮寄通知一份，通知郭某于 2016 年 11 月 20 日之前提交有关材料，逾期未提交，将视为其自愿全权委托公司将商铺对外出租。2016 年 11 月 23 日，郭某给案外人郭某玲出具授权一份，载明"本人郭某系太原街新天地购物广场负一层上 TA011、TA012、TA019-1 号商铺业主，因本人在外地，现委任郭某玲代办本人所购买的商铺的一切事宜，如发生任何事宜由本人负责"。其后，郭某玲代替郭某签订《沈阳太原街新天地代租申请》（简称《代租申请》），申请商场帮助将商铺对外出租。代租期限为一年，代租期 2016 年 12 月 14 日至 2017 年 12 月 13 日止。租金标准以该商铺实际租赁租金标准为准。商铺业主在代租期间不可以任何理由提前

[①] 详见辽宁省沈阳市和平区人民法院（2017）辽 0102 民初 11050 号一审民事判决书、辽宁省沈阳市中级人民法院（2018）辽 01 民终 13005 号二审民事判决书。

终止代租约定、不可以任何名义干扰承租商的日常经营。业主如拟定将该商铺的经营权交予商场代为租赁或收回经营权自行经营，均须在下一租赁年度开始日提前三个月提交申请，并经商场核准后方可执行，审核期限为一个月。在该商铺经营使用权期限内如下一租赁年度开始日前两个月业主仍未递交申请或申请核准未经商场通过，则该商铺延用原代租或自营形式。

再查明，2010 年 12 月 20 日，沈阳市人民防空办公室（简称"市人防办"）与乙公司签订《人防工程开发建设权、经营使用权出让合同》（简称"涉诉《出让合同》"）。2011 年 6 月 9 日，市人防办、乙公司与甲公司签订《人防工程建设权、经营使用权出让合同之补充合同》（简称"涉诉《补充合同》"）。甲公司取得涉诉商铺所在人防工程的开发建设权 2 年及经营使用权 40 年。

郭某向一审法院起诉请求：1. 判令郭某与甲公司之间签订的《太原街地一大道商铺经营使用权转让合同》（简称"涉诉《转让合同》"）超过 20 年部分无效；2. 判令解除郭某与甲公司之间签订的剩余部分期限的涉诉《转让合同》；3. 判令甲公司返还商铺转让款 565，956 元及利息。

裁判结果：一审法院认为：根据《中华人民共和国人民防空法》（以下简称"《人民防空法》"）第五条规定，甲公司取得沈阳市太原街地区人防工程的开发建设权及经营使用权，其经营使用权确定为 40 年并不违反法律规定，故依法拥有对涉诉商铺 40 年的经营使用权，并且可以依法"在四十年使用期限内"对商铺再行转让。本案争议的焦点在于郭某、甲公司签订的涉诉《转让合同》合同性质问题。无论从合同的名称、合同的目的还是合同约定的履行标的来看，双方当事人均无不动产租赁的意思表示。甲公司将涉诉商铺的经营使用权转让给郭某，转让期限未超过四十年。合同签订后，郭某交付了全部经营使用权转让款，并与甲公司签订了《待租申请》，故双方签订的涉诉《转让合同》是对甲公司已经合法拥有的经营使用权的转让，并非租赁合同，该转让合同是双方真实意思表示，且未违反法律、行政法规的强制性规定，该合同合法有效。判决：驳回郭某的诉讼请求。

宣判后，郭某提出上诉。上诉请求：1. 撤销一审判决，发回重审或依法改判支持郭某的一审全部诉讼请求；2. 一、二审诉讼费用由甲公司承担。事实和理由：一、双方签订的涉诉《转让合同》为租赁合同，超过20年部分属于法定无效。二、《人民防空法》《人民防空工程平时开发利用管理办法》（以下简称"《人防工程管理办法》"）明确规定人防工程只能出租，而本案工程不符合出租条件。由于涉诉地下商铺所属工程项目一直没有通过竣工验收，导致无法投入使用，合同目的也无法实现。

甲公司辩称，一、甲公司享有涉诉工程的开发建设权利，涉诉工程已经检测合格，并取得了消防验收手续。甲公司作为新受让人取得涉诉太原街人防工程项目的开发建设权、经营使用权，所以甲公司对涉诉工程具有合法权利，有权对外转让并签署合同。二、双方基于涉诉地下商铺订立的合同是经营使用权转让合同，而不是租赁合同。只要不超过该权利本身的年限即可。三、郭某已经接收涉诉地下商铺，不存在解除合同事由。郭某接收地下商铺后，又与甲公司签订《代租申请》，委托甲公司代为转租、代为经营。甲公司完全积极履行了合同约定的义务，不存在任何过错。四、郭某的合同目的已经实现，要求解除合同亦没有法律依据。综上，一审法院认定事实清楚、适用法律正确，请求二审法院依法维持原判。

二审法院另查明，2010年12月16日，乙公司与市人防办签订的涉诉《出让合同》中第二条约定："人防工程所有权，以及人防工程占用土地的所有权、使用权归国家所有，出让人根据沈阳市人民政府的授权出让人防工程开发建设权、经营使用权，地下资源、埋藏物不属于出让范围。"第三条约定："受让人对依法取得的人防工程开发建设权、经营使用权，在出让期限内享有使用、收益权。"第十一条第（五）款约定："开发建设权2年（即2年内完成全部建设项目，从本合同签订之日起计算）；经营使用权40年（从工程竣工验收之日起计算）。"第二十三条约定："工程使用期间，在不改变本合同约定前提下，受让人整体或部分转让（出租）人防工程的使用权，须以书面形式申请，报送人防部门同意并办理相关变更手续后，受让人方可转让工程使用权。"第二十四条约定："未经出让人书面同意，受让人不得擅自改变本合同项下的权利义务，否则出让人有权解除本合同，收回人防工程使用权，因此造成的损失由受让人承担。本合同项下的全部或部分人防工程使用权出租后，本合同和人防工程使用权登记文件中载明的权利、义务仍由受让人承担。"

二审法院生效裁判认为：一、关于涉诉《转让合同》的性质及效力如何认定的问题。郭某主张甲公司本身并非所有权人，其仅享有经营使用权，故涉诉《转让合同》应为租赁合同，且租赁字样在合同中也多次出现，双方约定的承租期限违反了《合同法》有关最长租赁期限的规定，超过 20 年部分应为法定无效。甲公司抗辩其系通过受让行为合法取得涉诉地下商铺所在人防工程的开发建设权以及经营使用权，其与市人防办所签订的合同也并非租赁合同，受让的标的与涉诉《转让合同》的标的指向相同，且现行法律也并未禁止该权利的转让。对此，法院认为，租赁合同是出租人将租赁物交付给承租人使用、收益，承租人支付租金的合同。转让合同是转让人转移标的物的权利（不限于所有权）于受让人，受让人支付对价的合同。对于本案双方当事人争议的合同性质及效力问题，应从订立合同时双方的真实意思表示、涉诉地下商铺开发建设的用途、权利的取得以及经营情况等因素综合加以考量，而不宜仅凭合同名称、个别用词而予以定性。（一）关于甲公司就涉诉地下商铺所属工程项目享有的权利及权利归属问题。乙公司与市人防办签订涉诉《出让合同》，取得了包括涉诉人防工程项目在内的多个人防工程项目的开发建设权和经营使用权。辽宁诚信公证处对涉诉《出让合同》的真实性和合法性予以公证。市人防办作为涉诉工程项目的管理人，与乙公司、甲公司签订涉诉《补充合同》，将涉诉人防工程原使用单位乙公司变更至新使用单位甲公司，三方约定原合同项下的所有权利和义务全部转移给新使用单位。甲公司自此取得涉诉人防工程项目的开发建设权和经营使用权。根据《人民防空法》第五条、第二十一条第一款、第二十二条规定可见，人防工程既有为保障"战时"而单独、专门建筑的工程，也有"战时可用、平时民用"的建筑工程，且不同类人防工程的建筑主体不同，其权属也当然不同，但都要服从《人民防空法》的管理，而管理主体与权属主体并不等同。根据"谁投资、谁受益"原则，涉诉人防工程的管理主体为市人防办，权属主体自原使用单位乙公司转移至新使用单位甲公司，故甲公司依合同约定享有将涉诉人防工程项目部分转让、出租并取得收益等权利。（二）关于涉诉《转让合同》的性质问题。从本案事实可以看出，涉诉《转让合同》的名称为经营使用权转让合同，合同标的为涉诉地下商铺的经营使用权，郭某支付的价款为转让款，在实际交付商铺后，又存在委托代为外租的行为。可见，涉诉《转让合同》的实质系甲公司将其所受让的涉诉地下商铺的经营使用权让渡给郭某，虽然因涉诉地下商铺涉及人防工程管理范畴，但现行法律行政法规并未完全禁止权利人将依法依约取得的地下商铺经营使用权部分对外转让，受让人郭某一次性支付了涉诉地下商铺转让费，该《转让合同》的性质显为转让。而且，双方在合同订立过程中并无明确订立租赁合同的共同意思表示，郭某在订立合同时对约定内容系属知晓，亦未提出异议。再结合涉及人防工程行业的惯常交易模式及通行做法来看，此类合同因其本身具有特殊性，故不宜将其作为普通租赁合同予以认定。（三）关于涉诉《转让合同》的效力问题。甲公司通过与郭某签订的涉诉《转让合同》，将其先行受让的涉诉地下商铺的经营使用权让渡给郭某，其权利来源于其与市人防办、乙公司之间形成的涉诉《出让合同》及《补充合同》，结合前述涉及人防工程项目权利归属的认定，以及相关行业的发展实际和国家政策，根据郭某提供的现有证据无法确切证明双方在订立涉诉《转让合同》及履行过程中，具有《合同法》第五十二条规定的其他无效情形，故对涉诉《转让合同》宜认定为有效合同。同时，鉴于本案涉诉地下商铺所属工程项目涉及众多受让者的投资权益，为维护交易安全和稳定市场秩序，对涉诉《转让合同》亦应当认定为有效合同更为适宜。

二、关于涉诉《转让合同》约定超过 20 年经营期限部分是否有效的问题。首先，从合同性质来看，涉诉《转让合同》从名称、标的、转让款支付、委托代租等因素来看，其性质属经营使用权转让合同关系，而非普通租赁合同关系，不应受《合同法》上述关于租赁合同最长期限规定的限制，故其超出 20 年期限部分不因合同性质原因而无效。其次，从合同标的的属性来看，涉诉《转让合同》标的为地下商铺经营使用权，确非地下商铺所有权。该经营使用权的转让亦不因与人防工程所有权归属于国家而发生冲突，或因所有权人并非甲公司而使其权利受到限制，权益受到贬损。最后，从合同约定的年限来看，郭某与甲公司签订的涉诉《转让合同》所让渡的涉诉地下商铺的经营使用权期限，并未超过甲公司所受让的涉诉地下商铺所属人防工程项目经营使用权的最长期限，该《转让合同》约定的使用期限作为合同整体内容，系双方当事人真实意思表示，并未违反法律行政法规的强制性规定，应为合法、有效。因此，对于郭某提出要求确认涉诉《转让合同》超过 20 年经营期限部分无效，同时返还超过 20 年经营期限部分的转让款的请求，不予支持。

三、关于涉诉《转让合同》经营使用权转让期限未超过 20 年部分应否解除以及相应后果如何处理的问题。（一）关于郭某是否享有对涉诉《转让合同》的解除权以及该解除权是否应受到除斥期间限制的问题。一方面，由于涉诉《转让合同》并未赋予合同双方单方解除合同的权利，且按照合同约定，双方此后亦未另行达成任何关于合意解除或约定解除条件的书面协议，郭某亦未提供因甲公司违约足以导致合同解除的充分证据，且甲公司对于郭某的解除请求不予认可，故郭某现对于涉诉《转让合同》并不享有约定解除权。另一方面，郭某与甲公司均各自履行了相应合同义务，彼此均不存在过错，且合同具备继续履行的条件，故郭某的主张不符合《合同法》第九十四条规定的关于当事人一方迟延履行主要债务致使合同目的无法实现的情形，且截至目前亦未出现因不可抗力致使合同目的无法实现的情形。综上，根据上述法律规定及双方提供的现有证据，郭某就涉诉《转让合同》并不享有合同解除权，进而，本案纠纷亦不涉及解除权的行使是否超过法律对于除斥期间相关规定的问题。（二）关于涉诉《转让合同》约定 20 年期限内有效部分应否解除的问题。首先，关于郭某提出因涉诉人防工程项目尚未进行竣工验收，导致无法投入使用，合同目的无法实现而要求解除涉诉《转让合同》的主张。截至本案二审期间，双方当事人均未提供任何证据证明涉诉人防工程项目存在受到相关部门对于其不符合交付条件或不能投入使用等问题作出的通知或处罚等情形，故对甲公司的该项上诉主张，不予支持。其次，结合本案二审庭审陈述，因双方代租行为的存在，郭某如若未能实现取得代租期间租金的相关收益，可通过查账核对方式或另行向甲公司主张该权益，而不应径行以合同目的无法实现为由，请求确认涉诉《转让合同》部分无效以及解除有效部分。再次，关于郭某提出甲公司就涉诉人防工程项目没有取得《人民防空工程平时使用证》，根据《人防工程管理办法》第九条、第十条规定，甲公司的转让行为违法，涉诉《转让合同》约定 20 年以内的部分也应解除的主张。对此，法院认为，一方面，从该《管理办法》的制定主体及主要内容来看，是由国家人民防空办公室于 2001 年 11 月 1 日颁布施行，旨在为促进人民防空工程（含结合地面建筑修建的战时可用于防空的地下室）及与工程配套的地面附属设施的平时开发利用，规范开发利用管理，充分发挥人民防空工程的战备效益、社会效益和经济效益而制定，甲公司是否取得了《人民防空工程平时使用证》不能作为否定本案涉诉《出让合同》《转让合同》的唯一依据；另一方面，甲公司提供了由市人防办作为缔约主体并经公证的涉诉《出让合同》以及《补充合同》为据，对其享有就涉诉地下商铺所属工程项目的开发建设权、经营使用权以及部分转让权加以证明，并已实际履行多年，在程序上、形式上并未违反法律行政法规的强制性规定，市人防办亦并未介入并主张涉诉地下商铺经营使用权转让无效。诚然，若郭某认为甲公司开发利用涉诉地下工程项目具有违反上述人防行政管理部门规定的情形，可在证据充分时向人防行政管理部门主张权益维护。由此，故对郭某的该项上诉主张，不予支持。最后，从投资行为自身属性来看，郭某受让涉诉地下商铺经营使用权的目的，很大程度上在于期望在权利行使的期间内取得持续而稳定的收益，但这种期望是否必然能够实现则具有极强的不确定性，恰恰与投资行为本身所具有的风险性相对应。从维护市场交易秩序和公平诚信原则的角度来讲，郭某意图通过主张合同部分无效、部分有效并解除，返还全部转让费的方式，来规避投资风险的行为，法院难以支持。因此，对于郭某提出涉诉《转让合同》未超过 20 年期限部分应予解除的主张，不予支持。综上所述，郭某的上诉请求不能成立，判决：驳回上诉，维持原判。

地下商铺作为交易客体，具有与普通地上商铺、酒店及商品房不同之处，体现在地下商铺的所有权和转让期限如何认定，及是否影响到合同效力的问题。以本案为例，在裁判过程中，曾形成两种意见。多数人意见认为，认可其效力，虽然地下商铺属于地下人防工程项目之一，普遍认为所有权应归国家享有，且当事人对此均未提出异议，但开发商通过与人防办签订出让合同，投资开发建设地下商铺所在项目后，取得经营使用权，大规模对外销售，并未受到行政管理部门的禁止。鉴于法无禁止即自由的原则，开发商作为开发建设者、经营使用权人，在不违反法律禁止性规定的情况下，可以将其享有的使用权、经营权、收益权进行出售或有偿转让，此其一。其二，尽管转让合同约定的经营使用权期限超过合同法所规定的 20 年最长租赁期限，但并未超出其与所有权人即人防办签订出让合同约定的经营使用权期限，且郭某作为投资者一次性交付了转让费，与甲公司签订了《代租申请》，应当是一种以经营使用权为核心的买卖合同行为，不受最长租赁期间的约束。少数人意见认为，郭某与甲公司就地下商铺达成的是租赁合同关系，合同法上的买卖涉及标的物权属的转移，而经营使用权的转让并不涉及标的物的权属变动，开发商处分的仅是商铺的使用权能，实际就是一种租赁关系。此观点在司法实践中极少被采纳。例如，在山东省济南市中级人民法院审理的赵庆娥诉江苏三环实业股份有限公司、济南金口岸人防商城管理服务有限公司、吴才新、济南市天桥区人民防空委员会办公室租赁合同纠纷案中，将地下商铺《使用权转让合同》简单地认定为租赁关系，从而作出超出 20 年部分合同无效的判决。①

　　笔者认为，在使用、收益和处分等权能从所有权中分离出来，可以单独作为交易的对象，产权式商铺的营销方式已经发展到所有权、管理权和经营权三权分置阶段的背景下，在物权法倡导的物尽其用为，合同法维护交易稳定原则的现行民事法律制度规范下，只要当事人的意思表示真实，且不具有合同法第 52 条规定的其他无效情形，对地下商铺经营使用权转让代租行为的效力作出肯定性的评价是符合当下司法理念发展趋势的。

（一）地下空间利用权作为独立性用益物权的理论依据

　　尽管现在仍有部分学者以地下空间利用权的存在可能有违"一物一权理念""物权法定主义"及"物权公示原则"为主要理由，在法理上质疑或否定对于地下空间利用权在物权法体系中的构建。笔者反而认为，地下空间利用权的当然存在和积极构建具有其合理性、可行性和必然性，对其持有异议的学者是完全没有必要心存疑虑的，主要原因在于：

　　第一，地下空间利用权的构建与"一物一权理念"并不相冲突。传统民法物权理念认为，在同一宗土地上不能同时存在两个相互排斥的权利，同一宗土地上不可能存在诸如土地使用权和地下空间利用权两种用益物权的情形。

---

　　① 详见山东省济南市中级人民法院（2017）鲁 01 民终 6058 号案件。

从形式上看似乎与"一物一权理念"相背离，但实质上地下空间利用权的存在并不背离"一物一权理念"。"一物一权理念"步入物权法体系当中时，科技、人口、土地资源尚未达到现今的发展水平和利用程度，对地表的平面性使用占据着压倒性的优势，很少有人会关注到地下空间的利用问题，实践中也很少出现土地垂直立体利用纠纷，然而，在当下，传统罗马法上的土地绝对所有权理念在地下空间资源立体开发的问题面前已显无能为力，"一物一权理念"在保持一贯理念思维的前提下，也亟须为适应实践需要而做出回应和丰富发展。因此，地下空间利用权作为旨在最大限度的发挥物之效能的用益物权制度应时代需求而诞生。地下空间利用权的构建与"一物一权理念"并不相冲突的关键缘由在于，同一宗土地垂直范围并不是不可分割的，特别是在我国土地、空间所有权主体同一的情况下，地下空间利用权与土地使用权分别规范同一宗土地上下各自所属空间客体范围，当然可以相安无事，各行其是，需要立法者努力做到的就是完善立法，以明确各权利人之间的范围界限及权利归属，以防止相互之间纠纷的发生。做一个形象的比喻，就如同一块生日蛋糕，蛋糕所有权人为过生日者，那么他也有权将蛋糕分给不同的朋友共同分享一样，地表之下的空间在土地所有权人的让渡之下，当然可以满足其他空间用益物权人的需要，通过一定规范程序加以分享利用，使之在与"一物一权理念"表现在价值取向上趋于同一。

第二，地下空间利用权的存设并不与"物权法定主义"相违背。有些学者以根据传统物权理论中土地所有权上至天宇，下达地心的思维为理由，认为地下空间利用权已被传统物权法理论上的土地权的权能所包含，如果单独设定地下空间利用权，那么就有违背物权法定主义之虞了。笔者对此是不以为然的。因为众所周知，法律的制定具有时代感，也不是一成不变的。"物权法定主义"确实要求物权的种类及内容只能通过法律进行规定，但并未否定法律不能随着时代的进步和社会经济生活的需要而进行修正完善。那么也就是说，只是依照一定的立法程序，将现实需要兼具理论支撑的新物权种类纳入《物权法》之中，也不是完全不可的，这是顺应"物权法定主义"的表现。物权法定是为了对物的利用的边界，通过法律规定的方式加以清晰界定，地下空间开发利用的实践发展已经到达需要将其纳入物权类型法定化的成熟程度。当然，在立法修正完善前，我们还必须尊重和遵守这一原则，不宜轻言突破，以免被人诟病成"物权自由主义"。再打一个比方，千年之前谁会想象得到将车辆存放在地下停车场，即使古人能想象得到，也没有必要纳入物权法定的法律制度之内。换言之，现如今这种情况早已普遍存在，如果立法者还对此视而不见，不免有因循守旧之嫌，此时的《物权法》完全可以赋予地下空间利用权以法律上的依据，根本不能称得上是违反"物权法定主义"。

第三，地下空间利用权的设立适应"物权公示原则"的要求。如前所述，特定的地下空间具备成为物权法上物的资格和条件，其作为地下空间利用权的客体，属于不动产范畴，对其范围包括六至、功能、权利负担等因素均可比照不动产登记进行规范，只需要将其纳入不动产登记范围，既可达到公示的作用，满足"物权公示原则"要求。换句话说，现今登记技术的发展，使得地下空间利用权在公示公信手段方式上没有任何障碍可言，只需要扩大现行登记制度的一定范围及规范细节即可达到公示的目的。

（二）地下空间利用权作为独立性用益物权的立法基础

第一，将地下空间利用权作为独立的权利类型彰显历史发展必然性。传统空间权一直受置于土地所有权内容之中，空间仅作为土地的附属，因此，空间利用权并无独立存在之必要。而随着社会发展，传统的土地所有权观念已不能解决地下空间开发利用中层出不穷的实际问题，因地下车位权属交易产生的大量纠纷即其一例。将空间利用权作为全新的独立的权利类型，可以有效化解空间利用权人与土地所有权人、使用权人等相关权利人之间的利益冲突，为规范多个权利主体分别合理使用同一地表以及上下空间，促进地下空间资源利用，维护地下空间利用秩序提供制度保障，符合历史发展规律。

第二，将地下空间利用权作为独立的权利类型符合法律制度发展的要旨。"只有法律之抽象的原则存在，而后权利才会存在。权利由于法律而后才有生命"，[①] 若使地下空间利用权委曲求全，仅将其纳入传统土地权利范畴之中，一方面难以解决现实中涉及地下空间开发利用中纠纷问题，另一方面，滞后的法律制度不仅与旨在创设一种正义的社会秩序的理念相去甚远，而且将就的

---

① 　王泽鉴：《民法总则》，中国政法大学出版社 2000 年版，第 6 页。

心态导致旧有的法律制度在地下空间利用秩序紊乱的面前无能为力。赋予地下空间利用权以独立的用益物权类型地位有助于正义的社会秩序的形成，从法理权柄而言是符合法律要旨的。

第三，现行《物权法》已间接承认了地下空间利用权的独立性。我国《物权法》将空间利用权规定在建设用地使用权部分。从《物权法》第 136 条规定来看，虽然将空间利用权置于建设用地使用权部分规定，并没有直接使用空间利用权概念，但实际上间接承认了空间利用权的独立性。[①] 在未来立法中明确地下空间利用权为一种新型的用益物权的法律地位，乃是以一个适应范围相对宽泛的制度来回应现实的需要。尽管其空间性权利类型与土地或建筑物权利类型相似，甚至可能产生权利交叉，但是这并不能构成否定其权利性质的合适理由。就如同不能因为两项权利具有某种相似性易混淆而否定其中一项权利存在一样，每种权利最终的确定都有其存在的必然因素。因此，强行把地下空间利用权支离开来，归入到相近似的土地或建筑物权利之中的立法方式是不规范的，也是不足取的。

（三）地下空间利用权作为独立性用益物权的现实需要

通过对案例 2.1 的相关民事案例检索、裁判内容研析可以发现一个看似不可思议、却有情理之中的现象，即业主与开发商对于涉地下车位采取约定所有模式后，产生的民事纠纷微乎其微。可见，生活实践中重视约定，是有效避免纠纷产生的有效方式之一。在业主与开发商之间涉地下车位交易中，更应重视通过合同约定前置，来避免纠纷的发生和矛盾的加深。例如，为了更好地维护各自自身权益，开发商与业主在协议（《商品房买卖合同》或《车位转让协议》或另行签订协议）中对于地下车位的归属做出约定，如"本协议所指地下人防车位系转让方开发投资建设，其建筑成本未计入房屋销售成本及价格，车位面积未作为商品房公用面积分摊，未占用业主共有的道路或其他场所，未随地上部分商品房一并转移，地下车位使用权、收益权及所有权归转让方所有；受让方知晓且只享有该地下车位的使用权，出让方保证受让方在非战时正常使用该地下车位的权利"等。通过约定的方式明确地下车位

---

① 王利明：《物权法研究》下卷，中国人民大学出版社 2007 年版，第 134~139 页。

的权属，将更有利于避免类似该案纠纷的产生。由此，重视当事人意思自治，选择运用合同制度来解决当下的涉地下车位民事纠纷，不失为一种权宜之策。

但是，适用合同法律关系调整涉地下车位权属交易，并非完美无缺的，普遍带来的问题是对于开发商是否有权转让或处分收益，而导致开发商与业主之间对于合同效力的争议及合同履行如何有效保障的问题。从付某与甲公司对地下车位使用权的认识分歧已有显现。在现行法律及司法解释未予修改完善，新的立法尚未出台之前，对于地下车位权属的问题并不能简单判定归属于国家所有或开发商所有抑或是业主所有，而应结合具体情况在考虑各方证据的前提下加以界定。司法实践中需要更多的通过统一法律适用上的裁判标准作为化解涉地下车位民事纠纷的首要选择。

如前所述，现实中地下车位的权属存在类型多样化、情况复杂化、判断标准亦莫衷一是的问题。若依建筑物区分所有权规制地下车位，始终纠结于其是建筑物区分所有权的专有部分还是共有部分的争辩，不得其解，倒不如另辟蹊径，通过构建空间利用权制度来规范地下车位更趋合理，那么确定地下车位权属依据问题也就迎刃而解了。地下车位完全符合地下空间利用权对于空间范围必须特定的要求，即住宅与地下车位不必同属于一人，地下车位并不属于物权法上的从物，并且有独立的使用价值与经济价值，因此理应界定为地下空间利用权的客体。构建地下空间利用权制度来规范地下车位是一种制度的创新，具有两大制度性优势：一是把地下车位界定为地下空间利用权这一用益物权的客体比界定为所有权客体更符合我国的土地所有权制度。如果继续将地下车位纳入建筑物区分所有权规则范围，无论作为共有部分的客体还是专有部分的客体，从本质上说都是属于所有权的客体，这是与我国的土地公有制相悖的，也就是说，从该角度分析，开发商或者业主可以有权享有地下车位的空间利用权，但其所有权应该为国家或集体所有。二是把地下车位界定为空间利用权客体更加容易理解。地下车位在实践中常常是以明确的"四界"划线而定，不需要使用实物形态的墙或砖来隔离空间，在平常人的概念中，表现为以四界作为平面而构成的空间，与建筑物区分所有权制度的客体住宅等闭合空间是有所区别的，地下车位更接近于真实的空间，贯以地下空间利用权之名也更显贴切。

《物权法》第 136 条采用"分别设立"的提法，所谓"分别设立"，是指地上、地下的空间利用权可以与建设用地使用权相分离而设立。这就意味着，空间利用权人可以与国家土地管理部门达成利用空间的协议，进而通过登记设立单独的空间利用权，而该权利一旦登记，就可以产生对抗第三人的效力，一方面形成了独立的用益物权，另一方面则可以使空间资源得到有效的利用。①《不动产登记暂行条例》并没有明确在地上和地下设定建设用地使用权的登记问题，即没有明确规定地下空间利用权的登记问题。但可以明确的是，建设用地使用权人在地表所拥有的"地下空间利用权"仅限于批准建设的建筑物、附着物自身所涉及的空间领域。对地表建筑基础之外的空间，土地所有权人仍然可以依法将其出让或作为公共空间进行开发利用，形成独立的地下空间利用权。进一步讲，同一区域内的土地建设用地使用权和地下空间利用权可以由同一权利人同时申请，分别设立，也可以由不同的权利人先后申请，分别设立，地下空间利用权的设立与建设用地使用权设立相同，应通过相应的法定登记程序予以确认。因此，地下车位可以通过登记设立独立的地下空间利用权。

要而言之，就是要求开发商在取得建设用地使用权时，对该土地地下部分的使用范围通过地下空间利用权方式一并取得，对于地上、地下土地使用、利用分别设立，这样，开发商可以名正言顺地分别出售、出租地上房屋和地下车位，取得投资收益，开发商的开发建设热情进一步高涨；而购买地上房屋的业主仅就其购买的房屋享有所有权及地上公共部位的建筑物区分共有权，不会再享有地下空间的共有权。当然，这并不否定涉及业主公共利益而应对地下空间保留特定用途，并对开发商的处分收益权利进行特定的限制，比如，保留必要的供地上建筑正常运转基础设施设备的特定空间，不能将地下车位擅自转化成其他盈利用途等。这样，由于业主购买房屋的面积已不再包含地下公共区域，房屋价格必然同比下降，业主的权益亦并不降低；更重要的对于国家而言，既可以因加大地下空间利用力度，可以取得地下空间出让金和人防工程管理费。诚然，国家也可以从鼓励开发角度出发，降低开发商对地下空间利用权的缴费标准，从而实现避免纠纷，达到多赢效果。

---

① 王利明：《物权法研究》下卷，中国人民大学出版社 2007 年版，第 134~139 页。

　　同理，如案例 2.2 所分析的那样，随着我国供给侧结构性改革和城镇化的不断推进，涉及地下开发建设的商业地产领域出现许多新情况和新特点，导致司法适用上出现很多困惑，同案不同判现象时常出现。妥适认定地下商业地产开发建设、经营交易合同的效力，合理配置合同当事人的权利义务，规范裁判尺度，既是房地产业法律理论与实务界的强烈期待，也是房地产市场走向现代化的必要保障。诚然，在现行法律及司法解释未予修改完善，新的立法尚未出台之前，适用合同法律关系调整涉地下商铺营销行为，并非完美无缺的。笔者也期望透过对本案的研析，提倡创新产权登记方式，以建筑物"单元"产权总体登记、虚拟分割商铺共有权登记变更为主要方式，并遵循物权运行规律，在"业主组织自治 + 政府外部监督为基本运行框架"范畴内，进行组织创新、机制创新、规则创新。

　　现实生活中包括地下车位、地下商铺在内的众多因地下空间利用而产生的纠纷无法由现存的法律制度所调和，可喜的是《物权法》第 136 条关于建设用地使用权的条文，在我国立法上首次承认了空间可以构成物权的客体，[①]但遗憾的是对于确立保护空间利用权这一新兴的财产权利形态尚不完善，需要在未来进一步建立完整的地下空间利用权制度。构建地下空间利用权制度，将会对化解诸如因地下车位、地下管道、地下商业街等涉及地下空间利用而产生的纠纷，统一司法裁判标准，规范权利行使发挥极具针对性和不可替代性的作用。主要理由体现在以下方面：

　　第一，地下空间利用权的构建，是解决实践中出现的有关空间开发利用纠纷的解锁之匙。在地下空间利用过程中，很容易与其他同区域内土地使用权利人产生纠纷，面对这类冲突，现行的立法显然不足以进行调整，因而，为了明晰土地使用权、建设用地使用权、空间利用权等权利人依法享有的权利界限和范围，就有必要对地下空间利用权进行专门的立法保护。

　　第二，地下空间利用权的构建，是统一司法裁判认定标准，规范地下空间权利人行使权利，减少权属争议的迫切要求。传统民法将地下空间利用权包含在土地所有权之中，虽然极大的保护了土地所有者的权益，但是也造成了土地权利容易被滥用的风险，将地下空间利用权从土地所有权中剥离出来，

────────────

① 王利明：《空间权：一种新型的财产权利》，载《法律科学》2007 年第 2 期。

使之成为一项独立的财产权利，实现按照独立的财产权利规则调整和规范包括地下车位交易利用在内的地下空间开发和利用活动，避免与其他财产权利的相互混淆和认识模糊。

第三，地下空间利用权的构建，是化解土地资源匮乏与社会经济发展之间矛盾的必然选择。在对有限的土地资源的地下空间开发利用方面，制定专门的法律规定，就会减少不同利益主体在行使权利过程中出现的冲突，从而达到合理开发和有效利用地下空间的目的，这是对地下空间利用进行立法保护的社会经济意义之所在。

第四，地下空间利用权的构建，是顺应健全完善我国的物权制度的立法趋势。目前由于立法未对地下空间利用权做出专门性规定，导致地下空间资源被大量闲置浪费，地下空间利用权作为现代物权法体系中不可或缺的组成部分，对其确立完善后，必将使空间的财产概念得到普及，进一步鼓励和保护地下空间资源开发者的权益，从而促进社会经济的发展。

二、地下空间利用权与相关物权的辨析

在我国民事基本法律中构建地下空间利用权，目前聚焦于将地下空间利用权作为一项新的、独立的用益物权类型，规定在《物权法》或未来《民法典》的物权篇之中，并依该权利制度来规范地下空间利用民事行为。对于该焦点问题在理论上的不同认识，决定了地下空间利用权在法律上的不同体现方式，对此权利定位的论证也应从与其性质相近，易产生争议的相关既有权利类型相比较之后，方能更严密地得出妥当性的结论。与此同时，地下空间利用权理论亦必须要处理好与其他成立于不动产之上的各种现行物权理论的关系，其与建设用地使用权、建筑物区分所有权、相邻权、地上权、空间役权、宅基地使用权等私法上的物权关系密切，如何区分认识，也是探讨构建地下空间利用权不可回避的问题。

1. 地下空间利用权与建设用地使用权

地下空间利用权与建设用地使用权同为用益物权，在立法上又如何规范，在《物权法》实施前后，至今学界仍存有截然不同的"吸收说"和"分立说"

两种观点。"吸收说"又可分为两种看法，一种是以梁慧星为代表，认为空间利用权不是一种新的物权类型，可以通过分别设定空间基地使用权、空间农地使用权和空间邻地使用权等予以保护；[①] 另一种是以地表上下空间可以分别独立成为建设用地使用权客体的原则，只要规定建设用地使用权可以在同一块土地上分层出让，明确不同建设用地使用权的空间范围即可，没有必要引入空间利用权概念，此观点被学者称之为空间建设用地使用权或分层建设用地使用权。[②] 总之，"吸收说"认为空间利用权和建设用地使用权之间仅有量的差异，并无质的不同。[③] 而以王利明为代表的"分立说"则认为，空间权和建设用地使用权是可以分离的，两者是不同的用益物权类型，核心实际上就是要承认空间利用权作为独立的用益物权的存在，也可称为"空间利用权独立物权说"。[④] 笔者赞同"分立说"观点，将空间利用权包含在建设用地使用权之中，不利于最大限度地利用资源。主要原因在于：首先，倘若不能将空间利用权从传统的土地所有权中抽离出来，那么在发生土地所有权和建设用地使用权的分割之后，对于地下空间利用权的物理界限就无法厘清，致使对土地下方空间有效的立体利用仍无法实现。其次，"吸收说"没有完全解决地下空间利用权与建设用地使用权的冲突，无法充分解释空间可能被独立地利用或空间转让中发生的实际问题，从而不利于对空间进行有效的利用。比如，在地下车位建设中，开发商将已经建成的商品房出售给业主，建设用地使用权分别登记在业主名下后，若开发商再行利用地下空间建造地下停车场，就会产生开发商开发利用地下空间法律上的障碍。再如，在地下铺设电缆，土地所有人可以为非建设用地使用权人单独设定地下空间利用权，并不以其获得建设用地使用权为前提，充分体现物尽其用原则。诚如，温丰文先生所言，"因空间系离开地表，在地上之空中或地下之地中的空间里具有独立之支配力，因而与传统土地所有权之以地表为中心而有上下垂直的支配力不同"。[⑤]

---

① 梁慧星：《中国物权法研究》，法律出版社 1998 年版，第 591 页。

② 王燕霞：《论空间建设用地使用权登记制度之构建》，载《云南大学学报法学版》2012 年第 5 期。

③ 王泽鉴：《民法物权》，中国政法大学出版社 2001 年版，第 58 页。

④ 王利明：《空间权：一种新型的财产权利》，载《法律科学》2007 年第 2 期。

⑤ 温丰文：《空间权之法理》，载《法令月刊》1988 年第 3 期，第 35 页。

最后，由于单独依建设用地使用权的客体难以囊括所有地下空间，比如农用地、宅基地等的地下空间，可见"吸收说"亦不适合解释日益突出的农村集体土地之下的空间利用问题。基于上述原因，"吸收说"无法实现单独运用建设用地使用权解决所有涉及地下空间利用中特别是在地下空间被独立利用或转让的情况下出现的冲突问题，因此，确有必要在法律上承认空间利用权为一种区别于建设用地使用权的独立的用益物权。

地下空间利用权与建设用地使用权可以共融为用益物权之中，并且相互配合共同规范土地使用和地下空间利用。前文1.3、1.4、1.5三则案例中，业主均提出因已确定取得房屋所占建设用地使用权而排除了开发商再行处分同为该土地下方的地下空间的权利，开发商能否处分利用该建设用地的地下空间所建造的地下车位，以顺利实现开发利益缺少法律明确依据，造成民事纠纷的不断涌现。地下空间利用权与建设用地使用权最大区别在于客体范围的区别，地上房屋与地下车位作为两者客体的典型代表，不仅仅是简单的位置差异，在权利行使中也有不同的轨迹，并不能一概而论。笔者认为，作为同一垂直方向上的土地和地下空间的所有者是一致的，使用权人在取得土地使用权和地下空间利用权时，可适用一次性分别取得原则，即在同一取得程序中，对建设用地使用权和地下空间权分别取得，这让使用权人可以对地上房屋和地下车位分别处分。由此，地下房屋或地下车位的受让人也就无法再以土地或地下空间权属不清造成纠纷。至于地上与地下空间有具体功能用途、建筑物的受让范围，将是另外立法需要考虑的范围。

2. 地下空间利用权与建筑物区分所有权

我国《物权法》第70条规定了业主的建筑物区分所有权，"对专有部分以外的共有部分享有共有和共同管理的权利"，据此，有观点认为，属同一建筑物的地下空间部分当然属于全体业主的共有部分，应由全体业主共有和共同管理，地上建筑物的处分人不得再行重复处分已属于取得地上建筑物所有权的全体业主共有的地下空间。加之，建筑物区分所有权是对由建筑材料组成的空间加以管领支配之权，当然也包含了地下空间。笔者认为，此观点系将空间利用权客体的特定空间与建筑物区分所有权中的空间相混淆了，实质上地下空间利用权和建筑物区分所有权是不同的权利类型，互不包容，主要区别在于：一是二者的权利客体不同。前者的客体是排除土地所有权人、使用权人以及建筑物所有人对于土地之上建筑物占用部分之外的空间，而后者所指向的空间，是在结构上能够明确加以区分，具有排他性，能够独立使用的建筑物部分，其本质是建筑物所有权所包含的内容，而不能成为空间利用权的客体。二是二者的权利主体不同。前者的主体是取得地下空间利用权的权利人，而后者是取得建筑物所有权的权利人。三是二者的权利内容不同。前者是一种单独的用益物权，其目的是为了对地表上下一定范围的空间加以利用，从而建造建筑物、构筑物并取得相关收益，而后者包含了专有权、共有部分持分权及成员权。[①]

　　实践中地下空间利用权与建筑物区分所有权没能恰当区分，造成民事纠纷不断出现，如前文1.1、1.2、1.5、2.1四则案例均涉及开发商与业主对于地下车位权属之争，《物权法》第70条对于业主的建筑物区分所有权的规定中并没有明确规定地下车位是否属于建筑物区分所有权的客体，造成法律解释上的分歧。笔者认为，该问题的出现恰好为地下空间利用权制度的构建提供了充分的理由，即通过地下空间利用权制度的构建完全可以清晰地解决该问题。对于地下空间的建筑物应为地下空间利用权人所享有。地下车位权利本质上是一种地下空间利用权，属于人防工程的地下停车位权利归属应遵循"谁投资、谁收益"的原则，权利转移也要受到必要的限制，在不妨碍防空功能和兼顾业主利益的前提下进行转移。这一点在《人民防空法》第18条中可以得到体现。随着城市商品房建设的发展，我国的人防工程建设发展迅速，人防工程投资来源已经多元化，并非单一由国家投资而建成。因此，应当依据具体情况，判断人防工程的权属和具体用途限制，特别是针对和平时期民用地下工程，如地下停车场、地下停车位、地下商铺等，不能简单地认为都属于国家所有，但也不宜简单认定归开发商所有或业主共有。例如，在人防工程建造的过程中，有的地方在土地出让时已经进行了地价减免；也有些政府给予其他的优惠，但也有不少地方政府并未给予任何优惠，完全是由业主

---

① 陈华彬：《建筑物区分所有权》，中国法制出版社2011年版，第71页。

和开发商投资兴建的。因此，投资主体的多元化造成了权利主体的多元化。[①]由此，通过地下空间利用权制度的构建，如果开发商在建设规划中包括了对于地下空间的开发建设，那么就应在开发建设前与建设用地使用权一并取得地下空间利用权，当然本着鼓励开发原则，对于地下空间利用权的取得费用可作减免性优惠，如此，只要开发商与业主的商品房销售合同中没有对地下空间权属另行约定的，那么包括地下车位在内的地下空间利用权应属开发商所有。至于地下空间的具体用途和分配应受到《物权法》对于建筑物区分所有权的规定限制。

3. 地下空间利用权与相邻权

《物权法》第 136 条确立了解决用益物权、相邻关系等权利冲突的规则。立法机关也曾指出：只要《物权法》明确所有适用于"横向"不动产之间相邻关系和地役权的规定适用于"纵向"不动产之间，那么，土地不同层次权利人的权利和义务就可以以此来确定。[②]根据相邻权来规制"纵向"不动产之间的权利行使和义务承担，在一定程度是可行的，但也不应局限于此范围之内。申言之，如果后设立的地下空间利用权仅造成设立在先的用益物权轻微的妨害或不便，适用相邻关系的规则，用益物权人应负有容忍的义务，允许后利用权人充分行使其权利，但是，如果超过必要合理的容忍限度，即已经达到了严重损害在先用益物权人权益的程度，此时应当适用《物权法》第 136 条确立的"新设立的建设用地使用权不得损害已设立的用益物权"的规则，这也是设立地下空间利用权和处理地下空间利用权与相关物权冲突所依据的主要原则。如果在后设定的地下空间利用权妨害在先权利的行使，自然在先权利人有权主张物权请求权，请求排除妨害。

4. 地下空间利用权与地上权

德国等立法例上存在着地上权制度。所谓地上权，是指以在——受负担——土地的地面上或地面下，拥有建筑物为内容的可转让并可继承的权

---

① 参见王利明、尹飞、程啸：《中国物权法教程》，人民法院出版社 2007 年版，第 226 页。

② 全国人民代表大会常务委员会法制工作委员会民法室编著：《物权法立法背景与观点全集》，法制出版社 2007 年版，第 507 页。

利。① 可见，就目的及功能而言，它与我国《物权法》上的建设用地使用权相当。虽然名为地上权，但实际意思并不是仅仅方向上的"地上"权利，而是指附着在"土地上"的权利。对于地下空间的利用，我国台湾地区"民法典"在地上权的基础之上，又细化为普通地上权与区分地上权，而区分地上权与地下空间利用权的涵义几乎接近。但是地下空间利用权与地上权也有些许差异：（1）地上权附着于他人所有（绝大多数情况下为私有）的土地之上，而我国需构建的地下空间利用权存在于国有土地之下，仅有少数情况下存在于集体所有的土地之下。（2）从权利目的及功能的角度看，地下空间利用权与建设用地使用权以及宅基地使用权合起来或许相当于地上权。（3）从权利取得和变动来看，地下空间利用权受到我国土地、空间所有制影响，其取得和变动的程序限制要严格于地上权，地上权的取得和变动绝大多数仅需要当事人的约定和登记即可完成。后文将对我国地下空间利用权的取得和变动作进一步阐述。

5. 地下空间利用权与空间役权

地下空间利用权与空间役权的相似点在于，两者均有对处于空间中的建造构筑物及其附属设施保有其利用权的目的及功能。但两者的侧重点不同，权利行使过程存在明显差异。地下空间利用权是独立性用益物权，空间役权具有附随性。地下空间利用权的取得和变动如同建设用地使用权一样，受到法律上程序限制严格于空间役权，空间役权往往通过当事人之间的约定即可设立。另外地下空间利用权取得和变动需要支付的对价具有较强的法定性和原则性，而空间役权的对价确定更为灵活。

6. 地下空间利用权与宅基地使用权

地下空间利用权与宅基地使用权的区别比较明显，两者之间的矛盾冲突也不像地下空间利用权与建设用地使用权之间那么常见。但随着社会经济发展，特别是农村经济建设的快速发展，对于宅基地下方的地下空间利用也不应成为制度上的空白，对于地下空间利用权制度构建的客体对象也不仅仅局

---

① 德国《地上权条例》第 1 条第 1 款；[德] 鲍尔、施蒂尔纳：《德国物权法》(上册)，张双根译，法律出版社 2004 年版，第 648 页；转引自崔建远：《物权：规范与学说——以中国物权法的解释论为中心》(下册)，清华大学出版社 2011 年版，第 555 页。

限在建设用地或者说国有土地的地下空间，而应是全部各类型土地之下的地下空间。宅基地所占土地下方的地下空间同样可以脱离宅基地而成为地下空间利用权的客体。

三、地下空间利用权与相关公共权力的衔接

在人们对地下空间资源进行开发利用过程中，地下空间利用权的行使与其他私法物权重要区别在于涉及更多的公共利益。而地下空间利用所代表的公共利益是私法物权与公共权力沟通的桥梁。所谓公共权力，是指在公共管理的过程中，由政府官员及其相关部门掌握并行使的，用以处理公共事务、维护公共秩序、增进公共利益的权力。地下空间利用权作为一种私权，虽然是公共权力的源泉与基础，但是，地下空间利用权的行使如果忽视了地下空间开发利用的公共利益因素或者完全脱离了公共权力的强制保障，则这种私权制度构建的目的也将难以实现。公共权力是一种特殊的权力形式，它是为适应社会生活的需要，满足社会需求，处理公共事务而产生的。公共权力介入私权利，必须是以基于公共利益为必要。反之，私权利的行使也应止于公共利益，不得损害公共利益。①

我国地下空间利用权制度的构建尚属于起步阶段，对其构建应着眼未来，充分考虑到与既有公共权力运行的协调，特别表现为与公共利益管理性法律法规的衔接，保持公权力与私权利的平衡、和谐，实现秩序与自由的统一，最大限度发挥地下空间利用权在地下空间资源开发利用中应有的功能。②尽管本书是从民法物权角度探讨地下空间利用权制度的构建，但是空间作为一种特殊的资源，具有不可再生性和稀缺性，对其开发利用多涉及公共利益和国家对空间资源的控制管理，因此必须要考虑到其与既有相关公共权力制度的相互衔接问题。笔者首先针对地下空间利用权行使如何与以公共利益在实际运行中优先为原则的国家宏观调控、征收征用、规划环保、财政税收等法律行政法规相衔接的问题作以简述，后文对此也将展开深入探讨。

① 参见阮传胜：《公权力与私权利的边界》，载《学习时报》2012年11月12日。
② 参见刘乃忠：《地役权法律制度研究（四）》，中国法制出版社2007年版，第247页。

1. 地下空间利用权与国家宏观调控政策相衔接

我国实行土地、空间公有制，国家及集体对地下空间资源的拥有所有权，这种所有权具有强大的排他性，也是国家独占的本质表现。因此国家作为所有权主体当然享有对地下空间开发利用进行宏观调控的权力，突出表现为应由国家或集体作为地下空间所有权主体享有对地下空间利用权的审批权、规划权及许可权等具有公法性质的权力，其目的是为了有效避免地下空间开发利用中的无序状态，造成资源浪费和人为矛盾，减少地下空间资源被掠夺性开发和无序利用的低劣现象发生，这与我国实行土地空间公有制是分不开的。我国并不像土地私有制国家那样，还在对空间所有权进行持久的争论和博弈，如日本在 2001 年还专门通过新的法例对土地所有者拥有的地下一定深度之外的空间特别规定为国家所有。又如瑞典的法院还在纠结于为建造公共管道是否必须得到土地所有者同意的问题。在一定程度上讲，在我国实行土地空间公有制的大背景下，对于地下空间利用权制度的构建存一定优势的促进作用。在此权利分置架构下，当地下一定空间受国家允许进入民事领域开发利用与权益流转时，经过地下空间利用权有效行使，与国家宏观调控政策的有机衔接，调动市场的力量把地下空间资源通过赋予法律上物权手段加以"盘活"，地下空间所有权归国家所有，民事主体可依法通过向有关部门申请核准登记，取得地下一定范围的地下空间利用权。

2. 地下空间利用权与公共利益优先原则相衔接

因我国《宪法》、《土地管理法》对于我国地下空间资源的开发利用也如同其他资源开发建设一致，均规定了应遵循和坚持公共利益优先原则。如地下空间建设涉及市政公共工程、地铁、地下公共隧道等国计民生的基础设施建设，均应预先考虑到对公共利益的维护和促进。需要指出的是，这些建设项目往往不是在一片空地上进行并完成，而是往往涉及地表之上已建有权属明确的建筑物的情形之下。对于在已有建筑物的地表之下的空间进行开发建设，势必对建筑物所有权人正常使用建筑物造成影响，要么需要所有权人的配合，要么是将该地块及地上建筑物一并予以征收或征用，可以预见得到是无论选择什么样的方式，如果为了公共利益的需要，都可以取得借助该理由获得地下空间利用的优先权。但这不是凭借地下空间利用权制度独自可以完成的范畴，必然要与公共利益所指向的公共管理法法律法规相衔接，后文对此亦将展开论述。总之，应当根据地下空间利用的具体情况做出具体分析，征收或征用后给予原权利人补偿也是法的正当性的体现。但如果地下空间开发建设工程并未涉及公共利益，如商业开发等，各方权利人一般应当具有平等性，不再适用公共利益优先权原则。

3. 地下空间利用权与统一规划规则相衔接

目前，我国不仅在民事物权法律中缺少对地下空间利用权的详细规定，而且在地下空间开发利用所涉及的公共权力制度上，全国各地也缺乏一致性规定，各个部门、各个行业多是根据自身需要而自行制定并实施诸如开发建设地下建筑等地下空间利用规范性文件。地下空间资源开发利用和地下建筑物建造必须依靠统一、详细的规划及特定的利用目的作为先导，这就决定了在对地下空间利用进行物权规范的情况下，丝毫不能忽视对于与规划法的衔接问题，明确利用的目的、编制详细的利用规划对于合理进行地下空间开发利用及降低地下空间资源开发成本具有举足轻重的影响。同时，鉴于地下空间利用关涉环境可持续发展、土地资源保护的宏观政策问题，在开发利用过程中亦不能发生有损公共利益或其他合法权利人的人身和财产的行为，也不应有违社会公序良俗的情形。

4. 地下空间利用权与鼓励开发政策相衔接

地下空间开发利用对于推进社会经济发展起到极大的促进作用，发挥着诸如改善人们生存的环境，解决交通拥堵问题，加强城市防护，满足城市化发展特殊需求等优势，鼓励开发地下空间可以从对投资者税费优惠、降低土地使用费及相关费用、增加财政专项补贴等多个方面实现。只有将地下空间开发利用与鼓励开发和有限利用原则相关导向性政策相衔接，方能更好的规范地下空间利用行为，提升地下空间利用的综合效率。

本章小结

纵观我国地下空间利用相关立法现状不难发现存在诸如地下空间法律制度体系感缺失、《物权法》第 136 条规定过于抽象、地方性立法中对地下空间利用权的规定较为片面、宏观管理法律制度不成熟等制度局限，无法满足司法需求等不足，如地下车位权属纠纷、地下商业广场侵权纠纷、地下铁路空间征收征用纠纷等。可见，目前我国地下空间利用权的立法模式和内容不足以完整的保护地下空间利用权这一新兴的财产权利，也无法适应我国地下空间开发利用建设的现实需求。因此，对地下空间利用权进行立法保护和全面构建是不容忽视的课题，在我国民法物权中引入地下空间利用权制度，是推进和完善这一课题的重中之重，具有重大的理论和现实意义。

将地下空间利用权定义独立性的用益物权，并不违背"一物一权理念""物权法定主义"及"物权公示原则"等原则，既具有民事立法基础和法理依据，又有效回应了实践所需，还具有与相关公共权力相衔接的优势条件，未来通过构建我国地下空间利用权制度促进地下空间利用整体法律体系的形成，必将为我国地下空间资源开发利用提供强有力的法制保障。

第三章 我国地下空间利用权的法律构成

将地下空间利用权纳入《物权法》中作为用益物权类型之一进行规定，必然需要对其所代表或引领的地下空间利用所产生的社会关系施以私法性调整。而就地下空间利用权本身而言，明确其法律要素是保障权利妥当运行的基础要求。地下空间利用权作为一项新类型用益物权，其构成方式与一般民事权利构成并无二致，亦主要由主体、客体、内容三要素所组成，本书对于我国地下空间利用权的法律结构构建也着重围绕该三者分别展开。

一、我国地下空间利用权的主体

地下空间利用权的主体，与其他民事权利主体范畴相一致，是指在地下空间利用权法律关系中，具有享有民事权利并承担民事义务的资格的特定主体，即地下空间利用法律关系的当事人。地下空间利用权的主体，是地下空间利用权法律结构的基础要素。任何民事权利主体普遍具有享有民事权利，承担民事义务的特征，对于我国地下空间利用权的主体建构，应重点把握体现其独特性，这也是权利主体建构的焦点所在。从地下空间利用权生成过程来审视，能够得到以下三点启发：一是当空间利用权没有独立之时，其如同胎儿一样孕育在土地所有权的身体之中，也就是说空间所有权、空间利用权均包含在土地所有权之中，在空间的利用必须依靠土地支撑时，空间利用权没有独立的必要，那么此时的空间利用权的主体一方，必然是土地所有权人。土地所有权人在行使土地所有权时，必然包括对土地上、下空间的利用，土地所有权人作为主体一方，与他人确立民事法律关系，根本无须关注到单独设定空间利用权主体的问题。二是在民事法律制度中确立独立的地下空间利用权法律制度时，就说明胎儿已经从母体中诞生，空间的利用基本可以摆脱土地的必须，且在尊重和保有地表上下已有建筑物正常使用的情况下，做到共存、立体开发之可能，可见地下空间利用权成为一项从土地所有权中分离出来的物权，且独立于所有权（各国大多将这种权利界定为空间利用权）。享有该物权的当事人，也就成为空间利用权的主体一方，另一方则为与该空间利用权人确立民事关系的相对方当事人。三是虽然地下空间利用权的概念没有出现在成文民法之中，但法律和实践中已认可了地下空间利用权的存在，此时，地下空间利用权往往成为土地利用权的一部分，在将该土地利用权范围内的一定地下空间让与给他人利用时，地下空间利用权法律关系的主体一方自然也就是该土地利用权人，另一方则是与该土地利用权人确定地下空间利用关系的相对人。[①] 综上，当地下空间利用权与地表同一范围内的建设用地使用权发生分离，独立出来以后，权利人对地下空间的权利就体现为对他人土地地下一定范围空间支配和利用的权利。这就可能使地下空间利用权人与建设用地使用权人就地下空间的利用方面发生一定的冲突，从而有必要通过法律确定其归属。[②]

由于我国《物权法》上对于物权主体的分类，基本上还是坚持了"三分法"，即将主体划分为国家、集体和个人，这一做法受到民法学者的质疑，[③] 鉴于此，本书仍依此分类视角讨论地下空间利用权的主体问题已显不合时宜，而且在已将地下空间利用权设定在用益物权范畴之内，再依"三分法"讨论主体问题也实无必要。故笔者将对地下空间利用权主体的重点剖析角度置放于比较法上，特别是与域外土地私有制国家地下空间利用权主体设置情形作对比研究，为我国地下空间利用权主体构建提供参考借鉴，实乃本书应有之义。

（一）域外地下空间利用权的主体

土地私有制是大陆法系和英美法系土地制度的基石。就土地法律制度传

---

① 魏秀玲：《中国地下空间使用权法律问题研究》，厦门大学出版社 2011 年版，第 34~35 页。

② 王利明：《物权法》，中国人民大学出版社 2015 年版，第 277 页。

③ 参见孙宪忠：《中国物权法总论》，法律出版社 2009 年版，第 100~105 页。

统而言，两大法系具有相似之处，原因在于历史上两大法系的土地包括空间权利均受到罗马法所有权绝对主义的影响，因为土地私有原因的存在，土地所有权人向非土地所有权人出让由其所有的部分或全部范围的空间所有权成为可能。对于承继着罗马法体系的土地私有制国家，特别是大陆法系国家而言，取得空间所有权的权利人，其权利也日益受到限制。面临着公共权力扩张、公共设施建设需求增加等问题，空间所有权人早已不像罗马时期那样对地下空间拥有绝对排他的权利。目前，很多国家都颁布了系列法律法规用于限制空间所有权人的既有权利。德国的民法典、法国的航空法、矿产法对于空间所有人不得限制其他无利害关系人从其高空或者其地下通过的权利。如前所述，英美法系中的空间权概念要比大陆法系明确且适用度更广，空间更多体现出一种独立的财产权利类型。例如美国判例确立，在民用最低航空飞行高度以外的空间为公共领域的法律法规、判例等。以上土地所有权相对主义的出现，致使空间所有权从绝对的从属于土地所有权人发展到为国家、公共和土地所有权人分别享有的情形，又由于对于空间所有权的设限，导致空间利用权从空间所有权总属概念之中，重点被凸显出来，就此，其空间利用权的表征也越发活跃和明显，调整空间利用权的法律规范适用程度也更高。①在土地私有制国家中，地下空间利用权主体也在不断丰富发展。

（二）我国地下空间利用权主体的确定

众所周知，我国与两大法系对于土地制度最大的不同是土地所有制的不同，至于究竟是土地私有制还是土地公有制具有制度优势的问题，历来是智者见智，本书对此暂不作优劣性评价，但在我国现行土地公有制的制度范畴内探讨我国地下空间利用权主体的设定，这是符合制度理性和可行性要求的。从前文对于空间权的体系构成部分所述来看，尽管本书重点研究对象为地下空间利用权，但仍不能回避的问题是，空间利用权与空间所有权毕竟不同，并不因为空间利用权的适用度高而将其等同于或覆盖空间所有权，而对于空间所有权的主体也不是完全统一的，如当土地由国家作为所有权主体时，空

---

① 参见张渊等：《空间权理论的产生、基本内容与立法原则》，载《安庆师范学院学报》2007年第3期。

间权的所有权人一定也应该是国家。在我国，由于集体也可以成为土地所有权主体，那么对于土地所有权人为集体时，对于集体土地所有的空间究竟是一并纳入国家所有呢，还是与其同一区域的土地集体所有保持一致，仍由集体所有，存在些许不同认识。这种不同认识要归因于我国二元制的土地所有制度。

有的学者认为二元制区别已然造就土地归属的国家或集体的二元性，土地的所有权是非此即彼的关系，也就是说，在所有权问题上，为避免权利的冲突和复杂化，应保持一致性，即城市土地的空间所有权与其土地所有权一致，由国家享有所有权，与此相对，农村或者郊区的土地空间所有权就当属于集体，其依据的是我国《物权法》第58条的规定而得出的推论，[①] 有的学者则认为土地与空间的权属是相区别的，两者不必然保持一致性，在为打破城乡二元化的总趋势下，不论土地权属划分的现行规定如何，在国家未明确规定农村或者郊区的空间也归由集体所有之前，应先行认定为国家所有；还有一部分学者如王利明教授认为"我国空间权仅指空间利用权，是独立于建设用地相关权利之外的，可由土地所有权人、建设用地使用权人或者独立的空间权人共同或者单独享有。"[②] 笔者比较赞同王利明教授对于该问题的观点，原因如下：第一，空间权得以生成，在于其具有与土地所有权和建设用地使用权相分离的可能，是物尽其用的必然结果。反之，未分离时，后者也是前者的内容之一。第二，当二者发生分离之后，空间权就为二者所共有，当土地所有权人将空间权转移给非土地所有权人享有之时，空间权的主体就相应地转移为后取得的土地所有权人或建设用地使用权人，抑或独立的空间权人共同或者单独有之。[③] 质言之，在我国，土地所有权人天然对其地表下方地下空

---

① 《物权法》第58条规定："集体所有的不动产和动产包括：（一）法律规定属于集体所有的土地和森林、山岭、草原、荒地、滩涂；（二）集体所有的建筑物、生产设施、农田水利设施；（三）集体所有的教育、科学、文化、卫生、体育等设施；（四）集体所有的其他不动产和动产。"

② 王利明：《空间权：一种新型的财产权利》，载《法律科学》2007年第2期，第120页。

③ 根据我国《宪法》中的规定可知，地下空间所有权的主体只能是国家和集体，因而在《物权法》上讨论地下空间权的核心在于地下空间利用权。参见徐进：《地下空间权若干法律问题研究》，新疆师范大学2014年硕士学位论文，第14页；吴锐：《空间权若干法律研究》，西北大学2011年硕士学位论文，第9页；邹超：《我国地下空间权法律问题研究》，贵州民族大学2012年硕士学位论文，第24页。

间享有使用的权利，原因在于土地为国家或集体所有，在地下空间利用权从属于土地所有权之内的情况下，在法律上进行主体区分实无过多意义。第三，地下空间利用权主体的特殊化通常表现，当地下空间利用权人为建设用地使用权或土地使用权人之外的第三人享有时，地下空间利用权人就享有按照现有的法律规定或通过双方当事人自愿协商的方式，对建设用地所必要的空间范围之外的地下空间范围进行支配和利用的权利，此时地下空间利用权的主体，就并非是该土地原所有人、使用人或建设用地使用权人，而是他们之外的受让者。而对于同一土地所有权或空间所有权人主体并未发生变化，仍然是原权利人即国家或集体。综上可见，由非土地所有权人享有地下空间利用权时，地下空间利用权才是具有独立存在的价值，对其主体的探讨才具有可能性。至于地下空间所有权的主体应与我国现行土地所有权主体的规定保持一致为宜，不致造成所有权体系的混乱，此绑定原则也会使地下空间利用权主体确定的权源依据更为清晰。

如前所述，本书的主旨观点认为地下空间利用权可以单独设立，为独立的空间利用人所享有。但并不排除对于土地所有权人已有权利的肯认，当然允许土地或空间所有权人进行所有权保留，既可对部分权能进行保留，也可以对权利范围有所保留，后者多见于在合同中约定保留一定范围的地下空间利用权，在不违反法律强制性规定、不与行政管理规划相冲突的前提下，土地所有权人可以自己独立行使地下空间利用权，当然也可以将该部分地下空间利用权单独转让，取得这部分地下空间利用权的权利人就是空间利用权人。

地下空间利用权的主体并不是一个严格的概念，也无设置苛刻资格的必要，地下空间利用权得以生成的重要价值在于其可利用性，至于由谁来利用，那应当是由最适合的主体来利用，由最能体现公平正义的主体来利用，由最能发挥物的效用的主体来利用，因此既可以是国家或集体，也可以是其他组织、法人或自然人等各类民事主体。只有如此，才能更进一步地促进地下空间利用权进入民事流转体系，才能实现其经济价值和社会功能。其与土地所有权人不同，但与建设用地使用权人相类似，即应当允许非空间所有人享有占有、使用、收益的权利，除国家或集体之外的普通民事权利主体法人、自然人、其他组织均可以成为地下空间利用权的主体，法律不应予以限制，当然，对于某一具体地下空间资源开发利用，尤其是在对实际开发建设者的资质、行为、操作方面还应当符合相关的管理性制度规范的要求。

二、我国地下空间利用权的客体

某种民事权利得以独立并与其他相似权利产生区别的最显著的标志往往表现为客体的不同，所以在一定程度上讲，不同的客体决定了不同的权利类型，本书将地下空间利用权所蕴含的客体专门定义为"典型空间"。顾名思义，地下空间利用权的客体虽然是空间，但不是全部空间，而是空间中特定的部分，笔者将其冠以"典型空间"的称谓。法学意义的地下空间与地理学意义的地下空间的概念并非同一指向，内涵范畴均有差异。地理学意义上的地下空间指，"在地表以下经人工开发而成或自然原始的岩、土层中形成的空间。"[1] 而法学意义上的地下空间属于"物"的范畴，尤其是在私法规范中的空间，是指物质存在的一种客观形式，它是可以通过长、宽、高来表现的三维立体空间，因此，动产、不动产都有空间，如前所述，本书所探讨的是物权法意义上的地下空间，自然不包括动产空间，故为充分论证其能够成为独立的用益物权客体，故称之为地下"典型空间"，概括地指排除建设用地使用权人在使用地表时附带对地下一定范围的必要使用空间，在此下一定范围的可以脱离地表满足民事开发利用的地下空间。

（一）地下"典型空间"可以作为法律上的物

我国《物权法》第 136 条规定了建设用地使用权可以分层设立，但并未明确地下空间可以与相应土地分别设立为用益物权，那么随之而来给理论界和实务界带来了对于建设用地使用权分层设立之后的空间使用，是否可以独立于先前已存在的建设用地存在着争论。[2] 实践中，最大的难点在于登记机关

① 参见童林旭：《地下空间概论（一）》，载《地下空间》2004 年第 1 期。
② 薄燕娜、刘植：《建设用地分层使用的空间权利探讨》，载《福建论坛·人文社会科学版》2012 年第 3 期，第 169 页。

如何为建设用地的地下空间确定一个合理的明确的物权客体范围。[①] 就目前的立法框架和现行法律规定而言，有必要首先通过对第 136 条从权利客体角度的进一步解读，寻求该难点的破解之道。如图 3.1 所示。

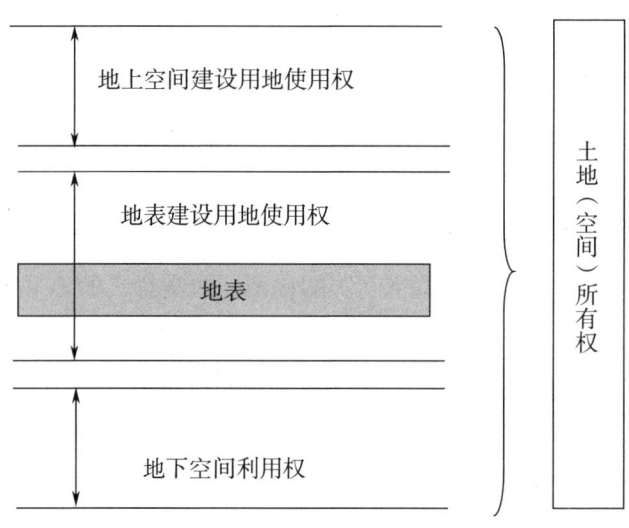

图 3.1　从权利客体角度解读

首先，该条款承认了地下"典型空间"可以作为建设用地使用权的客体，至于"地上""地下"的表述指向的客体即为空间。尽管学界对于此种权利尚未形成的统一的称谓，但足以结束长期以来学界关于空间能否成为权利客体以及是否违反一物一权原则的论争。[②] 当然，也无法否定笔者将其定义为地下空间利用权的构建思路。

其次，该条款强调了"分别设立"，那么表明某一地块可以拥有两个或两个以上的建设用地使用权人，而对地表的建设用地使用权人为普通建设用地使用权，在其之下对于一定空间设立建设用地使用权的其他权利人则为分层取得的建设用地使用权人，其行使的权利无论从内容还是客体范围与普通建

---

① 梅夏英：《土地分层地上权的解析——关于物权法第 136 条的理解与适用》，载《政治与法律》2008 年第 10 期，第 25 页。

② 薄燕娜、刘植：《建设用地分层使用的空间权利探讨》，载《福建论坛·人文社会科学版》2012 年第 3 期，第 171 页。

设用在使用权人均有所不同，这也从另外一个角度否定了"否定说"的观点，其当为一种特殊的建设用地使用权且不限于建设用地而已。鉴于此，对于第136条可进一步合理理解为：土地所有人仅是将建筑物、构筑物及其他附属设施所占用的合理空间移转给建设用地使用权人，该空间之外的地下空间的所有权人仍属于土地或空间所有权人。[①]

由此可见，我国立法尚未对地下空间利用权的客体范围做出界定，因此在客体问题上，地下空间利用权极易与其他相近类似权利发生混淆。在此，笔者尝试进行对比分析，以期通过构建完善的地下空间利用权客体制度，达到定纷止争的效果。

一是地下空间利用权与建设用地使用权客体之分。一方面，两者范围不同。如图3.1所示，建设用地使用权人在使用地表时附带对地下一定范围空间的必要使用是其应有之义，而不能仅是地表一薄层，那将失去权利意义，对此应无异议，而地下空间利用权的客体指向则在此之外，对更深一定范围的地下空间的利用，此其一；另一方面，二者权利着眼点也不同。建设用地使用权系为利用地表土地而产生，而地下空间利用权是着眼于对地下空间的利用，不是过分依赖于地表，前者可以建设地上房屋、道路等，后者如地铁、地下商场等。两者是具有显著区别的，也是可以区分的，且区分也是有利于资源利用效率的。

二是地下空间利用权与建筑物区分所有权客体之分。一方面，两者空间客体内涵不同。前者可分为债权性地下空间利用权和物权性地下空间利用权，而后者存在于建筑物之中，包括共有、专有等部分。这两个权利概念之间本身就没有必然的联系，他们之间的内涵不同，需要解决的法律关系也就不同；另一方面，两者空间客体划分标准不同。前者包含于土地（空间）所有权之中，是所有权诸多职能中权能的突出表现，地下空间利用权的所有权主体是国家或者集体。而后者是用墙壁等阻却物将"空间"进行物理划分形成的共有空间部分、专有空间部分等，属于建筑物所有权范围，不必涉及空间利用权的单独表现问题，两者的区别标准显而易见。

三是地下空间利用权与空间建设用地使用权之分。空间建设用地使用权

---

① 房绍坤：《物权法用益物权编》，中国人民大学出版社2007年版，第214页。

应该是学界近年来提出的称谓，与地下空间利用权一样也只体现在对现行法律的解释之中，也有学界对此有所论及，对二者进行区分，可以更好地把握地下空间利用权在客体认识方面的定义优势，为地下空间利用权的构建创造合适气氛和制度最大可行性。两者最大区别在于理论来源不同。虽然都体现在我国《物权法》第 136 条关于权利客体的解读上，但由于学者理解不同，导致此两种概念的产生，当然也不仅局限在此两种概念。后者的理论来源于梁慧星等学者的观点，其认为是对建设用地使用权的丰富和发展，客体侧重对土地范畴，而前者来源于王利明等学者的主张，其主张该条款恰恰是空间权的开端，如前所述，笔者对于地下空间利用权的概念及未来以此作为着力点进行立法构建表示赞同。

（二）地下"典型空间"可以作为权利的客体

从国外立法例看，先发国家及地区对空间权的立法模式不尽相同，对空间权的客体规定也不尽相同。美国早在 19、20 世纪，先后在判例中和专门立法中对空间作为权利客体予以法律上的承认。如依阿华州和伊利诺斯州法院曾判决认定，地表可得被别除，而仅以空中为所有对象。在 20 世纪，各州制定了以"空间法"命名的相关空间权法律规定。其中，有代表性的为《俄克拉荷马州空间法》，该法规定空间系一种不动产。立法上充分认可地表上下空间与其地表相分离独立存在，且可以在一定高度或深度进行水平性分割，以成为独立的权利客体范围。[①] 而大陆法系国家将空间权视为地上权，将有关空间权的内容规定在地上权中。如德国 1919 年《地上权条例》，日本民法典第 269 条之二，我国台湾地区"民法"物权编第 841 条之一等规定。[②] 比较美国同德国、日本和我国台湾地区，对空间权规定的最大区别是客体的区别。美国的空间法将土地所有权的效力进行了压缩和限制，限制在一定范围之内，该范围之外的空间从土地中剥离出来，成为单独的客体。而德国、日本和我国台湾地区的规定中，并未明确将地下空间的本质从土地范围内剥离出来，

---

① 参见陈华彬：《土地所有权理论发展之动向——以空间权法理之生成及运用为中心》，载于梁慧星主编：《民商法论丛》第（3）卷，法律出版社 1995 年版，第 82 页。

② 参见陈祥健：《关于空间权的性质与立法体例的探讨》，载《中国法学》2002 年第 5 期，第 105 页。

从其称为空间地上权的表述形式，可看出其还在犹豫地认为即使地下空间可以成为权利客体，其本质仍为土地。[①]

笔者认为，根据我国现行立法及实际情况，可以将地下"典型空间"单独设为物权客体，并可以成为地下空间利用权的客体，主要理由是：

首先，地下"典型空间"具有自然属性的客观实在性。众所周知，地下空间通过一定的长度、宽度、高度三维而设定出来，且具有水平、垂直或斜向可分割性，这种物理属性使其具备了能够成为民法上物的基础条件。通过类似不动产登记即可对其权利范围进行公示，体现公信效力，那么令地下空间中的某一部分成为"典型空间"也是可以很容易实现的，只能进一步发挥权属界定的益处，而不会带来更多的纷争。对于经登记公示后特定化的"典型空间"，为权利人所能支配，地下空间可以通过不动产登记规则确定其"典型空间"，在现行法律法规框架内能够具备设立地下空间利用权的条件。

其次，地下"典型空间"具有独立性。随着科学技术的发展，摆脱地表一定范围的支撑而单独利用其地下空间，已具有可行性，而且利用地下空间的规模范围日益增长。地下"典型空间"的独立性已不仅表现在物理性上，更多是体现法律制度和交易观念方面。[②]质言之，地下"典型空间"，具有不动产物权的基本特性，适用现行对于不动产的相关法律规定，即经过国家的规划、登记等方式特定化，就能够具备成为所有、支配、占有、使用、转让、租赁客体的条件，并可在法律上予以分别独立的存在和展示。

再次，地下"典型空间"具有一定的经济价值。开发利用地下空间不可或缺的理由在于体现一定经济价值或利益的获取，不论该利益的性质为何，应为地下空间的本质特征，也充分体现了其作为自然资源的财产属性。地下"典型空间"倘若作为一种不动产财产的权利，通过公示、交易等环节，完全可以为权利主体带来合法权益，实现其自身的经济价值。地下商场、铁路、停车位等各种各样的地下空间利用形式，充分展现了经济价值。

最后，地下"典型空间"具有排他性。其可以归属于特定的主体之下，

---

① 参见谢在全：《民法物权论》（上册），中国政法大学出版社 2011 年版，第 345 页。
② 王利明：《物权法》，中国政法大学出版社 1997 年版，第 36 页。

在其上可以通过设定民事权利的方式，发挥出其可支配性和排他性。

总之，将特定空间从相依附的土地范围内剥离出来，成为民法上独立的物，已经具备了现实条件、科技条件和法律条件，对地表、地下空间分别或分层登记为地下"典型空间"作为地下空间利用权的权利客体已成为可能，[①]由此，可以抛弃那种将"空间"视为"物"的"歧视性"的办法来进入民法物权体系，地下"典型空间"完全可以成为民法上当然之物、确定之物，具有与土地同等的权利客体地位。[②]

（三）地下"典型空间"作为权利客体的司法体现

将地下"典型空间"定义地下空间利用权构建的客体，在理论和实践中是可行的。地下"典型空间"是对地下空间利用权客体的抽象表达。在审判实践中，需要应当事人的具体诉争不动产标的物或建筑物的形式、用途、功能不同，而有所不同，如地下车位、地下商场、地下通道、地下铁路、地下管道、共同沟等等，不可枚举。以此类不动产标的物为诉讼争议对象的地下空间利用权纠纷在民事裁判文书已有体现。笔者通过"把手案例"数据库，对涉及地下空间利用权的裁判文书进行检索，对地下空间利用权进入到裁判文书的路径和客体的角色进行实证梳理，并对客体的合理范围进行评价，以增强构建地下空间利用权客体界定的合理性。

1. 样本的搜集

数据来源：把手案例（www.lawsdata.com）

数据采集：以"地下空间利用权"为关键词，将案件类型集中在民事领域，文书的类型为判决书。共检索到相关案件数量为 1487 篇。

研究方法：采用法学和社会学融合的研究方法，借助 spss 统计软件，借助频数分析、交叉分析以及相关性分析等分析方法。主要针对这 1487 篇裁判

---

① 《杭州市土地登记办法》第 30 条规定："依法独立使用的地下空间，其土地权利确定为地下空间土地使用权或土地他项权利。以出让方式取得的，确认为地下空间出让土地使用权；以划拨方式取得的，确认为地下空间划拨土地使用权 。"

② 通说认为，无论是土地上的空间，还是地表以下的独立空间，如果具备独立的经济价值及排他的支配可能性两个要件，即可视为物。参见马俊驹、陈本寒：《物权法》，复旦大学出版社 2007 年版，第 32 页。

文书进行分析。

2. 实证分析

（1）裁判文书的地域分布情况，如图 3.2。

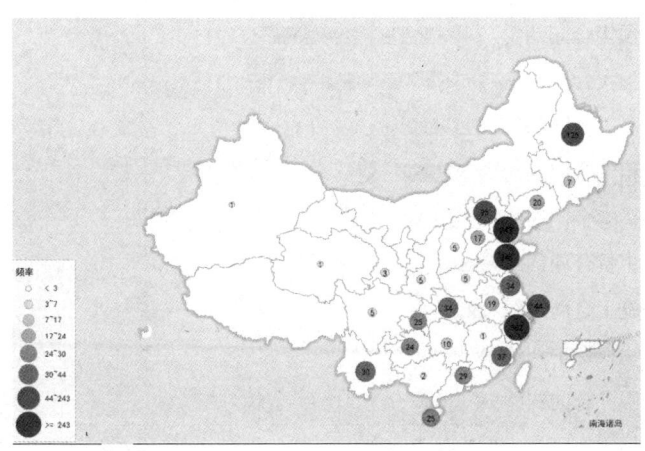

图 3.2　裁判文书的地域分布情况

上图可以看出，采用"地下空间利用权"字样的地域分布情况：浙江省有 382 篇，占总数的 25.7%；山东省有 245 篇，占总数的 16.5%；天津市有 243 件，占总数的 16.3%；黑龙江省 125 篇，占总数 8.4%；北京市有 95 篇，占总数的 6.4%。通过图 3.2 可以看出，裁判文书中采用"地下空间利用权"字样频数较高的省份在地域分布上主要集中在东部沿海地区，中部和西部出现的频次较低。

（2）裁判文书的案由分布情况（Top10）

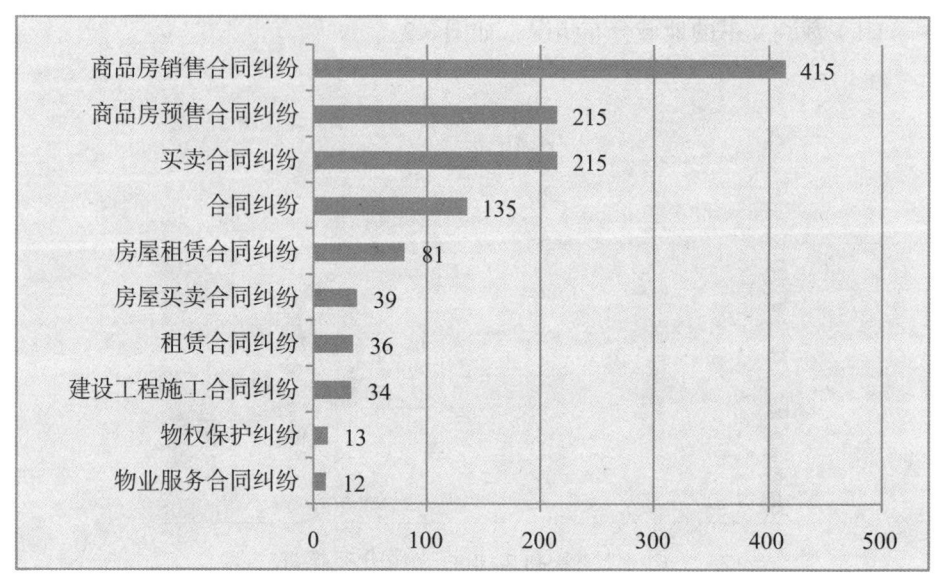

图 3.3　裁判文书案由分布情况（Top10）

通过图 3.3 可以看出，"地下空间利用权"进入到民事裁判文书的案由为商品房预售合同纠纷，有 415 篇，商品房预售合同纠纷有 215 篇，买卖合同主要有 215 篇等等。这些纠纷主要集中在涉及土地及房屋纠纷的案件中。这是由于我国关于地下空间利用纠纷方面法律制度尚不健全，故法院在裁判过程中，为客观地描述事实和形象说理，而采用"地下空间利用权"概念在本院查明事实和说理表述之中。

进一步将"地下空间利用权"进入到民事裁判文书的地下空间争议标的物具体形态区分为：涉及地下车位纠纷有 10 件、涉及地下商场、地下通道、地下铁路、地下管道、共同沟涉及地下车位有 86 件。这些纠纷主要分散在地下空间中的建筑物之中，这是由于我国关于地下空间利用的客体规定尚不周全所致。

（3）民事裁判文书采用"地下空间利用权"的路径分析

司法实践中，"地下空间利用权"进入到民事裁判文书中的路径主要有两种：一种是为了客观引述当事人的表述，在事实查明部分引用当事人表达的

"地下空间利用权"；另一种是应民事裁判文书裁判说理的需要，为更贴近当事人争议的表述，在法院认为部分主动采用"地下空间利用权"。这两种路径的裁判文书数量分布情况如下：

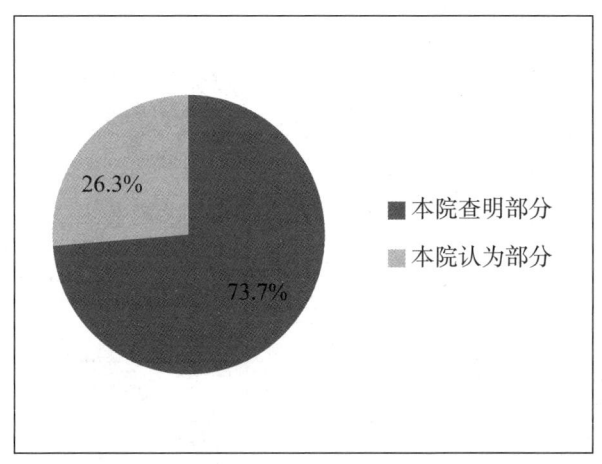

图 3.4 "地下空间利用权"的路径比重

通过图 3.4 可以看出，"地下空间利用权"出现在事实查明部分占了绝大部分比重，其数量占到数据总量的 73.7%，而出现在法院认为部分，其数量占到数据总量的 26.3%。

（4）地下空间利用权的采用类型和法院审理程序之间关系

地下空间利用权的采用类型和法院审理程序之间是否存在法律关系，以及存在何种法律关系成为本报告研究的重点。为此，笔者借助 spss 软件对两者的关系进行分析。

第一步：交叉分析

具体的操作步骤：利用 spss 打开"民事裁判文书采用地下空间利用权研究数据库"，依照"分析——描述统计——交叉表"步骤进行操作。

表3.5　审理程序和采用类型交叉表

审理程序、采用类型交叉制表					
本院查明部分 本院认为部分			出现的部分		合计
审理程序	一审	计数	721	317	1038
		出现的部分中的 %	65.8	81.1	69.8
	二审	计数	364	53	417
		出现的部分中的 %	33.2	13.6	28.0
	再审	计数	11	21	32
		出现的部分中的 %	1.0	5.4	2.2
合计 出现的部分 中的 %		计数	1096	391	1487
		100	100	100	100

得到统计结果如下：P=0.00〈0.05 相关结论：1.法院查明部分和法院认为部分主要集中在民事案件一审程序中。一审程序中本院查明部分的数量为 721 件，占该部分的 65.8%；本院认为部分有 317 件，占该部分的 81.1%。

地下空间利用权的采用类型和法院审理程序之间具有显著相关性。笔者对着两组数据进行卡方检验，得到 P 值为 0.00，这说明审理程序和采用类型之间具有显著相关性。但是交叉分析的局限性只能说明这两组数据之间具有显著性，但是却不能够进一步说明相关性的具体类型。

因此，下一步要进行相关性分析，根据民事裁判文书采用地下空间利用权研究数据库之间的类型，由于两者均为定序变量，故，笔者选用斯皮尔曼相关，对两者的相关性进行分析。

第二步：相关性分析（斯皮尔曼相关）

具体的操作步骤：利用 spss 打开"民事裁判文书采用地下空间利用权研究数据库"，依照"分析——相关——双变量（选择'spearman 相关'）"步骤进行操作。得到的统计结果如下：

表3.6 "地下空间利用权"的采用类型和法院审理程序之间相关性分析

相关系数				
			审理程序	出现的部分
Spearman 的 rho	审理程序	相关系数	1.000	–.130
		Sig.（双侧）	.	.000
		N	1487	1487
	出现的部分	相关系数	–.130	1.000
		Sig.（双侧）	.000	.
		N	1487	1487

初步结论：通过分析可以看出，审理程序和采用类型之间的关系为负相关。这是因为笔者在进行数据处理的过程中，将审理程序的一审赋值为"1"，二审赋值为"2"，再审赋值为"3"，将说理性援引赋值为1，适用性援引赋值为2。这说明层级越低的法院在面对民事案件的过程中在本院查明部分采用"地下空间利用权"可能性越大。

3. 分析结论

综上所述，在我国司法实践中，在采用"地下空间利用权"表述的民事裁判文书中，囊括了多种地下空间中的不动产标的物作为客体，为克服物权法定主义障碍，在构建我国地下空间利用权制度中，科学合理界定地下空间利用权的客体尤为重要。

（四）地下"典型空间"的划定准则

客体范围的不明确，导致的必然后果是实际生活中对于地下空间利用权与某些相近或相关权利之间相互交织无法理清的弊端，造成纠纷情况出现。立法的当务之急也应当是从明确界定地下空间利用权的客体范围出发，进行权利制度构建。地下空间利用权的客体，应当是土地使用权（地表权）人支配的空间范围以外的其他空间。[①]确定空间利用权的客体，首要是界定土地使用权客体的边界或明确土地使用权人支配的空间范围，该空间范围应当是不足以影响土地使用权人对土地的使用，或言之，该空间范围依附于土地地表性强，缩小该空间则造成土地使用权人无法行使权利或造成权利的必然减损，那么在立法上，应将土地使用权的空间范围限定在一定高度和深度之内，既不影响土地使用权人的权利实现，也不致造成空间资源的浪费。进而，地下空间利用权的客体则是土地使用权的固有空间范围以外的地下"典型空间"，并且以人类有能力开发利用的空间为限。有别于土地使用权客体范围"四至"的二维化平面确定，地下空间利用权的客体范围表现为立体上的"六至"，深度范围是其特别所在，这是科技发展的标志化因素，也是地下空间利用权客体具体构建的重中之重。

　　作为地下空间利用权客体的空间范围主要由上下两个层面的具体两点深度所确定，即在两点深度之间为空间范围，以此成为地下空间利用权的客体。那么，如果在纵向上从上往下来看，起始点往往在土地使用权（地表权）合理吸附地下空间的最低点，再行向下的区间之内出现。因为对于土地使用权的客体地表范围而言，不可能仅表现对地表面的使用，应是对于吸附于地表面及上下一定空间的占有使用，否则根本无法进行建设和使用。比如，如果未给予取得建设用地使用权的开发商提供一定的地下空间使用，那么其地上房屋地基或者人防工程、地下车库则无从建设。当然这里并未涉及开发商可以同时取得位于纵向上方建设用地使用权和下方的地下空间利用权，以便充分利用两个客体，这主要涉及建筑物权属的问题，将在后文权利取得中再行论述。再如，对于农用地更是如此，农作物生长根部当然需要占用一定的地下空间，当然无土栽培只是例外。如日本曾采取建造地下室一般达不到的地下 40 米或地基达不到的支撑面往下 10 米以下作对比，依照就低原则，将较深者作为地下空间利用的起点。还有如丹麦、芬兰、挪威等国也有对于私有

---

①　就纵向而言，土地权利虽被区分为空中权、地表权和地下空间权，但这三种权利却是客观联系在一起的。对于地表权而言，其支配范围不仅存在于地表平面，还必然延伸到地表以下的空间，也可以表述为土地使用权。参见马栩生：《论城市地下空间权及其物权法构建》，载《法商研究》2010 年第 3 期，第 87 页。

土地在地下 6 米以下为公有的规定。[①] 而终点，多以公法上的强制规定为限，涉及地质情况，技术手段、环境保护、各个方面，在客体构建上也应只作原则性规定为宜，具体如何确定尚须通过规划审批等公法性程序进行。我国在立法上，可采取将土地使用权（地表权）之下的空间范围限定在一定深度之内的做法进行原则性规定，而在具体实践中主要重点考察以下几方面的因素为宜。

其一，利益存在限度因素，[②] 其是目前日、德、瑞士等国通行空间范围衡量标准。日本学者奥田昌道认为，土地使用权客体上下范围应以存在的利益为限度，反对对所有土地上下范围做出统一的抽象性规定，倡导"依具体场合的情事，妨害形态，并顾及土地的位置，形状及一般的交易观念予以具体认定"。[③] 其二，现实使用需求因素。土地使用权在摆脱下致地心的绝对空间范围的情况下，就务实角度来讲，满足土地实际使用的现实需求的因素是必须要特别关注的。英国学者尼格尔认为："判例支持土地所有者拥有绝对地下空间权利，但将会在与地面一定合理距离内受到限制。"[④] 而史蒂文斯则主张其也受限于自然和他人利用土地的惯常方式。[⑤] 孙宪忠教授也认为因一般土地使用权的使用目的不同，而其附属空间范围各异。[⑥] 其三，可能性支配程度因素。超出人力支配的范围，特别是私法意义上的使用支配可能性，则不属本书探讨之空间。其四，建设规划因素。虽然有人提出质疑称，在建设用地使用权出让合同中规定其纵向范围之时须遵守约定，但由于我国出让格式合同存在出让金计算标准规定不周全、对地下空间的深度约定随意、对地下空间的价值认识不够和引发"同地不同价"争议等瑕疵，使得约定的建设规划标准之

---

① 《日本地下深层空间使用法》第 2 条。详见马栩生：《论城市地下空间权及其物权法构建》，载《法商研究》2010 年第 3 期，第 87 页。

② 参见［日］我妻荣：《新订物权法》，罗丽译，中国法制出版社 2008 年版，第 290 页。

③ 陈华彬：《物权法原理》，国家行政学院出版社 1998 年版，第 261 页。

④ Nigel & P.Gravells, Land Law (3rd Edition), sweet&maxwell, 2004, p.5.

⑤ John Stevens & Robert Pearce, Land Law, sweet & maxwell, 1998, p.12.

⑥ 参见孙宪忠：《国有土地使用权财产法论》，中国社会科学出版社 1993 年版，第 38 页。

效力大打折扣，成为执行环节的难题。[①]但不可否认建设规划的重要性，尤其是在城市建设性中，无规划则无实施，这是刚性要求，也不是物权法等私法可以单独规范，这是与相关公法性制度相衔接必要考虑的问题。而且，符合长期以来的实践惯例，通过建设规划和出让合同来规划确定土地使用权的纵向范围，只须在原先制度之上辅加深度限制即可，相对较为简单、直观、便捷、易行。

通过比较国内外立法与实践，可以对我国未来地下空间利用权客体范围的规定有所启发。比如美国《加利福尼亚州民法典》第 659 条、[②]日本《与大深度地下的公共使用相关的特别措施法》第 2 条、[③]国际隧协（ITA）的相关规章综合显示，土地所有权的范围限制主要在地表之下 60 米以上的深度范围之

---

① 2008 年 4 月 29 日，原国土资源部和国家工商行政管理总局联合发布《国有建设用地使用权出让合同》示范文本（以下简称示范文本）。该合同示范文本较之以前最大的变化就是在总则的第 4 条中增加了"本合同项下出让宗地的竖向界限以 为上界限，以 为下界限，高差为 米。出让宗地空间范围是以上述界址点所构成的垂直面和上、下界限高程平面封闭形成的空间范围。"这部分内容很大程度上避免了出让合同没有规定的情况下如何划分建设用地使用权和地下空间利用权之间纵向界限的问题，推进了《物权法》第 136 条在实践中的适用。但是，示范文本中有关土地出让金的计算方法存在明显瑕疵。示范文本第 8 条规定："本合同项下宗地的国有建设用地使用权出让价款为人民币大写 元（小写元），每平方米人民币大写 元（小写元）。"即土地出让金的收取标准是建设用地使用权的横向范围（单价为每平方米人民币元），从而使得建设用地使用权纵向范围之约定意义大大降低。薄燕娜、刘植：《建设用地分层使用的空间权利探讨》，载《福建论坛·人文社会科学版》2012 年第 3 期，第 172 页。

② "土地是地球的物质构成，由土壤、岩石或者其它成分组成，包括未被占据或已被占据的、向上及向下无限延展的空间，并受制于法律对空间使用以及空间使用相关权利的强制性规定。" See California Civil Code Division 2 Part 1Title 1 § 659: Land is the material of the earth, whatever may be the ingredients of which it is composed, whether soil, rock, or other substance, and includes free or occupied space for an indefinite distance upwards as well as downwards, subject to limitations upon the use of airspace imposed, and rights in the use of airspace granted, by law.

③ 日本 2000 年颁布、2008 年修正的《与大深度地下的公共使用相关的特别措施法》第 2 条、规定："本法所称的'大深度地下'，是指以下各项所列的深度中，以该最深者的深度的地下为大深度地下。一、政令所规定的通常不是用于建筑物的地下室及其建造而使用的地下的深度。二、在拟使用该地下用地的地区，政令规定的通常可以支撑建筑物基础木桩的地基中最浅部分的深度加上政令所规定距离后的深度。"根据《与大深度地下的公共使用相关的特别措施法施行令》，以上第一项所及的政令所规定的深度为地表之下 40 米；第二项所及"通常可以支撑建筑物基础木桩的地基"是指在该地基上支撑建筑物的基础木桩，当该基础木桩具有每平方米 2500 千牛顿以上容许支撑力的地基。容许支撑力根据地基调查的结果，通过国土交通大臣制定的方法计算而得。所加上的"政令所规定的距离"是 10 米。由此，日本的立法规定的大深度地下空间的深度，即指地面 40 米以下和通常支撑建筑物基础木桩地基的最浅层起算 10 米以下，两者作比较，哪个深就以其深度作为该地区地下深层空间的基准。薄燕娜、刘植：《建设用地分层使用的空间权利探讨》，载《福建论坛·人文社会科学版》2012 年第 3 期，第 173 页。

内的空间。[①] 曾有学者对此问题在国内进行过调查，主要方式为集中表现为两种，一是上海市的做法，按照地上建筑、地下空间1：1的比例确定，主要依据是建筑技术理论推导、当地特定地质条件及建筑物稳固性需要；二是深圳市做法，以地上建筑物最深基础桩位的深度来确定，并在开建前由主管部门审查确认。

综上所述，各种因素都有被加以考虑的必要性，并非某一因素就可成为通用的标准，对于土地使用权（地表权）的地下空间深度标准的确定，还应考虑诸如保障建筑物地基稳固性、通风换气等必要需要，[②] 不能以扩大地下空间利用权的客体范围而不合理地压榨原土地使用权的应有地下空间。相比较而言，以出让合同为载体的建设规划作为地下空间利用权客体确定标准在实际适用中应为最可取的，便于实施。但其只表现为结果，作为确定结果的其他因素在过程予以体现，因此，对土地使用权（地表权）或建设用地使用权客体范围的界定，宜采取以建设规划为基础，以现实利用需求为补充，兼顾利益存在、支配可能性因素在内的原则作为其空间范围限定的标准。由此，该空间范围之外的地下"典型空间"则自然而然作为独立意义上的地下空间利用权的客体。

三、我国地下空间利用权的内容

构建我国地下空间利用权制度旨在规范开发利用地下空间资源的行为和保护地下空间利用权人的合法权益，一项物权制度的实施应当以实现其规范

---

① 国际隧协（ITA）地下空间规划专业工作组的调查，目前世界主要国家对土地所有权的范围限制，主要有四种情况：（1）土地所有者拥有深达地球核心的一切权益；（2）土地所有者拥有该处含有效利益的任何地方；（3）土地所有者只拥有地表以下一定深度的空间（如60米以上）；（4）私人土地所有者几乎不存在，因此地下空间属国有。参见蔡兵备：《城市地下空间问题研究》，载《中国土地》2003年第5期，第15页。

② 城市规划区内地表以下的空间是一个多层次的立体网络。根据地下工程的使用功能和地质环境条件，城市的地下空间可分为四个层次：地下空间第一层是−3米以内的表层，其附着物主要是一般的市政管线（给水、雨水、污水、燃气、电力、电信等），此外，作为地上建（构）筑物组成部分的基础也大量使用着该层地下空间；地下空间第二层是−3~−15米的浅层，内部主要是大直径的地下管线、地铁隧道、地下建（构）筑物等；地下空间第三层，主要是−15米~−30米的中层，包含有物流管道以及地下建（构）筑物；地下空间第四层是在−30米以下的深层，主要建有一些特种工程。

目的为旨趣，地下空间利用权制度构建的目的也是以实现利用权人合法权益保障为目标。以下依照民事权利内容的论述逻辑，分别从我国地下空间利用权的权能、边界、救济角度提出，在未来《民法典》物权篇或《物权法》修正中，可在用益物权中对地下空间利用权作以一般性规定。对于具体内容则在条件和时机成熟时，单独制定地下空间利用法等。至于地下空间利用权内容具体如何运行及与相关法律制度如何协调衔接，笔者将在后文中进一步展开论述。

（一）我国地下空间利用权的权能

将地下空间利用权作为一种新类型的用益物权进行法律制度构建，其权利内容亦应具备用益物权的基本权能，与其他类型的用益物权实质上也并无二致。人们支配一定的地下空间是为了有效地利用地下空间，因而空间权的内容主要是利用权。[①] 就地下空间利用权的特殊性可分别理解为，占有，是通过法定程序，如公开竞争、订立合同、履行登记、报备审批等，实现对地下空间的占有；使用，对地下空间的具体利用，事实上的权能，追求地下空间利用价值的体现；收益，经过利用获得相应的经济收益；处分，尽管属于地下空间所有权人的权利内容，但就地下空间利用权人而言，其有权处分利用权范围之内的权利，如将地下空间利用权整体或部分转移让渡给他人，也可以将地下空间作为客体设定地役权、抵押权、租赁权等，但因地下空间所有权主体为国家或集体，具有较强的公共利益属性，故对地下空间利用权的处分多以严格限制。对于地下空间利用权人的权能内涵，可以依权利清单式予以列明，至少应包括以下几个方面：

第一，独立支配利用空间并排除他人妨害的权利。由于地下空间利用权人以合法的方式取得地下空间利用权后，其依法履行登记后即享有对地下空间的公示公信效力，其权利不仅受到私法的保护，也受到公法的肯定，当然享有对地下空间范围内支配并排除他人侵害的权利。依照我国《民法通则》第83条、《物权法》第84条的相邻关系原则，土地使用权人、其他土地权利

---

① 王利明：《物权法》，中国人民大学出版社2015年版，第277页。

人应当尊重地下空间利用权人行使权利。[①] 地下空间利用权具有物权的特性，地下空间利用权人在地下空间范围享有对抗土地所有人、土地使用权人及第三人的权利，有权排除一切对其利用地下空间的不法妨害，并对因此造成的损害享有赔偿请求权。

第二，合理合法利用地下空间的权利。这是地下空间利用权的最基本的权能，权利人可以利用的地下空间，既可以是没有地表建筑物的地表之下的空间，也可以是建有地表建筑物的建筑物之下的空间，建筑物内所拥有的空间自然不属于地下空间利用权的范围。众所周知，由于地下空间具有水平层次性，如若进行分层，分为若干层，每层空间均可设定地下空间利用权，多个权利主体可分享每层地下空间的利用权，但不能延伸至其他人所享有的地下空间范围，彼此空间范围不相交叉和重叠，除非达成利用空间的协议，否则将构成对他人权利的侵害。这也已被我国《物权法》第136条所确认。因此，在辅助立法或专门立法中，应对地下空间利用权人办理登记程序、地下空间利用权证书获得、对其所记载的地下空间范围审批与备案进行规定，从而使地下空间利用权人对其所拥有的地下空间以及建筑物、工作物行使占有、利用具体合法依据。

第三，按规定用途利用地下空间并获取经济利益的权利。这是权利义务对等原则的体现，侧重于权利即可以获取经济利益，实现地下空间经济价值。地下空间利用权人在获得地下空间后，进而依约所产生的收益应当归地下空间利用权人所享有，应当受到法律的保护。

第四，地下空间范围内权利的处分权。依物尽其用原则，地下空间利用权人因逐利的需要或变更利用目的，在取得地下空间利用权期限届满前，可以将其所享有的地下空间的整体或部分利用权再行转让给他人。将空间利用权的整体或部分转让，只要不改变空间的原有用途，原则上是应该允许的，这也是合同自由的表现，当然也有一定的法理依据，依现行物权理论通说肯

---

① 我国《民法通则》第83条："不动产的相邻各方，应当按照有利生产、方便生活、团结互助、公平合理的精神，正确处理截水、排水、通行、通风、采光等方面的相邻关系。给相邻方造成妨碍或者损失的，应当停止侵害，排除妨碍，赔偿损失。"《物权法》第84条："不动产的相邻权利人应当按照有利生产、方便生活、团结互助、公平合理的原则，正确处理相邻关系。"

认用益物权人对其权利行使可具有一定的处分权。

第五，地下空间利用权的物上请求权。具体表现在，当地下空间利用权人因他人非法侵占而丧失对地下空间的占有时，对侵占其空间的人可以行使返还请求权；当地下空间利用权行使受到妨害时，地下空间利用权人可以行使妨害排除请求权；当地下空间利用权的行使有受到妨害的危险时，地下空间利用权人有预防妨害请求权。

（二）我国地下空间利用权的边界

西谚云："你的权利止于我的鼻尖"，"你可以尽情歌唱，但不能在午夜打扰我的美梦"。无论何种权利，其行使的前提是不影响他人的正常生活，超越了这个边界，权利便不再为权利，行为也就不再受到保护。地下空间利用权法律关系的内容不仅表现为权利人在利用地下空间中所享有的基本权利方面，还表现在对于权利人利用地下空间所应受到的限制或者称为必须履行的对等义务，也可称为立法上对权利内容的规制。特别是由于地下空间利用权的客体受到严格的限制，具有区别于其他用益物权客体的特殊性，所以地下空间利用权必然要受到较大程度的限制，如对于即使属于权利客体范围内的地下空间也不能任由权利人随意开发利用，其受到的限制性要远大于普通建设用地使用权对于土地客体的限制。也就是说，地下空间利用权的边界要远小于建设用地使用权或土地所有权的边界。地下空间利用权受到限制主要体现为地下空间利用权人在利用地下空间时，不仅受到法律、行政法规、城乡规划的限制，还要受到合同内容的约束。根据地下空间利用权人在行使其权利时所受到的限制，不难设计出地下空间利用权的义务内容，可以在未来立法时予以考虑，具体可表现为：

第一，行使地下空间利用权时应遵守法律、行政法规的相关规定，同时也必须在登记的地下空间范围内进行，例如，我国《人民防空法》对此作出的限制性规定均可适用于地下空间利用权人，也就是说，地下空间利用权人也要同样遵守、不得违反诸如《人民防空法》等相关法律规定，规制其权利行使的部门法较普通建设用地使用权要更多，不能通过当事人约定来排除适用。

第二，行使地下空间利用权时应符合城乡规划方向。城乡规划主要包括城镇体系规划、城市规划、镇规划、乡规划和村庄规划。规划的内容一般包括发展布局、功能分区、用地布局、综合交通体系、禁止、限制和适宜建设的地域范围以及各类专项规划等。地下空间利用权的行使从属于社会发展的需要，应与社会发展同向进行，而不能逆向而为。城乡规划是当今地下空间利用权的指针，失去规划或者违反了规划，作为地下空间的利用必将陷入无序化发展，其恶果是难以想象的，因此，合理利用地下空间主要表现在依规划开发利用方面。

第三，行使地下空间利用权时应符合合同的约定。一方面，地下空间利用权人负有按取得地下空间利用权时签订的合同所约定方法及用途利用地下空间的义务，非经所有权人同意，不能擅自改变空间用途。例如，约定建地铁就不能建地下商场，否则将侵害地下空间所有权人的利益。另一方面，当地下空间所有权与建设用地使用权发生分离时，假如空间所有人只是在合同中将地表以下一定空间利用权让渡给地下空间利用权人，那么地下空间利用权人只取得了该合同约定的空间范围利用权，对该范围之外的地表上、下的一定空间享有再次以合同的方式出让的权利，仍由土地或空间所有权人所有。

第四，行使地下空间利用权时应支付相应费用。除少数无偿取得地下空间利用权情况下，有偿取得是常态，支付利用费用是地下空间利用权人必须履行的义务。关于费用数额的确定及调整的，一方面通过取得法定程序在一定价格的基础之上确定，另一方面在非必要限制情况下，也可依合同自由原则，由当事人协商确定。如嗣后发生地价增长或大幅跌落，或者公共税负大幅增减导致与邻近的同类土地空间的费用数额标准显著不相当时，任何一方皆可以请求增加或减免费用的数额。但是，因不可抗力导致的收益减损，地下空间利用权人不可向土地所有人请求免除或减少费用。①

第五，行使地下空间利用权时特殊情况下负有忍让义务。如对于公共利益需要的权利让渡，如设置必要的地下基础设施、管线设施等；再如忍受震动、潮湿等风险。

---

① 参见《日本民法典》第 266 条、274 条，我国台湾地区“民法典”第 844 条。

（三）我国地下空间利用权的救济

有权利就要有救济，没有救济的权利难以称得上是权利。地下空间利用权体系的构建离不开对其权利予以保护和权利受到侵害时给予救济的支撑，作为用益物权的一种，当然同样享有物权法上对其的保护，如下几则实务中已经发生的典型裁判案例，并没有真正适用地下空间利用权的规定，那是因为我国尚未完成地下空间利用权权利义务内容制度构建，这也充分体现了在地下空间利用人的权利受到侵害或可能受到侵害时，如何为权利人提供救济途径的核心问题，不仅是立法构建完善的需要，也是司法实践的必然要求。

案例 3.1：庄叶娥与广州市宏开物业管理有限公司（简称"宏开物业公司"）物权保护纠纷案。①

基本案情：庄叶娥为位于广州市天河区牛利岗大街 108–114 号 01（地下汽车库）的权属登记人，该车库位于隆某怡苑小区内，规划用途为汽车库。宏开物业公司为小区的物业管理单位。地下室出入口位于涉诉地下车库入口处，入口处为一斜坡，斜坡通往路面的通道（即讼争通道）。庄叶娥称斜坡通道为其车库专属通道，因宏开物业公司在该斜坡通道两侧划分停车线，导致其车库通行受阻故请求排除妨害而提起诉讼。

法院生效判决认为，关于讼争通道，结合《最高人民法院关于审理建筑物区分所有权纠纷案件具体应用法律若干问题的解释》第 2、3 条的规定，该通道非登记在庄叶娥产权的专有部分，该通道系通往车库的唯一通道，但该通道属于业主共有部分，非原告专属专有，庄叶娥主张该通道为其专属通道缺乏法律依据，不予采纳，关于斜坡通道使用问题，未有证据证实规划用途为车位，属于公共通道，而宏开物业公司划线创设停车位，客观上导致正常车辆通行受阻，造成安全隐患，庄叶娥请求消除停车划线保障其通行权具有事实依据，应予支持，故判令宏开物业公司自行消除停车线划线，排除妨碍。

案例 3.2：高小未与上海天然气管网有限公司（简称"管网公司"）排除

---

① 广东省广州市中级人民法院（2015）穗中法民五终字第 3009 号民事判决书，载中国裁判文书网，http://www.court.gov.cn/zgcpwsw/content/content?DocID=4277d3a9–72ea–4945–a0ab–082e4dd0aa7e&KeyWord=%E5%9C%B0%E4%B8%8B%E7%A9%BA%E9%97%B4，最后访问日期：2019 年 5 月 1 日。

妨害纠纷案。①

基本案情：高小未系上海市崇明县三星镇育德村第 3 村民小组的村民。2013 年，上海天然气管网有限公司（以下简称管网公司）作为建设单位，施工通过高小未先期承包的鱼塘地下，施工方式为管线自鱼塘地下 2 米处通过。2014 年，高小未提起诉讼，请求判令管网公司排除妨碍，消除危险。管网公司认为，公司埋设天然气管道，没有改变地形，维持了原状，对村民无任何影响。

法院生效裁判认为，管网公司作为建设单位，依法取得建设工程规划许可证等相关证件，且在鱼塘下铺设天然气管道的行为并未违反相关法律法规的规定。同时，管网公司埋设的管道通过鱼塘的下部，且与鱼塘底部存有较大空间，亦未改变原土地规划使用性质，故驳回高小未的诉讼请求。

案例 3.3：重庆兆隆食品有限公司（简称"兆隆公司"）与中国航空油料有限责任公司重庆分公司（简称"航油重庆公司"）排除妨害纠纷案②

基本案情：1998 年，航油重庆公司经批准，铺设一条从中转油库至江北机场储油库的输油管道（约 16 公里）。因当时涉讼部分输油管道所占土地属农村集体组织所有，航油重庆公司在工程修建过程中，采取与土地所属农村集体经济组织、相应政府街道办事处签订临时用地协议方式使用土地。2004 年，兆隆公司（受让方）与重庆市国土资源和房屋管理局（简称市国土房管局）签订一份包括涉讼土地在内的国有土地使用权出让合同，兆隆公司取得包括涉讼土地在内的国有土地使用权证。兆隆公司于 2014 年 3 月 4 日诉至法院，请求判决限令航油重庆公司排除妨碍，将其在兆隆公司享有使用权的土地下埋设之输油管线予以迁出并赔偿经济损失等。

法院生效裁判认为，案涉工程作为重庆江北机场二期工程的配套项目，

---

① 参见上海市第二中级人民法院（2015）沪二中民二（民）终字第 688 号民事判决书，载中国裁判文书网，http://www.court.gov.cn/zgcpwsw/content/content?DocID=be5f3936-607e-4201-91f8-ab640af8e097&KeyWord=%E5%9C%B0%E4%B8%8B%E7%A9%BA%E9%97%B4，最后访问日期：2019 年 5 月 1 日。

② 参见重庆市第一中级人民法院（2015）渝一中法民终字第 01195 号民事判决书，载中国裁判文书网，http://www.court.gov.cn/zgcpwsw/content/content?DocID=cf60aa8f-b626-4f7a-a4f4-07c8b3fbbc91&KeyWord=%E5%9C%B0%E4%B8%8B%E7%A9%BA%E9%97%B4，最后访问日期：2019 年 5 月 1 日。

是机场的基础设施，工程的建成投产将缓解重庆江北机场的供油紧张状况，航运作为日渐重要的公共交通运力，航油管线的铺设服务于城市交通，应属公用事业工程。法律规定建设用地使用权可以在土地的地表、地上或者地下分别设立。新设立的建设用地使用权，不得损害已设立的用益物权，说明建设用地使用权利人所取得的建设用地使用权并非在任何情形下都应是完整及于地上、地下及地表，其是否受到权利限制应视其取得权利时的约定。在该案中，航油重庆公司通过签订临时借地协议取得了土地所属农村集体经济组织、相应政府街道办事处的许可，在涉诉土地下方铺设航油管道，土地所属农村集体经济组织也未向航油重庆公司提出异议或要求赔偿。后该土地被依法征收，该土地所属农村集体经济组织已不是该土地的合法权利人。在重庆市国土资源和房屋管理局与兆隆公司签订土地使用权出让合同中明确约定"地下空间的深度开发应遵循国家的有关规定"、"由政府批准的公用事业性各项管线等工程，受让方应允许在其受让的土地范围内的规划位置建造或通过"，说明此时该土地的所有权人对该航油管道通过持许可态度，并同意在此之上因航油管道的特殊性而设定的权利限制，故驳回兆隆公司诉讼请求。

综上可见，审判实践中不仅对于抽象性较强的地下空间利用权本身在权利受到侵犯时需要保护，更加明显的是权利人在行使地下空间利用权过程中所建造标的物的权利受到侵犯时，同样也要寻求法律保护和权利救济的依据。为避免地下空间设施在利用时与其他相邻土地或空间权利人发生不必要的冲突和纠纷，在地下空间利用权的设立时即已通过相对周全的程序和规范予以克服的，理想状况下，矛盾基本在地下空间利用权取得之初已经解决完毕。但再周延的事前制度设计均无法完全避免权利行使中所产生的纠纷，从上述三则案例可见一斑，往往通过《物权法》中的相邻关系予以化解，因此也有学者就此提议建立空间相邻关系处理规则。[①]笔者对此并不持异议，相邻关系侧重于地理位置上的邻近，和相互利用，让渡自身的部分权利或容忍对方行使权利，其包含的内容和适用的情形也比普通建设用地使用权人与其他不动产权利人的相邻关系更为复杂。但是，相邻关系规则适用的宽泛性也造成其对于特定不动产权利人之间权利义务规范调整的不完全性，法定的平面相

---

① 详见陈祥健：《空间地上权研究》，法律出版社 2009 年版。

邻关系规则缺少灵活性，有时难以应对权利人对于立体空间利用的特殊需求，通过地下空间利用权制度构建，赋予空间相邻关系人意思自治权，由此，即可弥补平面相邻关系之缺漏，使处理空间相邻关系的规则更趋周延性。因此可以讲，从根本上实现对地下空间利用权人的周全保护的最适合的路径，非构建完善地下空间利用权制度莫属。通过对地下空间利用权人的权利保护和义务规制，可以为诸如案例 3.1 的地下车库通道权利以及案例 3.2 和 3.3 中的其他具体地下空间设施排除妨害等物权保护提供更严密和实用的权利保护。

本章小结

我国地下空间利用权制度的构建必然要从法律构成开启，这是一项民事权利制度得以构建的本体论重点内容之所在。地下空间利用权主体与一般民事权利主体基本并无二致，特殊之处在于地下空间利用权的主体应是最适合于利用，最能体现公平正义，最能发挥物的效用的权利者，因此既可以是国家或集体，也可以是其他组织、法人或自然人等各类民事主体，法律不应予以特别的限制，当然，地下空间利用权的主体，一般情况下也必须具有驾驭地下空间开发利用的资金、技术、人才等因素的能力。笔者将地下空间利用权的客体专门定义为地下"典型空间"，既区别于广袤的全部地下空间，也不同于狭小的土地使用权所固定的依附性地下空间。通过论证该地下"典型空间"可以成为法律上的物，能够成为独立的物权客体的过程，进而通过对土地使用权（地表权）或建设用地使用权客体范围边界界定原则和标准的完善，顺利达成对于地下空间利用权客体范围之确定和实现。将地下空间利用权定位于一种新类型的用益物权，其权利内容亦应具备用益物权的基本权能，与其他类型的用益物权实质上基本相同。通过对于我国地下空间利用权的权能、边界、救济三个方面的具体论述，基本达到对于地下空间利用权制度构建完备权利基础的目的。

理想状况下，在开发利用地下空间过程中权利人与其他相邻土地或空间权利人发生的冲突和纠纷，在设立之初即应通过相对周全的程序和规范予以克服，但再周延的事前制度设计均无法完全避免权利行使中所产生的纠纷，笔者也收集并引用了几则司法实践中的典型案例予以描述，目的在于表明任何权利制度的构建都不可能完全从源头上避免纠纷的发生，应清醒认识到地下空间利用权的制度构建从不是一蹴而就，至善至美的立法选择，我们绝不能求全责备，固步自封，故应保持制度出口畅通，做到与其他相关法律制度的合理衔接协调，为权利人提供多元化权利救济渠道。

第四章　我国地下空间利用权取得与变动

　　通过对地下空间利用权的性质、构成的阐述，基本明晰了地下空间利用与民事法律制度的联结点，地下空间利用权的静态制度形象基本显现。面对错综复杂的地下空间开发利用实践，在地下空间利用权制度构建上，更需要在静态权利法律关系构建基础之上，对权利的动态运行作以规范，以使得我国地下空间利用权法律制度体系构建得以圆满。

一、我国地下空间利用权取得

　　如前文所述，本书立基于地下空间利用权系一种独立的用益物权而展开权利制度构建，就是要通过私法途径解决地下空间开发利用中出现的争议问题。通说认为，物权变动是指物权的设立、变更、转让和消灭。[①] 本书从权利本位出发，结合地下空间利用权作为用益物权的属性，主要从权利人角度探讨地下空间利用权取得与变动的相关制度构建。从权利人角度看，地下空间利用权的设立可视为地下空间利用权的取得，权利取得之后发生的权利变更、转让和消灭可视为地下空间利用权的变动。

　　地下空间利用权是从地下空间所有权权能中让渡出来的部分权能，我国地下空间所有权主体处于恒定状态，是国家或集体，也不会涉及存续期限等问题。我国地下空间利用权取得，并不同于所有权取得那么单一，应围绕其用益物权属性而展开。同样需要借鉴先发国家及地区的成熟制度和理论成果，也需要结合我国现行《物权法》相关内容和其他相关法律规定进行研究，以

---

　　① 王利明：《物权法》，中国人民大学出版社 2015 年版，第 52 页。

提出具有实践价值的制度构想。

（一）域外地下空间利用权取得制度梳理

域外先发国家及地区对于地下空间利用权取得制度的设立，均经历了一定的发展过程，我国对此进行借鉴，从中提炼出适合我国实际需求的地下空间利用权取得所应遵循的规则，对于地下空间利用权的顺利流转，权属确定具有积极的意义。

1. 美国

在美国，利用地下空间建造建筑物的方法大致有两种：一种是人工地盘方法，另一种是嫁接方法。此两种方式大多是借助原有建筑物进行建造，而现实中，基于地基承受力、不同深度等方面的原因，很少有简单在建筑物地基之下进行直接嫁接而利用地下空间的情况。通常要对现存建筑物进行保护或重建，并同时在建筑物地基之下一定范围开发利用地下空间。其中，比较典型的取得方式有以下几种：（1）租赁方式。此系最简单的取得方式，也是在权利取得中被采用最多的一种方式。依此方式，地表空间利用者可径向土地所有者租赁其土地的地下空间。（2）地役权方式。地表所有者向第三者（开发业者）让渡特定平面以上的空间，同时，为该第三者设定利用该空间建造建筑物的支柱和相关设施所必需的空间及其用地的地役权。在空间权取得合同中要详细记载支柱部分的用地范围。[①]（3）附带保留地役权的所有权转移方式。地表所有者在向开发商让渡地表部分及其上下空间所有权的同时，开发商再与地表所有者设定以利用地表为目的的地役权。在这种方式中，开发商在利用支柱部分的空间及其用地时，要把设置地役权的部分扣除掉。比如，地铁公司把保证列车运行所可能占据范围的地役权留给自己后，把全部土地所有权出售给开发商，这种方式通常适用于大规模、永久性的构造物建设所进行的地下空间利用权交易，其主体所享有的权利恰好与上述第二种方式相反。（4）地下空间权及支柱地役权转移方式。在此种方式中，开发商在取得

---

① ［日］日本项目产业协议会：《城市开发与空中权——国内事例的调查研究》，载高田寿史监修：《空中权的解说与文献资料集成》，开发问题研究所昭和59年（1984年）版，第38页。

土地下方空间权利的同时，仍然需要取得土地所有者下部空间及有关地表的支柱与基础部分的地役权。（5）地下空间权及支柱用地所有权的转移方式。开发商对地下空间、支柱等必要的用地及其空间取得所有权。也即，除了特定空间所有权外，地表所有者还要将地下空间、支柱部分所需空间及其用地的所有权全部让渡给开发商。这是规模最大的一种权利转移方式。采用这种方式的，需要在取得地下空间权的合同中明确详细地规定建筑物支柱部分及其用地范围。对于最终取得方式的选择，不仅是地下空间利用权人的个人喜好问题，更是地下空间利用人对多种因素综合考虑的结果，其通常要考虑的因素包括与项目相关的资金情况、税收负担以及其他事项等。[①]

具体操作中，取得地下空间利用权的流程大体分为四个步骤：

第一步，签订取得契约。在美国各州，有关土地的权利买卖及其处分的契约，必须以书面加以证明。适用于土地与房屋的买卖、租赁、地役权、土地收益权（能够取得他人土地收益的权利）的设定等情形。至于书面格式，则没有特别限制，但有关契约当事人及契约的主要内容则必须记载清楚。[②]契约中应当记载的重要事项包括：第一，被让渡空间的范围。第二，有关支柱的规定。契约中应当明确记载支柱地役权，以及有关以支柱管理为目的的出入通道等权利内容。第三，有关通行的地役权。在不侵害地表所有者权利的情况下，可以通过相邻区域到达地下特定空间的，可不必为通道设置地役权，但如不具备上述条件，则必须在取得契约中规定有关通行的地役权。第四，通气孔的地役权。在取得地下空间利用权的契约中，地表部分的所有者为了得到必要的通气，有必要规定通气孔的地役权。第五，免除条款。地下空间利用有可能对上方权利人产生噪音、烟尘、气味等影响，也有必要在取得契约中做出明确约定。[③]

第二步，权利证书制作。在美国，有关不动产权利转移、出租等必须制

---

① 陈祥健：《空间地上权研究》，法律出版社 2009 年版，第 126 页。

② ［日］建设省空中权调查研究会编著：《空中权——理论与运用》，行政出版社 1985 年版，第 34 页。

③ ［日］日本项目产业协议会：《城市开发与空中权——国内事例的调查研究》，载于高田寿史监修：《空中权的解说与文献资料集成》，开发问题研究所昭和 59 年（1984 年）版，第 39~40 页。

作权利证书。盖印证书中应当记载的事项包括做成日期、当事人、约因、权利转移的意思表示等。

第三步,办理登记。不动产的权利变动随权利证书的交付而生效,但为了对抗第三人,必须办理登记。但在登记制度上,美、日两国有很大差别。美国有关保护不动产流通的登记制度有两类:一类是记录体系(recording system)登记制度,一类是托伦斯体系(torrens system)登记制度。具体采用哪一种,由各州决定。

第四步,办理契据(escrow)与权原保险(title insurance)。为完善登记制度,利用契据与权原保险来担保买卖契约的履行。所谓契据,即在签订买卖契约后,将买方的钱款和卖方的权利证书一同委托给具有契据代理人资格的第三者。代理人接受委托后,办理诸如涂销抵押权、银行贷款以及支付税金等手续。同时,根据当事人的申请,要求权原保险公司调查卖方权利的正当性,以担保买卖契约的履行。经权原保险公司确认后,发现卖方权利存在瑕疵的,买方有权从权原保险公司得到赔偿。这一程序不仅可以担保买卖契约的履行,还可以大大减轻买方求证权原正当性的负担。

2. 日本

由于日本继承了大陆法系的民事立法传统,对于地下空间利用权的取得形式与美国不同,日本没有像美国那样对于空间权取得进行专门规定,而是表现为:(1)空间租赁权。日本将空间租赁权规定于《日本民法典》之中,与上述美国的空间租赁权的规定异曲同工。根据《日本民法典》第 601 条的规定,他人土地上的空间或者地下的上下范围,经设定可以作为租赁权的标的。学说上有观点认为,按日本民法的定义,租赁权属于债权性质,不属于《日本民法典》第 207 条(有关土地所有权范围的规定)所涉及的范围,因此,可以不受传统垂直性不动产法的约束,只要当事人做出特约或者根据时效规定就可以成立。① 不过,利用租赁权的空间建造建筑物的,对其建筑物仍可以进行登记。经登记的空间租赁权是可以对抗第三者的;(2)区分地上权。

---

① 《日本民法典》第 601 条的规定,所谓租赁,系因当事人一方约定以某物供相对人使用及收益,相对人约定支付租金而发生效力的行为。[日]日本项目产业协议会:《城市开发与空中权——国内事例的调查研究》,载高田寿史监修:《空中权的解说与文献资料集成》,开发问题研究所昭和 59 年(1984 年)版,第 53 页。

通常经与土地所有人订立合同而取得，并经常通过在登记中设定特约条款的方式对使用方式进行限制，并可以对抗第三人；（3）关于支柱的权利。日本民法中没有如同美国的支柱地役权那样的概念。因为在日本民法中，不动产的区分与利用只体现垂直性的特征，因此，利用特定土地的一定空间从事建筑物建设时，必须就该建筑物支柱部分的用地取得所有权、地上权或者租赁权。日本对于地下空间利用权的取得方式主要分为三种：

第一种，占用方式。利用道路、铁路、江河等下方空间时，一般采用占用方式，通常由第三方对占用设施进行总括性管理，而后以中介身份进行出租。其用地与主要构造物同时归属于所有管理者。[1] 在此种方式中，当利用占用方式建造的设施与地下空间建筑物相分离时，权利关系比较容易明确；但当地下道路建筑物与占用设施建筑物融为一体时，其权利关系就容易出现问题，在这种情况下，建筑物的价值将大打折扣，往往成为项目开发的障碍。

第二种，基于合同、协约等的使用、租赁方式。在没有开发规则限制的情况下，当事人主要就是根据合同或协约进行空间的使用或租赁。在日本，虽有空间地上权的立法（民法典第 269 条之二），但实践中，空间地上权的设定存在诸多困难，如当需要与众多私有土地权人签订合同方能取得利用权的情况下，存在成本高、耗时长、效率低等缺陷，故地下空间利用人往往选择"绕路前行"的方式，使用占用方式去达到取得的目的。拐过来拐过去的东京的地下铁路就是明显的例证。作为一种替代方法，合同与协议在空间权的取得中起着重要作用。

第三种，依据征用法裁决的方式。根据《日本征用法》第 48 条的规定，利用权人如不能通过前两种方式取得，可以依该法规定通过裁判方式，并主

---

① 如根据《日本道路法》第 32、36、38 条，建造地铁、下水道等设施的单位，如要在道路和公园的地下施工，必须获得该道路或公园管理部门（国家、都、道、府、县、区、市、镇、村）允许在一定范围内长期使用的占用许可。占用许可原则上是有偿的，但建造地铁、隧道等公共事业设施并经批准占用的，是无偿的。此外，占用许可是依据道路、公园等公共设施管理权的行政行为，而不是依据土地所有权的契约行为。［日］平松弘光：《日本地下深层空间利用的法律问题》，陆庆胜译，载《政治与法律》2003 年第 2 期，第 151 页。

动缴纳相应补偿、赔偿等费用后，取得利用权。①

3. 德国

在德国，使用他人土地及地下空间修建、保有建筑物主要通过《地上权条例》予以调整。②依照该条例，地上权人的法律地位与土地所有权人大体相同，具有广泛的权利。地上权人以其权利客体也可以为他人设定次地上权，次地上权的创制为土地的立体开发奠定了制度基础，也是德国地下空间利用权制度的独特之处。③1994年德国《土地登记簿条例》规定了次地上权的设立方式，其设立条件与地上权基本一致。因为次地上权是基于上级地上权而产生，因此其权利内容也受上级地上权范围的限制。通过次地上权，土地所有权人的合同对象仅为上级地上权人，无需再与实际使用人订立合同，而次地上权人同样只是与上级地上权人存在合约；当地上权人拥有修建数个建筑物的权利，又不愿通过分割地上权的方式转让给其他人时，同样可通过设立次地上权而部分转让其权利。④就制度背景而言，德国民法中的地上权是一种

---

① 基建单位如果不能通过签订合同取得相关私有土地民法上的权利，可采用依据土地征用法取得该地块使用权利的程序，即基建单位在获得项目认定机关长官（建设大臣或都、道、府、县知事）的项目认定后，可向都、道、府、县的征用委员会申请对该地块使用权的裁决。征用委员会经公开审理等程序后，可对允许使用的地块的所在区域、使用方法（包括使用目的、使用的地下空间范围及土地利用上的限制）、使用期限、损失赔偿金额、权利取得的日期、返还日期等事项作出裁决。新颁布的《地下深层空间使用法》规定基建单位取得的地下深层空间使用权所涉及的范围，是地下深层空间中划出上下左右范围内的立方体区域（《地下深层空间使用法》第25条、第2条第3段）。它采用的是与区分地上权相同的观点（区分地上权的地下使用说）。因此，相对于以"土地使用权涉及土地的全部"（地上权的地下使用说）这一观念为依据的《土地征用法》来说，这是一个具有划时代意义的规定。[日] 平松弘光：《日本地下深层空间利用的法律问题》，陆庆胜译，载《政治与法律》2003年第2期，第152页。

② 在2007年《地上权条例》更名为《地上权法》。

③ 参见《地上权条例》第二条至第八条关于地上权合同的内容，第十四至第十七条关于土地簿册的规定。第十一条第一款规定："只要不能从本条例中得出不同的结论，与土地相关的规定以及基于所有权的请求权的规定就准用于地上权……"引自李静译、张双根校，德国《地上权条例》，载王洪亮、张双根、田士永主编《中德私法研究（2006）》第1卷，北京大学出版社，第259~271页；朱岩译《联邦德国土地登记条例》，载蔡耀忠主编《中国房地产法研究》（第2卷），法律出版社2003年版，第396页；[德] 鲍尔、施蒂尔纳《德国物权法》（上册），张双根译，法律出版社2004年版，第647~654页。

④ Jürgen Ingentau/Volker Hustedt：, ErbbsuRG. Gesetz über das Erbbaurecht: Kommentar, 9 Aufl.（2009）§11 Rdnr.17. 转引自罗琪：《德国地上权制度研究》，中山大学2012年硕士学位论文，第27页。

"与土地所有权相等的权利"（grundstücksgleiches recht），[①] 因此，为了土地立体开发的需要，由地上权人设立次地上权合乎法理。可以说，德国的次地上权是植根于其本土制度而内生演化的结果，表现出路径依赖的特性。[②]

4. 我国台湾地区

前文已列，在我国台湾地区"民法典"物权编中，将"地上权"分设为"普通地上权"和"区分地上权"两节，在第 841 条之一、二、五中规定，在取得普通地上权等用益物权的土地上下，再行设定区分地上权者，双方应进行对于使用收益的约定，并受此约定的约束，同时必须征得土地所有权人的同意，否则将承担不利的风险责任。

（二）我国地下空间利用权取得的构建

我国地下空间利用权的取得主要涉及两个层面的取得，一是由普通民事主体从地下空间所有权人国家或集体取得，此为基础性取得方式，二是普通民事主体在基础性取得的基础上，通过与地下空间利用权人再次设定或通过转让方式取得。由于我国地下空间利用的取得制度尚未形成，本着节约立法成本，保持制度体系完整的原则，可参照我国建设用地使用权取得的制度作为蓝本，进行局部调整，既与现行法律法规不相冲突，又可节省立法和执法成本，乃一举多得之策。因此，对我国现行建设用地使用权取得制度进行分析也是构建我国地下空间利用权取得制度不可缺少的步骤。我国《物权法》第十二章专章对于建设用地使用权的权利运行作出了明确规定，由此可见《物权法》对于地下空间可分层设立开发利用的积极态度，同一土地空间范围内，除了可以设立以地表为中心的地表建设用地使用权以外，还可以在该地表之上一定空间或之下一定空间分别设定空间利用权。[③] 对于上述《物权法》

---

① Baur/Stürner: Lehrbuch des Sachenrechts，Verlage C.H.Beck，1992，S.18，Creifelds：Rechtswörterbuch，12 Auflage，1994，S.361.

② 陈越鹏：《论土地立体开发的私法构造——从〈物权法〉第 136 条切入》，载《中山大学法律评论》第 13 卷第 2 辑，第 157 页。

③ 史浩明、张鹏：《海峡两岸空间权利设计思路之比较——以"区分地上权"和"空间建设用地使用权"为中心》，载《苏州大学学报（哲学社会科学版）》2010 年第 1 期，第 22 页。

相关条文的理解，在立法机关的某些论著中也能够得到佐证，① 比如，甲公司建一大楼，取得地下 10 米至地上 30 米的建设用地使用权；乙公司建一地下商场，取得地下 20 米至 40 米的地下空间利用权。由此可见，建设用地使用权人所取得的建设用地使用权可以利用土地空间的范围是有限的，远远小于土地所有权人可利用的空间，② 建设用地使用权人仅取得在规划、出让合同或实际利用范围内空间的使用权，而此外的部分仍由空间所有权人所享有并支配利用，可再行为第三人创设新的以同一地表范围内一定地下空间为客体的地下空间利用权，进而出现同一土地区域上下垂直形成的地上空间利用权、建设用地使用权、地下空间利用权同时并存的情形。③

在地下空间利用权取得上，按是否具有法律明确规定，可以划分为基于法律行为而取得和基于法律行为以外的原因而取得。其中，前者基于法律行为而取得，在广义上包括设定与让与两种方式，而后者基于法律行为以外的原因而取得，主要有时效取得、继承、征收等情形。④ 需要说明的是，本书对于我国地下空间利用权的法律构建采法定取得范畴而论，即在我国地下空间利用权设定取得时仅从基于法律行为而取得的情形下探讨如何设定，至于让与取得则在地下空间利用权变动一节加以论述。另外，对于基于法律行为以外的原因而取得，在我国地下空间利用权构建中乃属拓展内容，可待未来研究中进一步论证。

我国地下空间利用权基于法律行为的设定取得是基于地下空间的用益物权属性，参照建设用地使用权取得的具体情形，我国地下空间利用权的取得，也应该通过划拨和出让两种方式实现。在我国地下空间利用的地方立法中，《深圳市地下空间开发利用暂行办法》颇具代表性，创先规定了地下空间利用权既可以通过划拨方式取得，也可以通过招标、拍卖或者挂牌的方式取得，并作出相应的程序规定。随后，地下空间利用权取得的实践及相关地方规定如雨后春笋般涌现开展。如表 4.1。

---

① 全国人大常委会法工委民法室：《物权法（草案）参考》，中国民主法制出版社 2005 年版，第 317 页。
② 参见孙宪忠：《国有土地使用权财产法论》，中国社会科学出版社 1993 年版，第 23 页。
③ 参见王利明：《空间权：一种新型的财产权利》，载《法律科学》2007 年第 2 期。
④ 详见陈祥健：《空间地上权研究》，法律出版社 2009 年版，第 119~124 页。

表 4.1　实践中地下空间利用取得地方性相关规定

地区	规范性文件名称	原则性规定
上海	《上海市城市地下空间建设用地审批和房地产登记试行规定》	单建地下工程项目属于经营性用途的，出让土地使用权时可以采用协议方式；有条件的，也可以采用项目招标、拍卖、挂牌的方式。
杭州	《杭州市区地下空间建设用地管理和土地登记暂行规定》	地下空间建设用地可以采用出让等有偿使用方式或划拨方式取得。具体项目的供地方式，参照国家、省、自治区和市土地管理的有关规定执行。单建地下工程属于经营性用途的，须以招标、拍卖或挂牌方式出让国有建设用地使用权。
深圳	《深圳市地下空间开发利用暂行办法》	用于国防、人民防空专用设施、防灾、城市基础和公共服务设施的地下空间，其地下空间利用权取得可以依法采用划拨的方式。独立开发的经营性地下空间建设项目，应当采用招标、拍卖或者挂牌的方式出让地下建设用地使用权。地下交通建设项目及附着地下交通建设项目开发的经营性地下空间，其地下空间利用权可以以协议方式，一并出让给已经取得地下交通建设项目的使用权人。
无锡	《无锡市城市地下空间建设用地管理办法（暂行）》	单建地下工程属于经营性用途的，如地下商业、餐饮旅馆、运动休闲、俱乐部、地下经营性停车场、地下综合体等，出让土地使用权时，除政府出于公共利益或公共安全考虑明确指定开发建设单位的可以采用协议方式外；其他都应采用招标、拍卖、挂牌的方式。属于公益性用途的，如民防工程、城市地铁及其站点、公共服务空间、地下隧道等，采用划拨方式供地；临时改变成经营性用途的，每年收取土地年租金。
广州	《广州市地下空间开发利用管理办法（征求意见稿）》	独立开发的经营性地下空间建设项目，对平战结合的人民防空工程以及对市政道路、公共绿地、公共广场等已建成的公共用地的地下空间进行经营性开发利用的，应通过招标、拍卖或者挂牌的方式取得地下空间利用权。新供地的用于社会公共服务的单建地下停车场，可以协议方式取得地下空间利用权。地下交通建设项目及附着地下交通建设项目开发的单建经营性地下空间，其地下空间利用权可以协议方式一并出让给地下交通建设项目的建设主体。

　　一是以划拨方式取得地下空间利用权。是无偿取得地下空间利用权的一种方式，指地下空间利用权人无偿或在缴纳补偿等费用后，从地下空间所有权人处取得地下空间利用的行为，在不改变地下空间用途的情形下可以无期限的占有利用该地下空间，并不得随意转让。参考《土地管理法》和《城市房地产管理办法》的相关规定可见，通过划拨方式取得地下空间利用权的情形有：公用事业所需和基础设施等、军事、人防设施等国家公务所需以及法

律、法规等规定的其他项目所需。上述以划拨方式取得地下空间利用权，须经县级以上地方人民政府依法批准。笔者认为，对于采用划拨方式设立地下空间利用权的范围应该有着严格的用途目的和取得程序限制，如政府批准建设城市地铁，地铁公司即有权获得他人建设用地使用权下方一定范围内空间的地下空间利用权。[①]

二是以出让方式取得地下空间利用权。相较于划拨方式，出让是取得地下空间利用权的一种主要方式和更常见的方式，是由地下空间利用权人通过拍卖、招标等公开竞价的方式或双方协议等方式，并缴纳出让金或租金，从土地（空间）所有权人处取得地下一定空间利用的权利。采用公开竞价的方式，从有效控制出让地下空间的范围，最大程度体现地下空间的市场价值，保护地下空间资源利益和国家受益的大局来看，是确实必要的。另外，比照建设用地使用权取得时均需要向土地所有权人缴纳出让金的规定，地下空间利用权取得时也应缴纳该项必要费用，这也是与地下空间利用权划拨方式取得最大不同。出让金体现为一定年限内的空间租金，一般以地下空间利用权人向地下空间利用权所有者（国家或集体）支付一定数额的货币为表现形式。在以往实践中，建设用地使用权出让金的构成，除一定年限内的地租外，还包括建设用地使用权出让前国家对土地的开发成本以及相关的征地拆迁补偿安置等费用。建设用地使用权出让金支付可以按合同约定一次性支付，也可以按合同约定分期支付。当土地使用者支付全部建设用地使用权出让金后，由市、县人民政府核发建设用地使用权证书，为保持制度的一致性，地下空间利用权所缴纳的出让金或地下空间租金也应依此而行。

参照我国建设用地使用权的现行规定，我国的地下空间利用权的出让方式至少也可以有招标出让、拍卖出让、协议出让三种基本方式。其一，以招标方式出让地下空间利用权。招标出让方式主要适用于一些大型或特大型地下工程经营性项目投资，如地下商业广场等，通过引进社会竞争机制，彰显公平、公正、公开的权利运作，防止滋生腐败行为造成国家或集体利益受损，同时也有利于出让方的择优选择；其二，以拍卖方式出让地下空间利用权。

---

① 参见邢鸿飞：《论城市地下空间权的若干问题》，载《南京社会科学》2011 年第 8 期，第 109 页。

与招标方式大体相同，同属竞争择优的出让方式，区别在于拍卖方式强调价格因素，即出让金或租金缴纳数额因素，体现了为保护地下空间资源的有效利用和对所有权人的利益保护，主要可适用于房地产、金融、旅游、娱乐等地下工程项目；其三，以协议方式出让地下空间利用权。该方式介于划拨与出让之间，对于经营、公益混合性地下空间利用项目较为适用，也可用于地下空间利用出让特殊情况，如参与投标或竞标的人数较少，或者出现空置情形，而地下空间所有权人有意出让的情况下，在通过有权管理部门批准后，亦可达成地下空间利用权出让合同。主要适用于单独地下社会公共停车场、原土地使用权人对其地下空间进行继续开发利用等情形以及涉及产业政策调整、政府帮扶优惠项目等。

除此之外，也有学者提出可通过租赁方式、借贷方式乃至出售、折价入股、产权交换、继承、赠与及通过默认同意之推断等方式取得地下空间利用权，笔者认为，因此类方式在实践中运用的成熟程度与当下构建基本的地下空间利用权取得制度尚存在一定差距，可随着未来社会发展进一步完善。简而言之，立法上可对地下空间利用权的取得方式进行原则性概括规定，如对经营性的地下空间利用建设项目，采用"招、拍、挂"的公开竞价方式；对经营、公益混合性的地下空间利用建设项目，采用协议与划拨可选择方式；对公益性的地下空间利用建设项目，采用划拨方式等。

（三）我国地下空间利用权设定的规则及相关内容

我国在地下空间利用权取得规则构建方面，相比于其他先发国家及地区具有一定的优势，主要体现为：权属关系易明确，法律关系相对简洁明了和国家集体公共利益优先两大方面。前者理由在于我国地下空间利用权在设定取得时，要么地下空间没有任何其他权利负担，要么是地下空间所有权人保留了除既存建设用地使用权固有地表空间范围以外的地下空间所有权，因此在取得过程中，不会产生较大异议。后者原因在于地下空间利用权人要向地下空间所有权人国家或集体缴纳出让金，这可以最大限度地保护地下空间所有权人的利益。诚然，我国在构建地下空间利用权取得规则的法律制度过程中，即使既有条件存在一定优势，但也要充分重视做好解决一系列难题的准备，既要破除已有制度的障碍，也要面向未来，设计符合我国社会发展实际需要的制度模式。本书仅就比较集中的热点、难点问题予以研究探讨，并提出一定的制度设计构想。

1. 地下空间利用权空间范围的确定问题

诚如王利明教授在其《物权法草案建议稿》及《民法典草案建议稿》中，对地下空间利用权拟定的法定取得方式相同，[①] 由于我国土地所有权归国家和集体所有，空间所有权也应亦然。建设用地使用权人系依土地而取得地表上下固有空间的使用权，除此之外的地下空间，仍为国家或集体所有，地下空间利用权的取得，利用权人应单独或与建设用地使用权一并从国家、集体中取得相应的地下空间利用权，此为地下空间利用权的法定取得。至于同一地块建设用地使用权和地下空间利用权的空间范围具体划定问题，前文在地下空间利用权客体一节中已做阐述，在此不再赘述。

德国、日本以及我国台湾地区的民法所规定的普通地上权及于地表上下空间，在垂直范围内与土地所有权无异，而不管是次地上权抑或是区分地上权，很大程度上都是为了实现对地表上下空间的利用而制定。同时，德国的次地上权本身就是以地上权为客体而设立的，而日本在立法上间接承认了区分地上权可在普通地上权的范围内存在。因此，三者在立法上出于物尽其用和满足现实需要的考量，均突破了传统物权理论上的一物一权和排他性原则，即允许各用益物权客体范围重叠。此外，在范围重叠的情况下，是否会使普通地上权变成区分地上权？对此，有学者认为不会发生这种转变，因为设定在后的权利仅使设定在先的用益物权受到限制，并"于受限制范围内处于权利休眠或暂停状态，非因而消灭"，且这种转变的发生将有违用益物权当事人的意思。[②]

德国、日本及我国台湾地区基于对物尽其用原则均选择对私权作出限制，

---

① "建筑物之上或者地基之下的一定范围内的空间，建筑物所有权人享有利用权，但法律另有规定或者当事人另有约定有除外。土地使用权人、农村土地承包经营权人、宅基地使用权人依法取得权利的，应推定其对地表上下一定范围的空间享有利用权，但法律、法规另有规定或者当事人另有约定的除外。"王利明：《中国民法典草案建议稿及说明》，中国法制出版社2004年版，第133页。

② 参见谢在全：《民法物权论》（中册），中国政法大学出版社2011年版，第477页。

并在此基础上确立第三人同意权或在先物权优先两种不同规则，以缓和与传统物权理论的冲突。但是，我国社会发展及法制传统与前述国家及地区状况有所不同：首先，物权立法有着后发优势，在吸收域外先进经验的同时，积极回应现实的需求，因而对地下空间范围有着相对明确的规范，并通过出让合同的示范文本、登记制度等相配套。因此，在制度的建立背景上与德国、日本以及我国台湾地区三者的情况不同；其次，在公示公信原则下，登记制度既是维护不动产交易安全的重要方式，也为权利人利益的实现提供了强有力的支持；最后，在已设建设用地使用权的范围内，再为他人设定地下空间利用权，这种行为在客观上压缩了在先权利的范围，是对原有权利作出的额外限制。而我国土地及地下空间所有权归国家或集体所有，如果允许作为所有权人的国家或集体可以为地下空间作重叠性设定建设用地使用权或地下空间利用权，必将对在先设定的权利造成利用上的影响，极易导致以行政权僭越私权边界的不良倾向，与现代政府应保护私人产权的法治理念不符。[①] 因此，建设用地使用权的分层设立以权利范围不得重叠为前提，如土地登记簿上已记载建设用地使用权地下空间垂直范围的，土地所有权人同样不得在该垂直范围内再行设定地下空间利用权。

2. 地下空间利用权设定中权利在先者的同意问题

建设用地使用权设立后，在其权利所及范围外，可以再设立地下空间利用权。同样，土地（空间）所有权人国家也可以先设立地下空间利用权，再在其上方设立建设用地使用权，国家甚至可以在地下空间利用权设立后再在其上下空间设立其他地下空间利用权。无论设立顺序如何，两者设立的条件应大体一致。但有必要进行讨论的是对于新设立的地下空间利用权是否应该征得先设立的建设用地使用权人的同意的焦点问题。

比较法上，日本立法规定设定在先权利人对区分地上权的设立享有同意权，但需要注意的是其适用前提为已设物权与将设区分地上权的客体范围存在重叠，如果将要设定与已设物权的客体范围不存在重叠的，则无需取得其

<hr>

① 陈越鹏：《论土地立体开发的私法构造——从〈物权法〉第 136 条切入》，载《中山大学法律评论》2015 年第 2 期，第 154 页。

同意。① 我国台湾地区在民法物权编修正草案中，也曾规定第三人同意权，但在正式通过的修正案中，相关内容被删去。对该问题也存在肯定说与否定说两种观点。肯定说认为，在已有物权人权利范围外，所有权人仍可以自由为他人设定其他物权，但所有权人于先设定物权人权利范围内再设定物权的行为等于无权处分，后设定物权人在先设定物权人权利范围内，自然无法取得权利。② 有学者认为，"为促进土地之利用，在考虑当事人之衡平及利益下，应许土地所有人提供偿金，以取得第三人之同意，或谓：衡诸一切情事，可认第三人无正当理由而拒绝同意，可解为权利之滥用，应非所许。"③ 而否定说观点主张，在先权利人并不当然享有同意权，因为土地所有权人设定用益物权之后，并没有丧失其原有的处分权能，只是在设定后，土地上有限定物权作为负担或限制。④ 而且，"盖因普通地上权的范围虽然及于土地之上下但实际上就某些空间仅只是'形式上'占有，而非实质占有"，只要新设区分地上权的行使不对普通地上权造成妨碍的，两者可以同时并存。⑤

由此可见，持肯定说的学者系从传统民法物权理论出发，认为当出现将会造成权利范围重叠的情况，须经先权利人的同意方可设立，这是基础法学理论的必然要求。而持否定说的学者则主要是从强调所有权人的处分权、普通地上权人对空间利用的有限性等着手论证，此外，又因为在先权利人并无法定的同意权，所以应维护在先物权人的利益，强调在后物权的行使不得妨害在先物权以弥补该观点对先行权利人之保护不足。

我国《物权法》的规定与台湾地区相似，没有明文赋予权利在先人同意权，而且规定新设地下空间利用权不得损害已设的用益物权。笔者也赞同否定说观点，因为肯定说的假定前提是允许权利客体范围重叠，而我国不应当认可权利客体范围的重叠，故可避免持肯定说学者的疑虑。此外，根据登记

---

① 参见［日］我妻荣著、有泉亨补订：《我妻荣民法讲义 2 新订物权法》，罗丽译，中国法制出版社 2008 年版，第 400 页。

② 参见谢哲胜：《民法物权编区分地上权增订条文综合评析》，载《月旦法学杂志》2010年第 4 期，第 71 页。

③ 谢在全：《民法物权论》（中册），中国政法大学出版社 2011 年版，第 134 页。

④ 参见谢在全：《民法物权论》（中册），中国政法大学出版社 2011 年版，第 477 页。

⑤ 参见李淑明：《民法物权》（2010 年增补资料），元照出版公司 2010 年版，第235~236 页。

在先的不动产物权的效力优先于登记在后的原则，后设定权利不得损害在先权利是物权效力顺序的应有之义。因设立在先的建设用地使用权已受其合同约定的限制，其权利范围不可能大过于出让人，既然土地（空间）所有人已作出出让地下空间给地下空间利用权人的意思表示，那么就无须再征得设立在先的建设用地使用权人的同意，以减少分歧的出现。但是，需要注意的是，虽然无须征得建设用地使用权人的同意，但也应当及时履行告知义务，我国《物权法》第 91 条、136 条均对设立在先权利的保护进行了规定，在地下空间利用权的设定过程中均应依此履行。[①]

3. 划拨取得的地下空间利用权的相关问题

地下空间利用权可以通过划拨方式取得，我国对于建设用地使用权划拨的条件限制同样适用于地下空间利用权的取得，适用对象主要是具有公共利益性质的地下基础设施，如共同沟和专门人防工程。专门人防工程具有军事防备功能，其占用地下空间当属划拨的范围。需要注意的是，如果形式上虽属于人防工程，但实际系非由国家投资建设的人防地下室，也可以通过出让方式由利用权人有偿取得。

4. 地下空间利用权的出让年限问题

根据我国《国有土地使用权出让和转让暂行条例》第 12 条的规定，[②] 我国对于建设用地使用权的出让期限，是划分不同种类的土地使用权进行规定的，尚无单独对地下空间利用权的出让年限作出专门规定，笔者认为，地下空间利用权的出让年限宜采取与地表相同用途的建设项目的建设用地使用权相同的原则。如，市政道路、公共绿地、公共广场等地下空间利用权出让年限因用途不同而不同，地下商业项目的地下空间利用权出让年限一般不高于 40 年，地下车库的地下空间利用权出让年限一般不高于 40 年等，当然，利用权人享有期限届满后申请延长利用期限的优先权。

---

① 《物权法》第 91 条："不动产权利人挖掘土地、建造建筑物、铺设管线以及安装设备等，不得危及相邻不动产的安全。"第 136 条："……新设立的建设用地使用权，不得损害已设立的用益物权"。

② 《国有土地使用权出让和转让暂行条例》第 12 条："按照土地的不同用途，土地使用权出让的最高年限为：居住用地 70 年；工业用地 50 年；教育、科技、文化、卫生、体育用地 50 年；商业、旅游、娱乐用地 40 年；综合或者其他用地 50 年。每一块土地的实际使用年限，在最高年限内，由出让方和受让方双方商定。"

5. 地下空间利用权的出让金标准问题

对于地下空间利用权的出让金标准，应按属地原则而定，不宜搞一刀切，可按照分层利用、区别用途的原则，参照土地使用权出让金标准划定。如徐州市规定，依据基准地价，地下一层按 50% 收取，地下二层按 20% 收取，地下三层及三层以下免收。杭州市规定地下一层如用于商业、办公、娱乐、仓储等经营性用途的，按基准地价的 20% 收取；用于车位用途的，按 10% 收取；地下二层则不分用途一律按地下一层减半收取；依此类推。我国自然资源部 2010 年《关于加强房地产用地供应和监管有关问题的通知》中虽然对未如约按期缴纳土地出让成作出过责任规定，"已签合同不缴纳出让价款的，必须收回土地"，但此规定是针对房地产开发项目的，具有特别的针对性，也是为了根本杜绝土地出让后长期闲置现象的发生，而地下空间开发利用具有造价高、施工周期长、投资回收难等特点，因此地下空间利用权出让金缴纳的时限及额度应作具体分析。

综上，包括出让年限、出让金标准等有关我国地下空间利用权的取得的具体内容设计，应充分借鉴现行建设用地使用权有关规定，针对地下空间利用权在取得方式上要灵活采用出让和划拨相结合的方式，一方面建立健全公平竞价制度，不能一味价高者得，另一方面，全面考量地下空间利用开发建设工程的复杂性、高风险、高成本高、投资收报期长等因素，积极探索，稳妥有序，不能懈怠拖延，也不能操之过急。

二、我国地下空间利用权变动

权利的变动以权利的取得为先决条件，地下空间利用权的变动也同样如此。地下空间利用权的变动不外乎流转与消灭两个方面。我国《物权法》第 143 规定了建设用地使用权的流转方式，也依然适用于我国地下空间利用权的流转变动情形，包括了地下空间利用权运行中的转让、互换、出资、赠与或者抵押等具体法律行为。需要明确一点的是，也有学者将地下空间利用权的转让视为地下空间利用权取得方式之一，对于受让人来说并无不妥，但另一方面对于让与人来讲，又是行使其处分权的行为，由于转让更着重体现着权利的流转变动的特点，故笔者将其列为变动的情形之一，予以探讨。而至于地下空间利用权的消灭，既可以基于与其他物权消灭相同的原因，如标的物灭失、混同、公共征收等，也可以因其自身特殊原因而消灭。如存续期间届满、地下空间利用权的抛弃、地下空间利用权被终止以及约定的消灭事由出现等。以下就地下空间利用权变动制度构建中的普遍或典型问题作以探讨。

（一）域外地下空间利用权变动典型制度梳理

1. 地下空间利用权的转让

按照转让的标的组成不同，地下空间利用权转让可以区分为三种典型情况，具体为：第一种是对于地下空间利用权自身的转让；第二种是对于地下空间建造的建筑物或其他工作物连同地下空间利用权转让；第三种是建筑物或其他工作物与地下空间利用权分离而单独转让。

关于第一种情形，即地下空间利用权自身的转让问题，大多坚持契约自由原则。如《德国民法典》第 1012 条、《瑞士民法典》第 779 条的具体规定。日本的判例及学说均认可地下空间利用权可以转让。[①] 可见，地下空间利用权的转让是其作为物权的必然属性之一。

关于第二种情形，即地下空间建造的建筑物或其他工作物连同地下空间利用权转让的问题，属于地下空间利用权收益、处分权行使的重要方式和内容，理应被法律所允许。但就地下建造物转让是否应经土地所有人的同意。《德国地上权条例》第 7 条规定：土地所有人无充分理由拒绝同意的，地上权人得向土地所在地的简易法院申请判决以代替同意。而《日本借地借家法》第 19 条规定了可以许可代替借地人的同意，而我国台湾地区"民法典"第 838 条规定除契约另有规定或另有习惯外，地上权人得将其权利让与第三

---

① 《德国民法典》第 1012 条："土地得以此种方式设定其他权利，使因设定权利而享有利益的人，享有在土地的地上或地下设置工作物的可转让或可继承的权利。"《瑞士民法典》第 779 条："在土地上可设定役权，役权人有权在土地的地上或地下建造或维持建筑物"；"前款的权利，如无另行约定，可让与或继承。"[日] 我妻荣著：《日本物权法》，五南图书出版公司 1999 年版，第 340 页。

人。①

关于第三种情况，即建筑物或其他工作物与地下空间利用权分离而单独转让的问题，各国及地区法律传统不一，其立法旨意也有所不同。②《德国地上权条例》规定，依地下空间利用权建造的建筑物作为地下空间利用权的重要组成部分，应与地上权一起承担责任。因此，建筑物不得脱离地下空间利用权而单独让与。《日本民法典》规定，建筑物与土地为各自独立的不动产，地下空间利用权多附随建筑物或工作物而让与，但也得仅移转地上物而保留地上权，或仅移转地上权而保留地上物，或将二者一同移转。究竟采行何者，属于契约解释的问题。台湾地区规定地上权与其建筑物不得分离而转让。综上，各立法例虽然立足点不同，但其归结点还是一致的，即均认为两者原则上不得分离而让与。

2. 地下空间利用权的抵押

地下空间利用权既可以转让，也可以设置抵押，以担保债务的清偿。《日本民法典》第 369 条、我国台湾地区"民法典"第 882 条明确规定，地上权可得为抵押权的标的物，将地上权的转让与抵押问题作合并处理，将抵押权设定包括在"设定其他权利"之内。另外，地下空间利用权抵押后，于地下空间新增的建筑物或其他工作物，虽不能视之为抵押物，但基于两者分离拍卖可能产生的麻烦，法律一般规定，于必要时应将建筑物或其他工作物合并拍卖，但抵押权人对于新增建筑物或其他工作物拍卖所得的价金没有优先受偿权。③与地上权同理，地下空间利用权人也可以将其建造物或其他工作物用于设定抵押。

---

① 《德国地上权条例》第 7 条："土地所有人无充分理由拒绝同意的，地上权人得向土地所在地的简易法院申请判决以代替同意"；《日本借地借家法》第 19 条："遇此情形，法院可依借地权人的申请，以许可代替借地人的同意。但为平衡当事人的利益，法院可以命令变更以承租权转让或转租为条件的借地条件，或伴随许可命令作出财产给付。"我国台湾地区"民法典"第 838 条："地上权人，得将其权利让与他人。但契约另有订定或另有习惯者，不在此限。"

② 陈祥健：《空间地上权研究》，法律出版社 2009 年版，第 170 页。

③ 参见我国台湾地区"民法典"第 877 条："土地所有人于设定抵押权后，在抵押之土地上营造建筑物者，抵押权人于必要时，得于强制执行程序中声请法院将其建筑物与土地并付拍卖。但对于建筑物之价金，无优先受清偿之权。前项规定，于第八百六十六条第二项及第三项之情形，如抵押之不动产上，有该权利人或经其同意使用之人之建筑物者，准用之。"第 877~1 条："以建筑物设定抵押权者，于法院拍卖抵押物时，其抵押物存在所必要之权利得让与者，应并付拍卖。但抵押权人对于该权利卖得之价金，无优先受清偿之权。"

3. 地下空间利用权的抛弃

根据财产权抛弃自由原则，地下空间利用权人可以抛弃其先期取得的财产性权利的地下空间利用权。抛弃又因地下空间利用权的有偿还是无偿利用而产生两种不同情况，也受到地下空间利用权期限的影响。第一种情况，即无偿取得地下空间利用权的抛弃，相对于地下空间所有人而言应属无害，无论期限是否届满，地下空间利用权人可随时行使自由抛弃的权利。我国台湾地区"民法典"第834条专门就"未定期限"之地上权的抛弃作出如下规定"地上权未定有期限者，地上权人得随时抛弃其权利。但另有习惯者，不在此限。""前项抛弃，应向土地所有人以意思表示为之。"第二种情况，即有偿地下空间利用权的抛弃，由于受到地下空间利用权利用期限的影响，相对复杂一些。但在地上权立法初期似乎没有受到足够的重视。如《日本民法典》第268条第1项、我国台湾地区"民法典"第835条均规定，[①]无论是否定有期限，有偿取得的空间地上权都可以抛弃，但受到一定时间的通知期间限制。但实际上，有偿取得地下空间利用权的抛弃，对于是否有期限以及期限之长短，其对土地所有人的影响是不一样的。有学者对两种情况做了区分认为，一是有期限的地上权，非将剩余期间全部地租予以一次性支付的，不得抛弃地上权；二是没有期限的地上权，除另有习惯外，地上权人得随时抛弃其权利，但应于一年前通知土地所有人，或支付未到期的一年的地租。

4. 地下空间利用权的被动终止

地下空间利用权的被动终止与利用权人主动抛弃不同，通常系由地下土地所有人做出的意思表示。如地下空间利用权人欠地租达到一定额度或违反利用方式，均可构成土地空间所有人终止地下空间利用权的原因。[②]对于如何界定"一定额度"，《德国地上权条例》第9条第3款规定："地上权人支付迟延，以积欠地租达两年之总额以上者为限，得发生返还请求权。"该规定

---

① 《日本民法典》第268条第1项："未以设定行为定地上权存续期间者，无另外习惯时，地上权人可以随时抛弃其权利。但是，应支付地租者，应于一年前进行预告，或支付未届期限的一年分的地租。"我国台湾地区"民法典"第835条："地上权未定有期限，而有支付地租之约定者，地上权人抛弃权利时，应于一年前通知土地所有人，或支付未到期之一年分地租。"

② 此种情况，以往称为地上权的"撤销"。但是，法律行为被撤销，将导致该法律行为自始无效。而此处所谓的撤销，并无溯及效力，仅系向后发生消灭效力，性质上应为终止权。因此，为准确起见，此处改称为"终止"。

以"积欠地租达两年之总额以上"为要件，救济措施为行使"返还请求权"；《日本民法典》第 276 条规定："永佃权人，连续二年以上怠付佃租或受破产宣告时，土地所有人可以请求消灭永佃权。"《日本民法典》第 266 条第 1 款准用上述规定，以"连续二年以上怠付地租或受破产宣告"为要件，救济措施为"请求消灭地上权"。我国台湾地区"民法典"第 836 条规定了以"积欠地租达二年之总额"为要件，救济措施为"撤销地上权"。以上立法例中，我国台湾地区与德国所规定的要件相似，都以"积欠地租达二年之总额"为要件，而日本则以怠付地租行为"连续两年以上"为要件，而不问其欠租总额为多少。但是，这并不意味着空间所有人可以不经催告即得单方终止地下空间利用权。我国台湾地区"最高法院"1979 年台上字第 777 号民事判例就曾指出：即使承租人积欠租金达二年以上，土地所有权人也应给予一定的催告时间，超此催告期限后，方能终止。这一实务观点也得到台湾地区学者的认同。但是，日本学者的观点与此不同。我妻荣教授认为，地主的消灭请求，应理解为因对地上权人单独意思表示而产生效力。因此，这是一种解除乃至告知，"没有必要像第 541 条所规定情形那样，事先催告其交付地租"。① 田山辉明则认为，这种请求消灭的法律性质为告知。② 因此，尽管日本立法例所规定的救济措施为"请求消灭地上权"，表面上看，强制特征不明显，但由于未要求必须履行催告程序即得直接消灭地上权，说明其事实上的强制色彩更为浓厚，这实际上与地上权人怠付地租的主观恶意直接相关。因此，解释上认为土地所有人应当经催告后方可终止之，以给空间地上权人以补救的机会。可见，上述立法例侧重点不同。台湾学者王泽鉴认为，根据形成权理论，该地下空间利用权被动终止的意思表示来源于所有权人，无须以诉讼方式进行。③ 而且，该被动终止行为系以法律行为使不动产物权消灭，应认为未经注销登记，不发生消灭效力。

　　对于因违反约定的利用方式导致地下空间利用权被动终止的情形，《日本民法典》第 271 条仅针对永佃权作出"不得对土地施加可致永久损害的变更"

---

①　[日]我妻荣：《日本物权法》，五南图书出版公司 1999 年版，第 251 页。

②　[日]田山辉明：《物权法》增订本，法律出版社 2001 年版，第 204 页。

③　王泽鉴：《民法物权用益物权·占有》，中国政法大学出版社 2001 年版，第 46 页。

的规定。《瑞士民法典》第 779 条 F 规定："建筑权人粗暴地超越物权或违反约定的义务时，土地所有人有权请求收回建筑权连同其他权利及负担，以使建筑物提前归属自己。"这里所谓"粗暴地违反约定的义务"，显然包括了地下空间利用权人违反约定利用方式的情形。按照我妻荣的观点，对此，土地所有人可依据《日本民法典》第 541 条的规定，[①]请求其停止变更或回复土地原状，当地上权人不同意时，土地所有人可使地上权消灭。[②]诚然，如果当事人已就地下空间利用权的利用方式作出专门约定，而地下空间利用权人违反该约定，地下空间所有人当然有权进行阻止，经阻止无效的地下空间利用权即归于消灭，当属无异。

（二）我国地下空间利用权的流转

地下空间利用权作为一项私权利，在取得之后，可以根据当事人的意愿在平等的民事主体之间相互转让。地下空间利用权的流转变动必须符合一定的法律条件，才能保障权利人的利益，保障地下空间资源的合理有效利用。由于地下空间利用权转让占据着地下空间利用权变动中的基础地位，本书以地下空间利用权转让问题为着眼点，就地下空间利用权变动中的流转及消灭的重点环节提出一定的制度设计构想。

1. 地下空间利用权可否部分转让的问题

就我国地下空间利用权可否部分转让的问题，否定观点主张，因《物权法》没有明确规定建设用地使用权的部分转让，建设用地使用权人也不能就土地的地下空间进行处分，故地下空间利用权也不得进行部分处分。[③]而肯定观点认为，地下空间利用权可以通过出让方式取得，那么就可以全部让与或部分让与已取得的地下空间，《物权法》对此既未禁止，也符合物尽其用原则。[④]笔者在同意肯定说的同时，也注意到为了防止地下空间利用权人取得大范围地下空间利用权后，以"炒空间"为目的将其已取得的地下空间全部

---

① 《日本民法典》第 541 条规定："当事人一方不履行其债务时，相对人可以定相当期间，催告其履行于该期间内仍不履行时，相对人可以解除契约。"

② ［日］我妻荣：《日本物权法》，五南图书出版公司 1999 年版，第 351 页。

③ 杨立新：《物权法》，中国人民大学出版社 2009 年版，第 185 页。

④ 参见陈祥健：《空间地上权研究》，法律出版社 2009 年版，第 119 页。

或部分转让，那么应在转让价格上对其有所约束。同时，对地下空间界线在合同中予以明确，防止实际履行时，因界线不明而发生不必要的纠纷。地下空间利用权部分转让后不得随意改变受让地下空间的用途，确需变更用途的，应当依法获得地下空间所有权人同意并经有关行政主管部门批准。

2.建设用地使用权人可否自行在其地下空间范围内再行设定地下空间利用权的问题

对此，学界同样存在肯定说和否定说两种观点。持肯定说学者认为，建设用地使用权人对自己权利的处分并没有违反"任何人不得处分大于自己的权利"的民法原则，并且允许其再行设定地下空间利用权有利于空间的多层次充分利用，符合物权法上物尽其用的理念。[①] 如前所述，德国民法上的次地上权制度为我们提供了可资借鉴的经验。[②] 持否定说主张，我国实行土地公有制，若允许建设用地使用权人在其地下空间再行设立地下空间利用权就会出现地下空间利用权部分是从国家处取得，部分是从建设用地使用权人处取得的现象。[③] 由于两者权源不同，取得方式不同，所取得的地下空间利用权的效力与性质也存在异议，因此极易导致混乱。地下空间利用权一律从所有权人处取得，既可以避免不必要的麻烦，又可以与建设用地使用权的取得方式相统一。就我国的实际情况而言，根据《物权法》第40条和第135条的规定可见，[④] 建设用地使用权人对土地的"使用"也仅限于建造行为，并不涉及为他人设定其他种用益物权。为避免资源浪费，地下空间闲置，建设用地使用权人可通过建设用地使用权部分转让的形式发挥未利用地下空间的价值，而没有必要转让并设立与其不同类型的"次地下空间利用权"。

诚然，次地上权的创制有其社会、历史背景，是对原有制度形成路径依

---

① 参见田野：《论空间权》，载于《上海大学学报》（社会科学版）2002年第5期。

② "次地上权人根据其权利，支配地上权人支配范围内指定土地的地表或者地表的上下空间，或者仅仅只是支配不连接土地地表的上层空间或者下层空间。"孙宪忠：《德国当代物权法》，法律出版社1997年版，第228页。

③ 参见彭诚信、臧彦：《空间权若干问题在物权立法中的体现》，载《吉林大学社会科学学报》2002年第3期。

④ 《物权法》第40条："所有权人有权在自己的不动产或者动产上设立用益物权和担保物权"；第135条："建设用地使用权人依法对国家所有的土地享有占有、使用和收益的权利，有权利用该土地建造建筑物、构筑物及其附属设施。"

赖的产物，也是在地下空间利用需求推动下发生制度变迁的结果，但是，依我国物权法定原则，次地上权制度与我国现行法律存在较大冲突，并不兼容于我国既有物权制度，并非是解决空间利用问题的首选。而建设用地使用权的转让为我国物权制度所允许，且有着较为完善的规定，[①]坚持不大范围修改法律的前提下适用，比重构次地下空间利用权制度成本更低、风险更小。[②]两者区别可见表 4.2

表 4.2 次地上权与建设用地使用权部分转让的比较

	设立次地上权	建设用地使用权的部分转让
制度背景	地上权人的法律地位与土地所有权人类似	建设用地使用权人对土地的使用限于建造
制度功能	为权利人提供对特定空间修建、保有建筑物等的物权基础	大体相同
法律关系	较为复杂	简明、清晰
兼容程度	低	高

笔者认为，将地下空间利用权设立的目的充分发挥出来并没有错，也不该受到法律的否定评价。但是，根据现阶段我国的社会发展需要和水平，为发挥我国地下空间利用权的权利简单明晰的优势，不应过分追求权利设立的多样化，否定说更为适合我国现阶段的制度设置理念，另外，不允许地下建设用地使用权人再行设立地下空间利用权，并不妨碍其实现地下空间利用效率最大化的目的，完全可以通过前述的建设用地使用权部分转让途径得以实现。

3. 地下空间利用权和建设用地使用权之间的优先购买权问题

我国《物权法》规定了建设用地使用权可以分层设定，与地下空间利用权之间是相互独立的，若地下空间利用权人在行使权利过程中，遇到与其相邻的建设用地使用权人打算部分或全部转让其建设用地使用权时，地下空间

---

① 参见《物权法》第 143~147 条、《城市房地产管理法》第 37~44 条。
② 陈越鹏：《论土地立体开发的私法构造——从〈物权法〉第 136 条切入》，载《中山大学法律评论》2015 年第 2 期，第 160 页。

利用权人可否享有优先购买权的问题。对此，存在肯定说和否定说的观点。否定说观点主张如果建设用地使用权人同时取得了地下空间利用权，那么将上下土地空间整体设计建造工程也是可以被允许的，但倘若赋予纵向范围上二者之间的优先购买权，那么对于涉及横向上的二间权利是否也享有优先购买权，又将如何解释，将产生不必要的纷争。肯定说认为，虽然物权效力应依设定先后而定，但法律上之所以确立优先购买权，其用意乃在于避免使房屋不动产所有权与土地所有权或使用权异其主体，出现法律关系复杂化局面。而在现实中，最有可能也最有必要避免出现上述复杂局面的是，对他人土地上的房屋享有自己所有权的情形，唯此情形，赋予其不动产优先购买权的立法价值才能得到体现。[①] 笔者认为，在建设用地使用权流转中，为促进土地的利用效率，减少矛盾冲突，赋予建设用地使用权人享有优先购买权是可以的，正如我国台湾学者温丰文所举一例，甲将地出典于乙，乙在甲地上建筑房屋后，将房屋出典于丙，甲地也因之转典于丙。当甲出售土地时，按理可由乙主张优先购买权。但乙若未建筑房屋，而甲地转典于丙，由丙在甲地上建筑房屋时，则应由丙享有优先购买权较妥。[②] 地下空间利用权流转中的优先购买权同样应受到该理性限制，即地下空间利用权人享有优先购买权，也必须以在与其相邻的建设用地使用权地下空间范围内有实际利用的建造物为限，如果仅为相邻却未有建造物者，自然也无法当然享有优先购买权，这也是对否定说的一种回应。

4. 地下空间利用权流转中的合理限制问题

因地下空间利用权的行使，受到地下空间资源稀缺性的制约，有的还涉及国家安全或公共利益，故对其流转应作出必要限制，以最大程度地发挥其权利功能，避免利用不当造成损害。一是经划拨取得的地下空间利用权不得转让。我国《城镇国有土地使用权出让和转让暂行条例》第44条规定，通过划拨方式取得的国有土地使用权原则上不得转让，同理，经划拨方式取得的地下空间利用权，除非补交出让金或满足其他法定条件的，原则上也不得转

---

① 陈祥健：《空间地上权研究》，法律出版社 2009 年版，第 174~175 页。
② 温丰文：《论不动产登记——以探讨民法物权编修正草案之规定为主》，载《月旦法学杂志》（第 68 期），元照出版公司 2006 年版，第 307~308 页。

让。二是经出让取得的地下空间利用权可以依法转让，但必须遵守相应的法定程序，而且对于地下空间的设定条件要严格于普通的建设用地或农用地的转让程序，必须经过先行探测勘察，符合开发利用性能的地下空间才能进入流通领域。① 三是地下空间利用权流转应受《物权法》约束。依法取得地下空间利用权的当事人，还可以通过抵押、出租等方式实现地下空间利用权的使用价值。

（三）我国地下空间利用权的消灭

地下空间利用权的消灭同样属于地下空间利用权变动的情形之一，并不因为其不像取得与转让那么因纠纷频发而引人关注，而被立法所遗忘，恰恰只有对消灭制度予以较为完善的设计，方能体现立法的体系性和完整性，也为新一次的取得和转让奠定基础，在地下空间利用权消灭的制度设计中同样存在诸多值得重视的问题，在此，笔者选取其中较具代表性的问题予以简要探讨。

1. 导致地下空间利用权消灭的原因问题

消灭是一项民事权利终结的形态，面对足以导致地下空间利用权消灭的原因应分别设置，如：一是权利期限届满。若存续期限届满后，那么除非续期，否则即消灭。二是地下空间利用需求丧失。当地下空间不具备继续利用的条件时，如因地质变化原因等，地下空间利用权可以经解除申请及注销后消灭。三是合同履行期间提前终止。可以是双方当事人协商一致解除，也可因违约而解除，解除后合同自行终止时，地下空间利用权归于消灭。四是因国家征用或提前收回而消灭。地下空间所有权人可以根据国计民生、社会发展和公共利益的需要，在合同有效的期限内，对地下空间利用权予以征用或者提前收回，但是应该给予地下空间利用权人适当的补偿。

2. 对于地下空间利用权人于期限届满后仍继续利用，而出让人未作反对表示的情形的问题

对此，我国《物权法》第 149 条区分住宅与非住宅建设用地使用权而有

---

① 参见邢鸿飞：《论城市地下空间权的若干问题》，载《南京社会科学》2011 年第 8 期，第 109 页。

不同规定。住宅型期限届满自动续期，非住宅型非经批准，不能自动续期。而地下空间利用权期限届满之后，应采用申请续期，经批准，可延长期限的方式。由于其不同于住宅型建设用地使用权，故可采用《城市房地产管理法》中，土地使用者需要继续使用土地的，"应当至迟于届满前一年申请续期"的方式，给予地下空间利用权人一定的申请期限，所有人未作反对表示的，应视为不定期利用关系。这样既能避免造成地下空间利用权突袭性消灭，也不致于使利用关系处于不稳定的状态。

3. 因不可抗力导致地下空间利用权消灭，如何处理的问题

如发生地震等不可抗力，致使地质结构发生变化，地下空间虽可继续利用，但危险性极大，导致根本无法达到原来利用地下空间目的，且情势不可逆转，那么制度上不能苛求待实际损害结果发生后，才允许地下空间利用权人抛弃权利，这样的话，必将对地下空间利用权人造成权利义务失衡的后果。在此情形下，无论是否有偿取得，是否有期限限制，制度上均应当允许地下空间利用权人抛弃其权利，而对地下空间利用权的消灭不负任何赔偿责任。如果地下空间利用权人已先期缴纳了出让金或租金等费用尚有余额，可主张所有权人返还或请求置换其他地下空间，此立法目的在于鼓励和保障地下空间利用权人的投资开发积极性。后文对此还会展开论述。

三、我国地下空间利用权登记

地下空间利用权作为一种用益物权，必须按照物权取得与变动的基本原则，通过不动产物权登记公示对外彰显权利的存在及变动，完成地下空间利用权的登记确认程序，方能使地下空间利用权具有物权法上的物权效力。[①] 现今地方性法规和规章在这方面发挥了一定作用，[②] 可以相信将地下空间利用权登记纳入全国性不动产统一登记范围之内也会水到渠成。

[①] R. Jerome Pfister, Air space, A New Dimension in Property Law, University Illinois Law Forum(1960), p.304.

[②] 如《杭州市土地登记办法》将以往传统的宗地概念从地表延伸至地上、地下，使宗地由平面概念转为立体空间概念，《办法》确定了地上和地下建设用地使用权可以进行初始登记，空间建设用地使用权按照分层划宗、分层登记的原则进行建设用地使用权初始登记。

（一）我国地下空间利用权登记的效力

地下空间利用权登记，是指法律规定的有权登记机关对当事人取得的地下空间利用权权属现状及变更状况在专属簿册上予以记载并向权利人颁发权利证书的一种法律行为。房地产管理部门通过审查和确认地下空间利用权的权利人、权利的性质、权利来源、取得时间、变化情况和地下空间利用权的面积、结构、用途、价值、等级、坐落、坐标、形状等，从而在专门的簿册中对地下空间利用权和其他权利进行记载，并设置登记册，按编号对登记事项作全面记载。地下空间利用权登记程序是国家为健全法制，加强城镇地下空间利用权管理，依法确认地下空间利用权的法定手续。经过登记的地下空间利用权，受国家法律保护，任何单位和个人不得侵犯。地下空间利用权登记的主体包括登记机关和登记申请人。登记机关为市县的土地管理部门和房产管理部门，登记申请人为地下空间利用权人、地下空间利用权变更后的当事人或者与地下空间利用权有利害关系的人。[①]

地下空间利用权登记的效力，是指法律赋予地下空间利用权权属登记的强制力。但地下空间利用权权属登记的效力如何，世界各国立法规定有所不同，大致上存在三种模式。德国法模式、托伦斯模式（地券交付模式）、法国法模式。前两种可称为成立要件主义，对于债权行为之外独立存在物权行为的观点持肯定态度，以登记作为物权变动的要件。即物权变动要发生法律效力，不仅需要当事人的合意，而且需要登记完毕。登记机关对房地产物权变动有实质审查的权限，登记有公信力，即使登记簿上的房地产物权关系在实体法上不成立或无效，也不得用来对抗善意第三人。该模式的优点是安全性强，缺点是效率性差。瑞士及我国台湾地区等在不同程度上采用该模式。另一类称作对抗要件主义，法国法模式属于此类，其否认物权行为独立存在，登记作为公示不动产权利状态的方法，只是对抗第三人的要件。该模式强调房地产物权变动仅以当事人合意即可成立，登记只是使已经生效的房地产变动可以对抗第三人。此种模式简便易行，有利于提高交易效率，但不利于交易安全。法国、意大利、日本等国采用该模式。

[①] 参见魏秀玲：《中国地下空间使用权法律问题研究》，厦门大学出版社 2011 年版，第75~76 页。

我国《物权法》第 9 条、第 14 条、第 158 条以及《土地管理法》第 9 条、第 11 条、《土地登记规则》第 25 条、《城镇国有土地使用权出让和转让暂行条例》第 16 条、《城市房地产管理法》第 60 条、第 61 条、《城市房屋产权产籍管理暂行办法》第 18 条的规定，^①业已形成较为完整的不动产登记模式规定，即我国土地登记制度系采取以登记成立要件主义为原则，登记对抗主义、登记处分主义为补充。我国地下空间利用权作为一项用益物权，当然要遵循上述原则，将该规则类推适用我国地下空间利用权登记，并无大碍，我国应将地下空间利用权登记作为地下空间利用权取得与变动的成立要件，只有登记后的地下空间利用权，才具有法律效力。

地下空间利用权登记，可以说贯穿于地下空间利用权的设立、转让、变更和消灭全过程，因此，地下空间利用权确认登记，具有产权确认、产权公示和产权管理的等功能。科学认识地下空间利用权登记的功能，对有效开展地下空间利用权确认登记有着重要意义。其一，产权确认功能，表现为地下空间利用权登记具有依靠国家强制力来确认地下空间利用权的权属形状，赋予地下空间利用权以私法上和公法上全方位的法律效力功能，可以将不动产的公示公信功能发挥完全。其二，产权公示功能，表现为地下空间利用权登记具有将地下空间利用权的事实向社会公开，用以标示地下空间利用权流转

---

　　① 《土地管理法》第 9 条："集体所有的土地，由县级人民政府登记造册，核发证书，确认所有权；全民所有制单位、集体所有制单位和个人依法使用的国有土地，由县级以上地方人民政府登记造册，核发证书，确认使用权。"第 11 条："依法改变土地的所有权，必须办理土地权属变更登记手续，更换证书。"《土地登记规则》第 25 条："不经变更登记的土地使用权、所有权及他项权利的转移，属于非法转让，不具有法律效力。"《城镇国有土地使用权出让和转让暂行条例》第 16 条："土地使用者在支付全部土地使用权出让金后，应当依照规定办理登记，领取土地使用证，取得土地使用权。"《城市房地产管理法》第 60 条："以出让或划拨方式取得土地使用权，应当向县级以上地方人民政府土地管理部门申请登记，经县级以上地方人民政府土地管理部门核实，由同级人民政府颁发土地使用权证书。在依法取得的房地产开发用地上建成房屋的，应当凭土地使用权证书向县级以上地方人民政府房产管理部门申请登记，由县级以上地方人民政府房产管理部门核实并颁发房屋所有权证书。房地产转让或变更时，应当向县级以上地方人民政府房产管理部门申请变更登记，并凭变更后的房屋所有权证书向同级人民政府土地管理部门申请土地使用权变更登记，经同级人民政府土地管理部门核实，由同级人民政府更换或更改土地使用权证书。法律另有规定的，依照有关的法律规定办理。"第 61 条："房地产抵押时，应当向县级以上地方人民政府规定的部门办理抵押登记。因处分抵押房地产而取得土地使用权和房屋所有权的，应当依照规定办理过户登记。"《城市房屋产权产籍管理暂行办法》第 18 条："凡未按照本办法申请并办理房屋产权登记的，其房屋产权的取得、转移、变更和他项权利的设定，均为无效。"

的功能。地下空间利用权在通过权利登记公示以后，就能产生法律上的公信效力，可以用来对抗第三人。地下空间利用权登记，使权利变动的事实向社会公开，一方面可以减少无权处分他人房地产的行为，保护真正的权利人；另一方面也使交易的相对人了解房地产上的权利状态。其三，产权管理功能，表现为体现国家意志的功能，利于国家对于地下空间规模和权属的整体把握。

（二）我国地下空间利用权登记的种类

从登记的形式和程序来看，我国地下空间利用权登记有必要设计为初始登记、转移登记、变更登记、抵押租赁登记和注销登记五大种类。第一类，初始登记，即最初取得地下空间利用权进行的登记。初始登记分地下空间利用权的初始登记和地下空间中建造物所有权的登记。一般先进行地下空间利用权的初始登记，待建造物及附着物竣工验收后，再进行相应的所有权登记。如原来未进行地下空间利用权初始登记的，则这两种登记可一并进行。具体而言，我国地下空间利用权的初始登记，不仅应记载地下空间利用权人的自然情况、联络信息，还要包括地下空间用途、三维空间坐标、范围、权属界限、地下空间出让金或租金等必要内容。第二类，变更登记，指地下空间利用权并未发生实质性的变动，仅利用权项下的建造物、附着物本身发生变动，如扩建及拆除部分或地下空间利用权人姓名更改而引起变化的，应属变更登记内容。再如，地下空间利用权依法转让后，就需要进行变更登记。一方面要对之前地下空间利用权登记的空间范围作出变更，另一方面需要对转让的地下空间利用权的权利人作出变更，还需要把转让的地下空间利用权空间范围登记在不动产登记簿上。第三类，转移登记，指已登记的地下空间利用权及其上、下之建造物、附着物使用权发生实质性变动时，如买卖、赠与、交换等，需要办理转移登记，并更换地下空间利用权证书。第四类，抵押租赁登记，指地下空间利用权人在关联房地产上设定抵押、租赁等他物权或债权时应办理相关登记。第五类，注销登记，如遗失登记、消灭登记。凡地下空间利用权证书遗失或消失的，应及时登报声明作废，并向登记机关报失，申请补发。如前所述，在地下空间利用权消灭后，符合办理注销登记的，也必须办理注销登记，使权利终止完整化。

（三）我国地下空间利用权登记的方式

众所周知，地下空间是一个三维空间，平面范围登记与不动产现行登记方式并无二致，地下空间利用权登记的独特地方也是难点所在，是对于地下空间深度的起止点的认定问题，我国现行法律并没有给出一个标准的解答，如果直接以地表作为起算点，虽然看似简单易行，但必然影响到地表权利的行使，从这方面讲是行不通的，但是，起算点也必须是一个较为固定的不易变化的点。^①对其测量基准一般有三种：平均海平面、不易变更的特定点或者已建成的层别，^②我国台湾地区则以是否建成有建造物区分为当事人设定参考点或层级方式两种确定方式。^③2008年4月29日，我国原国土资源部、国家工商行政管理总局制定了《国有建设用地使用权出让合同》示范文本，明确指出出让宗地空间范围是以平面界址点所构成的垂直面和上、下界限高程平面封闭形成的空间范围。2008年4月3日，国土资源部《关于印发〈国有建设用地划拨决定书〉的通知》也进行了类似规定。^④笔者认为，在我国确定地下空间利用权空间范围时，对于地下空间深度的基准确定还应视具体情况而定，方式并不唯一。具体可作如下区分：如果地下空间所属地表之上已建有建造物，那么以层别确定最为合适；如果地下空间的利用是需要与原地表之上依建设用地使用权而建的建造物结合而利用，那么即使对该地下空间的建造物不必单独登记，但也应按层别予以标注，而当遇到建设用地使用权与地下空间利用权不因结合建设的情形而需要分别登记时，该层别规则也可适用；

①　因为地表的高低容易受到外界的影响而发生变化，如果确定某地地下空间的深度为地表以下10米至地下30米，并在登记簿中予以记载于，那么如果一段时间后这块地表因为沙石堆积涨高了5米，那么对同一块地下空间的描述就需要更改为地下15米至地下35米，否则，权利标的就会发生变化，这样会给地下空间登记管理和权利公示造成障碍。参见远畅：《我国城市地下空间利用法律问题研究》，中央财经大学2012年硕士学位论文，第30页。

②　参见吴珮君：《区分地上权之探讨——以物权编修正草案为中心》，载《铭传大学法学论丛》2011年第15期。

③　我国台湾地区所谓"内政部"在其（87）内地字第8796413号函中曾提出，地下空间上下范围的确定方式可有两种：一般而言，由当事人设立一固定参考点并妥为保存，作为设定空间范围高程之基准，地政机关应于相关位置上注明参考点；若有建物，得以该建物之某楼层或其上方特定空间之范围为标的。马栩生：《论城市地下空间权及其物权法构建》，载《法商研究》2010年第3期，第89页。

④　马栩生：《论城市地下空间权及其物权法构建》，载《法商研究》2010年第3期，第89页。

对于地表没有建造物的地下空间深度，应以该地域近地表不易变更的特定点作为基准参考点，而对于地域的选择，可以采用于一定级别的行政区划而定。总之，在现行不动产登记规则制度范围内，只须加载深度范围登记，即可完善对于地下空间利用权的登记，达到对地下空间立体权利的承认和保护，未来随着技术条件发展的允许，可在登记中载明地下空间利用的立体三维图形，现场录像等电子信息。对于地下空间权利登记的载体方式的选择，也应置备更利于公示效用的计算机网络登记方式，实现跨越式发展，而不是在从原来的登记薄式开始，逐步在过渡到电子化式登记。这一点已经在日本地下深层空间使用权登记发展过程中得到启示。① 我国在构建地下空间利用权登记的理论障碍基本消除，载体选择上更应向信息化、网络化发展。

如前文相呼应，在前文案例1.1——1.5的五则案例中，均可充分说明通过登记可以设立独立的地下空间利用权，也最利于对地下空间利用权人的权利保护，最易于实现定分止争的效果。虽然我国《不动产登记暂行条例》并没有明确规定地下空间利用权的登记问题，但可以明确的是，建设用地使用权人在地表所拥有的"地下空间利用权"仅限于批准建设的建筑物、附着物自身所涉及的空间领域。对地表建筑基础之外的空间，土地、空间所有权人仍然可以依法将其出让或作为公共空间进行开发利用，形成独立的地下空间利用权。进一步讲，同一区域内的土地建设用地使用权和地下空间利用权可以由同一权利人同时申请，分别设立，也可以由不同的权利人先后申请，分别设立，地下空间利用权的设立与建设用地使用权设立相同，应通过相应的法定登记程序予以确认。例如，对地下车位如何进行登记而言，应根据其自身特点注意如下区分：1.区分地下车位范围。地下空间利用权与建设用地使用权应分别登记，地下车位属于地下空间利用权范围内在利用建设前进行登记，与地上建筑物、附着物自身所涉及的空间相区分，但并不否定两者登记时间

① 由于日本地下的区分地上权可以通过在不动产登记簿上进行登记来公示这一权利的存在，而地下使用权作为公用并限于公用而赋予基建单位公法上的权利，因而与以公示私法上的权利为目的的登记制度格格不入，不能进行登记。但是，这会造成同一条隧道设定了地下区分地上权的部分可以登记公示，而地下使用权部分就不能通过登记公示的不统一状况。[日]平松弘光：《日本地下深层空间利用的法律问题》，陆庆胜译，载《政治与法律》2003年第2期，第154页。

的同一性和两者首次权利人（开发商）的一体性。2.区分地下车位配置。因《物权法》对于地下车位规定"应当首先满足业主的需要"，尽管地下车位可以单独登记，但在与销售同建筑区划内住宅时，应将地下车位所占空间面积是否纳入住宅公摊面积或住宅均价及配置比例标准、销售方式等情况进行公示，并在地下车位权属证书上标注是法定车位（配置比例标准内）还是增设车位（配置比例标准以外）。转让、出租地下车位时，应在建筑区划内公示，保证建筑区划内业主优先权的实现。在办理转移登记时，应提交已购地上住宅的所有权证书。3.区分登记方式。确权登记可以有两种形式：一种是以整体办理车位登记，另外一种是按业主分别确权登记的形式。无论哪种方式，都应注意明确地下车位的位置、数量、面积、四界范围。4.区分用途登记。即如前文所述的三类标准，例如对于人防工程改建的地下车位，可在权属证书上要标明"平战结合人防工程，使用和管理应遵守相关法律、法规"字样即可。综上，通过权属的独立登记公示可以最大效能地减少因地下车位交易权属不清造成的纠纷，从经济成本来讲，这也是运用地下空间利用权制度规范地下车位权属交易的优势所在。[①]

（四）我国地下空间利用权登记的程序

地下空间利用权的登记管理一般由空籍（地下空间产籍）和房籍（地下空间建造物产籍）两大部分构成，是两者的有机结合体。地下空间利用权的产籍，通常是指在经常性的地下空间利用权产权申报登记和测绘过程中，经过整理、加工、分类而形成的各种图、表、卡、册、证件和其他档案资料的总称。[②]其应比照地籍管理制度进行设计。现代的地籍一般包括土地产权的登记、土地分类面积、土地等级、土地的自然状况、社会经济状况和法律状况的记载等。地籍管理是地籍调查、土地登记、土地统计等构成的工作系统，是土地管理的重要组成部分。房籍是指国家房地产主管部门对房屋及其产权进行登记管理，记录其存在、所属、时间特征、产权关系，以及登记之后所

---

① 贾宏斌：《论我国地下空间利用权之构建——以地下车位权属交易为视角》，载《西安电子科技大学学报（社会科学版）》2015年第5期，第79页。
② 参见魏秀玲：《中国地下空间使用权法律问题研究》，厦门大学出版社2011年版，第65页。

形成的各种文件资料的总称。在我国地下空间利用权的产籍管理中，空籍和房籍自然要包括房屋的产权档案、空籍图纸以及账册、表、卡等各种反映房屋产权历史和现状的资料，并通过图形、文字记载、原始证件、档案、卡片、簿册等记录资料，来反映产权状况、房屋现状及地下空间利用等情况。地下空间利用权确认登记的程序一般要有登记申请和受理、勘丈绘图、产权审查、绘制权证、税费发证五个阶段。第一，登记申请和受理。申请登记是地下空间利用权人在规定的期限以内向登记主管机关提交申请书及有关证件申请物权登记。受理登记申请，检验申请人持有的证件真实合法性，是整个地下空间利用权属登记的基础，也是地下空间利用权权属登记的第一道程序。第二，勘丈绘图。勘丈绘图是对已申请地下空间利用权权属登记的空间范围以及建筑物、构筑物等，依据申请通过实地勘察，测量空间，核实利用权属情况，绘制地下空间、建造物图纸，为后续登记提供基础保障。第三，产权审核。属于事后确认环节，对地下空间利用权的取得及变动情况依法进行核实，发现违法违规之处，必然剔除登记范围。第四，绘制权证。经审核通过的地下空间利用权权属及建造物产权、准予核发地下空间利用权权属证书。第五，税费发证。登记确认的最后步骤应系缴费发证。这一程序中至少要包括征税、收费和发证环节。经发证机关检验无误后，对符合法律、法规和政策，证件齐全、手续完备的登记申请人登记注册，核发地下空间利用权证书及建造物产权证书。

（五）我国地下空间利用权登记的异议

对已确认的地下空间利用权，受法律的保护，其登记确认的结果应当与当事人依法享有的权利相对应，不容他人随意质疑，这是登记审查确认的公信力之所在。但在实践中，不可否认存在已登记确认的地下空间利用权与实际权利人享有的权利不相符合的情形，这种确认瑕疵的存在，必然使得真正权利人的权益受损，因此，为了维护真正权利人和利害关系人的合法权益，各国法律制度都设置了对确认结果的异议制度，保障利益相关方的权利救济。根据异议的内容不同，我国对于地下空间利用权登记过程中，经认定异议成立的，可采用更正登记和异议登记两种方式予以纠正。更正登记是对已登记确认的地下空间利用权相关事项若存有登记错误或疏漏申请的，可以进行改正补充。这种申请的提出，既可以是当事人自行申请提出，由地下空间利用权确认机关审查后予以补正，也可以是地下空间利用权确认机关依职权主动进行更正补正。异议登记则是指地下空间利用权的真正权利人及利害关系人对已确认的地下空间利用权的正确性存有异议，要求确认机关重新审查确认。其异议申请的提出，将导致已登记确认的地下空间利用权暂时中断其公信力的结果。因此，对异议登记必须在时间上、权利行使上加以限制——申请人在异议登记之日起一定天数时间内未向人民法院起诉的，异议登记失效。权利人对于滥用异议权的行为造成其损害的，有权向申请人请求赔偿损失。

综上，我国地下空间利用权的运行具有一定的公法色彩，其公法色彩主要体现为受到一定行政管理规划职能的制约，伴随着同样具有公法色彩的不动产登记制度，可谓可伴相生，地下空间利用权只有通过不动产登记，才能体现对其权利确认，并产生公示公信，进而保证权利人对地下空间的利用具有合法性、排他性及权利完整性。在现代法治进程中，由于私法体系的包容性、开放性和物权登记技术的日臻完善，作为旨在为地下空间利用权私权利提供公法性保护的重要形式之一的不动产登记制度，成为地下空间利用权法律制度构建的内容，当属历史的、逻辑的必然。

本章小结

根据地下空间开发利用的实践需要，有必要在静态权利法律关系形象的基础上对其权利运行的动态发展作出合理构建，以使得我国地下空间利用权制度构建得以圆满。毋庸置疑，地下空间利用权是从地下空间所有权权能中让渡出来的权能，在我国地下空间所有权主体处于恒定状态的情况下，我国地下空间利用权取得并不同于自物权取得和变动那么单一，而具有用益物权取得和变动的多样性特征，对于地下空间利用取得与变动的运行制度构建，同样需要通过对于域外发达国家及地区的立法代表例进行借鉴分析，从而提炼出适用我国国情发展实际需要的地下空间利用权取得、变动、公示所应遵循的具体规则，并结合我国立法实践基础，梳理并致力于化解地下空间开发利用过程中集中出现的问题与矛盾，为土地平面开发到立体利用提供必要的理论和立法支持。

任何立法规则都无法囊括现实中发生的全部情形，也无法预计到所有的纠纷情形，笔者在对我国地下空间利用权取得与变动提出普遍性规则构想和建议的基础之上，选取出一定的实践中时常发生的，理论上存在争议分歧的，适宜使用地下空间利用权化解并规范的具有典型代表性的问题进行着重阐述，一定程度上澄清了理论上对于地下空间利用权取得、变动制度构建的模糊之处，丰富了地下空间利用权运行的内容，展现了地下空间利用权鲜活的生命力。

诚然，依据物权公示公信原则，地下空间利用权作为用益物权之一种，其权利取得和变动，只有通过不动产物权登记程序方能对外彰显物权效力。构建合适的地下空间利用权登记规则规范，不仅是地下空间利用权区别于其他一般民事权利构建的特殊内容之一，也是实现地下空间利用权独立用益物权功能的要义所在。对于我国地下空间利用权登记的效力、种类、方式、程序、异议进行制度构建，符合现代法治公示公信理念的发展趋势，也是公、私法相衔接、协调以共同维护地下空间利用权人利益的本质要求。

第五章　我国地下空间利用权运行环境的再造

前文对于地下空间利用权制度在私法体系内的运行阐述了相关构建设想，进一步讲，将地下空间利用权定义为一种用益物权，其权利行使亦不能脱离与公共权力运行环境的协调配合，"私权觉醒不意味着私欲膨胀，私权保护也不意味着矫枉、放纵。"我国地下空间开发利用是一个功在当代，利在千秋的浩大工程，如何扬长避短加速其发展，不仅需要对其进行私法上的规范，也需要予以公法上的规制，更需要满足司法适用中的需求。因此，对于我国地下空间利用权的运行环境考量也是地卜空间利用权制度构建中不可或缺的重要一环。

一、我国地下空间利用权运行的规制缓和

在大规模利用地下空间普遍是以公共利益为出发点，我国地下空间利用权制度的顺利实施也离不开涉及公共权力的制度规制。① 但这种公共权力规制并不是强制的，应当是一种缓和性的规制。所谓规制缓和就是放松限制，减少限制。从上世纪七八十年代开始，世界掀起了一股规制缓和的潮流，到90年代后期，随着金融、航空、电气、煤气等自由化的实施，规制缓和达到了顶点。我国也没有远离这股潮流，多年来进行的行政审批制度改革就是其重要表现，《行政许可法》的颁布，使我国公权力的规制缓和上升到一个新的程度，并确立一个新的起点。在地下空间利用权制度外部运行环境的再造中，

---

　　① "规制"是一个被我国法学界借鉴且经常使用的源自日语的词汇。其含义是："为应付可预测的不良事态而实施的限制，或有关该限制的规定。"金田一京助等编：《新民解国语辞典》，三省堂出版社1999年版，第320页。

规制缓和比较突出表现为两个面向，其一为公共事业地下空间利用的民营化，其二为地下空间利用征收与补偿的法制化。

（一）公共事业地下空间利用的民营化

为促进地下空间的开发利用，推进以民营化为主要内容的规制缓和是一种重要选择。规制缓和内容庞杂，从先发国家及地区发展看，核心当属公共事业的民营化。日本先后在 1986 年颁布了《活用民间事业者能力而促进特定设施整备临时措置法》，1987 年颁布了《推进民间都市开发特别措施法》，1999 年颁布了《活用民间资金等以促进公共设施整备》(PFI 法)。[①]PFI（Private Finance Initiative）是指活用民间的资金、技术与经营能力等进行公共设施等的建设、经营与管理。其目的是增进社会资本的高效整备，确保为国民提供价廉质好的公共服务，进而促进国民经济的健康发展。简单说就是用最低的成本，创最好的服务。PFI 始创于 1992 年的英国，首先公共部门制定公共服务（事业）规划、计划后，将相关的质量、数量等方面的要求对外公布，再通过公平竞争确定民间事业者，该民间事业者对该公共服务承担从设计到融资、建设、管理、经营的全过程；以前因利润低、政治性等原因而没能成为民营化对象的不收费公路、政府办公楼、监狱等公共事业也实现了民营化。[②]我国台湾地区于 2000 年颁布了《促进民间参与公共建设法》，充分借鉴并发挥了 PFI 功能，促使民间的丰富资本、高效管理等通过规制缓和的模式成为公共事业发展的新动力。[③]

[①]　这三部法律的日文名称为《民间事业者の能力の活用による特定施设の整备の促进に関する临时措置法》《民间都市开发の推进に関する特别措置法》《民间资金等の活用による公共施设等の整备等の促进に関する法律》。肖军：《城市地下空间利用法律制度研究》，知识产权出版社 2008 年版，第 109 页。

[②]　1992 年至 2004 年，英国 PFI 契约数达 626 件，总额达 400 亿英镑；1998 年 9 月至 2003 年 4 月，英国 PFI 投资占公共投资的 10%—13.5%。[日] 野田由美子编著：《民营化の战略と手法》，日本经济新闻社 2004 年版，第 15—16 页。

[③]　我国台湾地区《促进民间参与公共建设法》第 3 条规定："本法所称公共建设，指下列供奋众使用或促进公共利益之建设：（1）交通建设及共同管道；（2）环境污染防治设施；（3）污水下水道及自来水设施；（4）卫生医疗设施；（5）社会及劳工福利设施；（6）文教设施；（7）观光游憩及森林游乐重大设施；（8）电业设施及公用气体燃料设施；（9）运动设施；（10）公园绿地设施；（11）重大工业、商业及科技设施；（12）新市镇开发。本法所称重大公共建设，指性质重要且在一定规模以上之奋共建设；其范围，由主管机关会商内政部、财政部及中央目的事业主管机关定之。"

将 PFI 导入地下空间利用公共事业具有两方面的制度优势,一方面是可以缓解该事业发展的瓶颈——资金问题,另一方面是能够提高该事业的服务质量。前者表现为,地下空间开发利用是一个高投入的事业,即使初期建设资金能够有所保证,但后期经营、管理,设施修缮、更新等的费用很高,这时的资金难也是现实中常见的问题,而民营化的优势之一就是灵活的资金处理能力。通过 PFI 途径,不但在公共设施资金来源上有所拓宽,而且也能够提高资金的运营效率,尽量避免事业后期资金不足情况的出现。民间处理资金时,总是从市场出发,严格审查事业的必要性和收益性,充分做好事前审查工作,减少无市场、徒有其表而无实际价值的设施出现;另外,从对资金的心理态度讲,民间有着更认真的态度,在事业过程中会争取效益的最大化,能够克服国家经营时对资金放任态度,防止资金浪费。后者表现为,民间企业通常在市场中不断经受着竞争的考验,时时承受着提高企业利润的压力,因而在经营能力方面一般都高于公企业。这些经营能力主要有:市场把握能力(如顾客战略)、成本管理能力〔如 ABC(Activity Based Costing)、BSC(Balance Score Card)〕、生产管理能力〔如 TQM(Total Quality Management)〕、风险管理能力、人才管理能力等。将这些高效的经营能力导入地下公共事业中,必将增强这些事业的效能,在增加收益的同时,提高其公共服务水平。[①]

就 PFI 而言,其包括多种类类型,如 BTO 方式、BOT 方式、BOO 方式、RO 方式等。BTO(Build-Transfer-Operate)方式是指民间事业者建设公共设施,建成后立即将所有权(无偿或有偿)转移给国家,民间事业者仍进行管理和经营。BOT(Build-Operate-Transfer)方式是指民间事业者建设公共设施,建成后对其进行管理和经营,事业完成后将公共设施所有权转移给国家。BOO(Build-Own-Operate)方式是指民间事业者建设公共设施,建成后对其进行管理和经营,事业完成后民间事业者拆除这些公共设施。RO(Rehabilitate-Operate)是指民间事业者租赁国家现有设施,对该设施进行修缮、扩建后,经营该设施。我国台湾地区《促进民间参与公共建设法》还确

---

① 参见肖军:《城市地下空间利用法律制度研究》,知识产权出版社 2008 年版,第 109~111 页。

立了一种方式：为配合国家政策，民间事业者投资新建，拥有所有权，并自为经营或委托第三人经营（第8条第1款第6项）。这些方式均适合于地下空间开发利用领域。当然，PFI并不是一成不变的，在其基础之上发展成为PPP方式（Public Private Partnership）。[1]顾名思义就是"官民协力"，它超越了之前的"官民择一"形态，力图在官与民、公和私之间构建一种相互协作、各施其长的合作关系，是一种内容更广的民营化状态。

PPP模式是指政府部门与私人资本之间为共同提供某种公共物品和服务，以特许权协议为基础形成的合作伙伴关系。它是一种公共资本与私人合作的模式。PPP模式的基本结构为：政府或公共部门通过政府采购的形式与中标单位组建特殊目的公司，并签订特许合同，由特殊目的公司负责项目的筹资、建设及经营。政府通常与提供贷款的金融机构达成一个直接协议，承诺将按时按约向特殊目的公司支付有关费用，这个协议使特殊目的公司能比较顺利地获得金融机构的贷款。采用这种融资形式的实质是政府通过给予私营企业长期的特许经营权和收益权来提高基础设施建设及运营效率。[2]PPP模式的基本结构如图5.1。

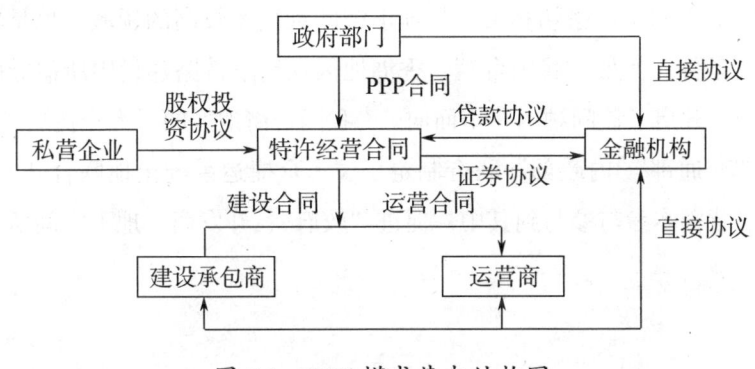

图 5.1 PPP 模式基本结构图

PPP模式自身的内在结构相对灵活，不同的项目可以通过不同的结构安

---

① 1997年英国为促进经济发展，布莱尔政府尝试对实施了十多年的PFI重新定义，形成PPP（Public Private Partnership）概念。

② 参见吴美红：《城市基础设施融资引入PPP模式研究》，河海大学2007硕士学位论文。

排来实现，由于项目差异性的存在，PPP 模式的具体结构还要视具体情况而定，不能一概而论。但可以确定的是 PPP 模式通过合理的结构设计，将政府的协调能力和社会资本的管理效率有机地结合在一起，既缓解了政府部门基础设施建设资金的压力，也合理分摊了项目风险，是基础设施项目融资体制改革和投资主体多元化进程的大胆创新。[①]

从 PFI 到 PPP 方式，世界民营化向多样化发展。我国自改革开放以来，重视民营经济的发展，在公共事业方面，也不断地引入民间资本或民间管理。在我国地下空间利用权体系构建中实行 PFI 或 PPP，推进民营化，进而推进规制缓和地下空间利用权事业，必须建立相关的推进体制。在我国民营化方式简单、民营化观念淡薄，而民营化市场需求，尤其是地下空间利用中民营化市场需求强烈的背景下，我国城市地下空间的 PFI 事业应该采用集权式。可以考虑在中央确立一个 PFI 委员会，在该委员会下专设城市地下空间 PFI 分委员会，并给予该委员会较强的职能。当事业发展到比较成熟，市场需求平稳的阶段，再可以考虑采用分权式。[②]

无论是采用 PFI 方式还是 PPP 方式，作为规制缓和模式，其落脚点都要体现在对地下空间利用开发利用的实际效能之中。地下交通、市政地下管道、公用设施等人们生活密切相关，是地下空间利用率较高的领域，也是创造商机的有利条件。例如，我国台湾、香港地区在地下铁路建设中所倡导的联合开发机制，开启了该问题的一个面向。[③]我国台湾地区的《大众捷运法》第 7 条以及"交通部""内政部"联合制定了"大众捷运系统土地联合开发办法"就鼓励民营资本参与参与到其中，促进"政府"、开发商、地下空间所有权人

---

①　参见虞丽婷：《PPP 模式下准经营性基础设施项目融资方案研究——以玄武门地下空间开发项目为例》，东南大学 2017 年硕士学位论文，第 10 页。

②　从世界范围来看，民营化推进方式主要有像瑞典、芬兰、丹麦等国家的就个别事业而进行的个别型；像意大利、法国、波兰等的作为一项国家政策而进行的整体型。个别型比较适合国土小、民营化事业项目较少的国家。而加拿大等国土面积较大的国家的民营化事业就经历了一个从集权式到分权式的过程，总体效果很好。[日]野田由美子编著：《民营化の战略と手法》，日本经济新闻社 2004 年版，第 15—16 页。

③　肖军：《城市地下空间利用法律制度研究》，知识产权出版社 2008 年版，第 115 页。

多方共赢的局面。^①香港地下铁路通过物业捆绑地铁商铺、广告等开发策略，实现扭亏为盈。由于我国实行地下空间公有制度，决定着我国地下空间租用权的取得并不像私有制国家或地区涉及对私有地下空间的取得那么复杂，而我国的难点主要表现为地下空间利用市场化、民营化运作经验的严重缺乏。联合开发机制应属构建符合市场规则，体现规制缓和成果的重要表达之一，我国台湾、香港地区的制度经验值得我国在推进地下空间开发利用中借鉴和采用。

在城镇化进程日益加快的背景下，基础设施项目投融资体制改革日益受到我国政府部门的重视，PPP 模式在这样的大背景下应运而生并迅速得到推广和应用。PPP 模式在各大行业领域以其自身的优势发挥着重要作用，特别是在地下空间开发利用过程中所涉及的基础设施领域，采用 PPP 模式不仅节约了大量的财政资金，还将社会资本先进的运营管理经验引入基础设施项目中，提高了基础设施项目的运营效率。例如：

案例 5.1：南京玄武门地下空间开发 PPP 项目事例。

南京玄武门地下空间开发项目以玄武门广场改造工程为核心，通过对地面广场的改造、景观提升和地下空间的配套建设两项主要内容，最终实现地面广场恢弘、大气、充分体现中央公园西大门广场的定位，衔接好与南京市古城墙、城市规划展览馆、地铁出入口等城市周边的关系。地下空间建设满足停车与旅游服务配套的功能，考虑好旅游路线的安排，配备相应的旅游购物休闲设施，实现地下空间地上化，使该地段成为重要的城市中心。本项目东起明城墙，西至中央路，南至洞庭路，北至城市规划展览馆北侧，占地面积约 7 万平方米。

该项目地上部分为存量项目而地下部分为新建项目。项目的所有权归属于政府部门，因此项目建设或运营期满需要移交所有权，同时社会资本在参与项目的建设、运营及管理时需要引入资金。该项目的运作模式为 BOT 与 BTO 相结合的综合模式，对于地下新建商业及停车场部分采用 BOT 模式，特

---

①　我国台湾地区的《大众捷运法》第 7 条规定："为有效利用土地资源、促进地区发展，地方主管机关可以自行开发或与私人、团体联合开发大众捷运系统场、站与路线之土地及毗邻地区之土地。"另，该"法"的"大众捷运"泛指城市轨道交通。

许经营人需同时具有地下空间项目开发与运营的资质，建设完成后由特许经营人在特许经营期内运营项目并通过使用者付费取得一定的收益，运营期满后移交项目所有权；对于地上景观绿化改造部分采用 BTO 模式，社会资本方需具有市政道路及景观绿化的施工与维护的专业资质，建设完成后将项目及设施所有权移交给政府，政府取得项目所有权后再授予社会资本经营及维护该设施的长期协议，社会资本引进有资质的团队对项目的景观绿化进行维护。项目运作模式如图 5.2

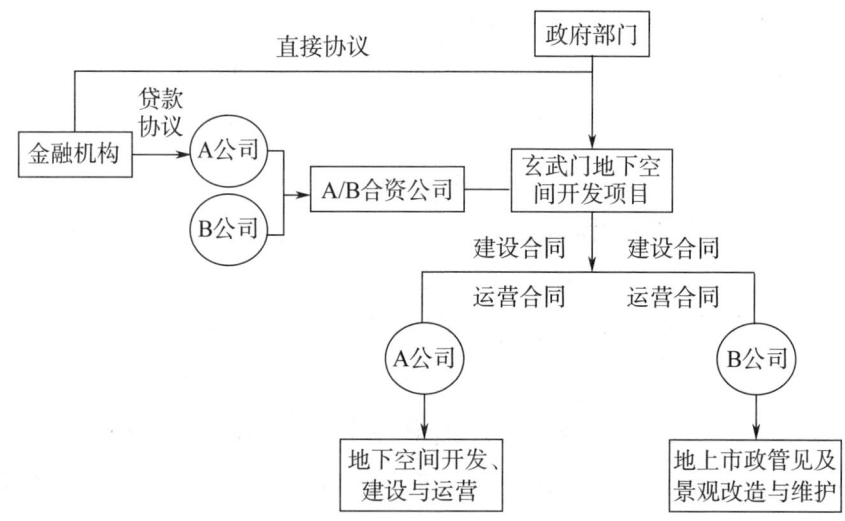

图 5.2　玄武门地下空间开发项目运作模式示意图

如图 5.2 所示，A 公司与 B 公司作为社会资本方，同时参与本项目的融资与建设。在项目的发起阶段，以 A 公司为主体，与金融机构签订贷款协议，负责项目的融资工作。B 公司与 A 公司各自出资组成合资公司，与政府部门成立项目 SPV。政府部门与金融机构签订直接协议，承诺费用的按时支付，以确保特殊目的公司能顺利获得贷款。整个项目的建设期为 2 年，其中地下部分特许经营的年限根据项目可行性研究报告中估算的投资回收期及内部收益率等指标定为 10 年。相比于单一的 BOT 或 BTO 模式，项目采用混合式运作模式的优越性主要体现在两个方面：一是着眼于项目本身的特殊性，将项目的地上与地下部分在运营过程中隔离，地上部分作为市政公用设施，本身不具有盈利性，运营阶段作为固定资产移交，既能有效保证项目本身的收益，又能保证运营期间设施维护及保养的专业性；二是充分发挥政府部门、社会资本及金融机构本身的优势，将项目的建设期和运营期进行分离，但通过合理的股权分配机制实现项目建设与运营两个阶段之间的相互联系，平衡了两个阶段的现金流，起到了扬长避短的作用。

自我国政府和社会资本合作 PPP 项目开展以来，国家发改委、财政部及其他部委、各级政府密集出台了一系列 PPP 部门规章、政策等规范性文件，以促进和规范 PPP 项目的运作，支持 PPP 项目的发展。目前，无论是国家还是地方政府都在大力倡导以政府与社会资本合作的 PPP 模式来解决城市基础设施建设问题。城市地下综合管廊是建于城市地下、用于敷设地下管线的重要市政基础设施。近年来，国家密集出台与地下综合管廊相关的政策文件，从政策、资金等各方面对地下综合管廊建设给予大力支持。2013 年 9 月，国务院发布《关于加强城市基础设施建设的意见》，提出开展城市地下综合管廊试点，用 3 年左右时间，在全国 36 个大中城市全面启动地下综合管廊试点工程。2014 年 6 月，国务院办公厅发布《关于加强城市地下管线建设管理的指导意见》，提出稳步推进城市地下综合管廊建设的要求。2014 年 12 月，财政部、住房城乡建设部联合发布《关于开展中央财政支持地下综合管廊试点工作的通知》，对地下综合管廊试点城市给予专项资金补助。并于 2015 年确定 10个城市为综合管廊试点城市、2016 年确定 15 个中央财政支持地下综合管廊试点城市。2015 年《国务院办公厅关于推进城市地下综合管廊建设的指导意见》提出：推广运用 PPP 模式，鼓励社会资本组建项目公司参与城市地下综合管廊建设和运营管理，到 2020 年计划建成一批具有国际先进水平的地下综合管廊并投入运营。2016 年财政部、住建部公布第二批 15 个中央财政支持地下综合管廊试点城市，PPP 模式在地下综合管廊领域得到了良好的发挥和运用。

我国住建部、质监总局 2015 年发布的《城市综合管廊工程技术规范》（GB50838-2015）将地下综合管廊定义为：建于城市地下用于容纳两类及以上城市工程管线的构筑物及附属设施，包括干线综合管廊、支线综合管廊、缆线综合管廊。地下综合管廊是城市地下空间统筹发展规划的重要部分，将电力、通信、供水等市政公用管线收容入内，使管线的安装和维护均在管廊内进行，形成完备的城市地下管线体系和合理的城市地下管线空间布局，以期实现"统一规划、统一设计、统一建设、统一管理"的目标。城市地下综合管廊作为一种现代化、集约化的城市公用基础设施，具有有效避免城市道路反复开挖、有效优化和集约利用地下空间资源、有效提升城市景观水平等优点，是建设现代化城市的需求。

案例5.2：哈尔滨地下综合管廊 PPP 项目事例之一。

1.合作方式和期限：（1）本项目实行"投资、建设和运营维护一体化＋入廊单位付费＋政府补贴"的经营方式。（2）合作期包括建设期和运营期，建设期2年，运营期为25年。

2.项目公司权利义务：（1）按照 PPP 合同要求和经批复的设计文件，自行承担费用、责任和风险，负责本项目的投资、建设，并提供地下综合管廊设施的运营维护服务；（2）按照 PPP 合同及入廊协议的约定获得入廊费、运行维护费用收入和财政补贴；（3）自行承担因自身原因造成的工程投资超过工程建设费用控制价/投标文件中建议的工程投资建设费用带来的超额投资和管廊运营成本；（4）项目合作期满，将项目设施、土地使用权无偿移交给政府指定机构。

3.项目公司的经营范围、注册资本、股东出资方式、出资比例、股权转让等：（1）项目公司负责本项目的投资、融资、建设（主体工程、管线及其他构筑物迁移工程、交通导改、绿化、道路恢复工程、管理中心及其他附属工程），并负责项目设施的运营维护服务。（2）根据相关规定，项目公司注册资本金不低于工程建设投资的30%，其他资金可通过银行贷款等方式筹集。（3）市建设集团有限公司可根据自身经营意愿，通过与投资人协商，自筹资金增加自身股权比例，获取收益分成。各股东以现金方式出资。（4）项目公司应按现行政策建立完善的治理结构。（5）项目公司的股东在本项目运营期满五年之前，不得转让其在项目公司中的全部或部分股权；运营期满五年之后，经市政府事先书面同意，项目公司的股东可以转让其在项目公司中的全部或部分股权，但受让方应满足本项目 PPP 项目合同约定的技术能力、财务信用、运营经验等基本条件，并以书面形式明确承继原股东在本项目项下的权利及义务。

4.工程建设与竣工验收评审：（1）本项目土地使用权通过无偿划拨方式取得。（2）项目公司应根据所有适用法律法规、规范标准、设计文件以及 PPP 合同的规定和要求组织项目工程的建设。（3）项目建设完成后，项目公司应及时组织验收，经验收合格后，方可交付使用。市财政部门进行工程造价评审。（4）最终投资额以市财政部门评审结果为准，据此计算政府需支付的财政补贴。

5. 所提供产品或者服务的数量、质量和标准：（1）项目公司工程建设范围包括：红线范围内的主体工程、管线迁移工程、交通导改、绿化、道路恢复工程、管理中心及其他附属工程等，具体以经批复的初步设计、施工图设计及工程量清单为准。（2）项目公司应根据所有适用法律法规、规范标准、设计文件以及PPP合同的规定和要求组织项目工程的建设。（3）项目公司应及时组织验收，项目验收合格后，方可交付使用。（4）地下综合管廊维护必须符合国家以及黑龙江省、哈尔滨市的相关规定和行业规范。

6. 设施权属，以及相应的运营维护：在合作期内，项目设施的使用权归项目公司，由项目公司负责运营维护，运营维护内容包括：保持管廊内的整洁和通风良好；建立健全维护管理制度，搞好安全监控和巡查等安全保障；统筹安排管线单位日常维护管理，配合和协助管线单位的巡查、养护和维修；负责管廊内通风、排水、照明和消防等共用设施设备养护和维修，建立工程维修档案，保证设施设备正常运转；组织制定管廊管理应急预案，管廊内发生险情时，应当采取紧急措施并及时通知管线单位进行抢修；为保障管廊安全运行应履行的其他义务。

7. 监测评估：（1）履约监管。市城乡建设委员会对项目公司在合作期内的合同履行情况进行监督管理。（2）行政监管。安全生产监管、行政监督管理（包括地下管廊的行政监督管理）、公众监管（项目公司接受用户投诉和政府主管部门接受用户对项目公司的投诉）。

8. 投融资期限和方式：由投标人在投标文件财务方案中明确。项目公司可以为本项目融资之目的，将其在PPP合同项下的各项权益（如预期收益权、保险受益权等）设置质押或以其它方式设置担保权益。由财政投入资金形成的资产由项目公司无偿使用，但是项目公司不得将全部项目设施资产用于抵押。

9. 财政补贴的计算：（1）工程竣工结算后，根据财政部门的投资评审结果，如果实际工程建设费用与工程建设费用中标价相差在±5%以内，则运营期财政补贴按工程建设费用中标价执行；如果实际工程建设费用与工程建设费用中标价相差在 ±5% 以上，应根据实际工程建设费用按照合同约定的公式重新计算财政补贴。（2）运营期各年利润率根据当年金融机构中长期贷款基准利率计算。计算公式如下：利润率 = 运营补贴发生年份金融机构中长期贷款基准利率 × 调整系数（其中调整系数按中标价确定）。（3）投标人在投标时应对公式中的年度折现率进行报价，在 25 年运营期内不得更改。（4）项目公司根据市政府价格主管部门出台的收费政策对入廊单位使用地下综合管廊进行收费（包括入廊费和管廊运行维护费收入）。（5）政府根据设施使用的绩效考核情况逐年对项目公司支付财政补贴。

10.财政补贴支付及管廊运营成本调整：进入运营期后，本项目将采取绩效考核。由市城乡建设委员会制定相应设施维护标准、绩效考核打分办法，进行日常监管考核，并根据绩效考核情况及合同约定按期核算绩效考核评分。

11.调价机制、调价程序：项目建设成本在对应的付费期内不作调整；管廊运营成本根据服务期内的通货膨胀情况（哈尔滨市统计局公布的当期 CPI 数值）调整。以三年为周期，进行定期调价。

12.履约担保及保险：根据《政府和社会资本合作项目政府采购管理办法》，履约担保由建设履约保函和维护保函组成。履约保函的数额不超过估算价的10%。合作期内，如果项目公司未能履行 PPP 合同中规定的义务，市城乡建设委员会有权兑取履约保函。合作期内，项目公司必须自费购买和维持适用法律所要求的保险，并将市城乡建设委员会和项目公司均列为保险单上的被保险人。

13.合作期内的风险分担：按照风险分配优化、风险收益对等和风险可控等原则，项目设计、建设、财务和运营维护等商业风险由项目公司承担；法律、政策等风险由政府承担；项目审批手续办理、不可抗力等风险由政府和项目公司合理共担。

由于项目征拆具有较大的不确定性、地下地质结构不明，项目公司应充分考虑此项风险，根据项目包中管廊所需用地的征拆情况，对具备进场条件的地下综合管廊及时安排资金，做好资金调度，保证工程进度；对不具备进场条件的地下综合管廊，以实施机构的进场通知为准，服务期相应顺延，政府不予额外补偿。在进场等待期间，项目公司发生的融资等所有费用由项目公司自行承担，政府不予任何补偿。

14. 应急预案和临时接管预案：（1）合作期内，如项目公司出现以下违约行为，项目实施机构有权实施临时接管：1）因管理不善，发生重大质量、生产安全事故的；2）严重影响到社会公共利益和安全的；3）法律、法规禁止的其他行为。（2）临时接管项目所产生的一切费用，将根据项目合同约定，由违约方单独承担或由各责任方分担。

15. 变更、提前终止及补偿：（1）在合作期间，如果发生以下事件，项目公司可从政府方获得一般补偿。1）不可抗力事件导致工程建设投资、维护成本增加；2）法规政策变更使得项目公司为符合新的法规政策要求调整建设标准导致投资或运营维护成本增加超过5%。一般补偿可以采取以下形式：一次性补偿（即货币形式补偿）或调整财政补贴（调整方式在PPP合同中详细说明）。（2）在合作期间，如果发生以下事件，项目公司依照《PPP合同》承担违约责任：1）项目公司未能根据规定提交履约保函或未能补充履约保函金额并保持有效；2）未经政府批准，项目公司私自出租、转让、抵押或质押项目设施；3）项目公司未对项目设施进行定期维护或未达到维护标准，造成重大安全事故，严重影响社会公众利益。（3）发生以下情况，PPP合同可提前终止：1）项目公司发生严重违约事件时，市城乡建设委员会有权发出终止合同的意向通知；2）发生政府部门严重违约事件时，项目公司有权发出终止合同的意向通知；3）发生不可抗力时，PPP合同签订双方无法协商一致继续履行各自义务，双方有权向对方发出终止合同的意向通知。（4）提前终止补偿。PPP合同提前终止，市城乡建设委员会应按照PPP合同的规定接收项目设施，并按照合同约定的补偿原则和补偿标准计算终止补偿。

16. 违约责任：项目实施机构或项目公司未履行项目合同约定义务的，应承相应违约责任，包括停止侵害、消除影响、支付违约金、赔偿损以及解除项目合同等。

从上述案例不难看出，我国城市地下综合管廊采用PPP模式进行建设，符合国家政策导向，在法律和政策层面具备可行性。但是在PPP模式下，地下管廊的物权归属问题，仍然是政府方和社会资本方的疑虑之一。在传统的由国家单一主体出资建设、运营和管理的模式下，地下综合管廊"属于谁"的问题，仅仅是一个观念和法理上的问题，对于管廊的建设、运营并没有太多的实际意义。也正因为如此，和其他市政公用设施一样，传统建设体制下的地下综合管廊，多数情况下并不专门办理物权意义上的权属证书。但是，一旦引进PPP模式建设地下综合管廊，就必须关注并切实解决这个问题，而物权法虽然规定了"不动产物权的设立、变更、转让和消灭，经依法登记""建设用地使用权可以在土地的地表、地上或者地下分别设立"，《不动产登记暂行条例》也规定了可以登记的不动产权利，但没有明确地下综合管廊本体、舱室所有权是否可以作为不动产权利登记。[①] 笔者认为，地下综合管廊本体和舱室权属界线明晰且具有独立使用价值的空间，属于典型的地下空间利用设施，应当作为不动产物权登记的客体。将其纳入不动产登记范围，对于社会资本方在融资和与其他商事主体进行交易的过程中，客观上存在必要性，势必会产生极好的带动效应，也正是本书所探讨的地下空间利用权制度得以构建的价值所在。

（二）我国地下空间征收与补偿

有侵害，就有救济，有损失，就有补偿。我国《宪法》第10条、第13条、日本《宪法》第29条、德国《基本法》第14条等都确立了损失补偿思想。因适当公权力行使，且不是基于某特定人的可归责事由，而使该特定人遭受经济上的特别牺牲时，应该对该经济上的损失给予正当补偿，这是法律的精神也是人们的常识。[②] 笔者认为在我国地下空间利用权制度体系构建中，应推进征收与补偿法制化进程，从而丰富我国地下空间利用权制度内容，并对我国地下空间开发利用提供更加健全制度保障。

1.我国地下空间征收公共利益限定

我国《宪法》第10条规定，国家为了公共利益的需要，可以依照法律规定对土地实行征收或者征用并给予补偿。第13条规定，国家为了公共利益的需要，可以依照法律规定对公民的私有财产实行征收或者征用并给予补偿。《土地管理法》第2条规定，国家为了公共利益的需要，可以依法对土地实行

---

① 我国《不动产登记暂行条例》第五条规定：下列不动产权利，依照本条例的规定办理登记：（一）集体土地所有权；（二）房屋等建筑物、构筑物所有权；（三）森林、林木所有权；（四）耕地、林地、草地等土地承包经营权；（五）建设用地使用权；（六）宅基地使用权；（七）海域使用权；（八）地役权；（九）抵押权；（十）法律规定需要登记的其他不动产权利。

② ［日］田中二郎：《行政上の损失赔偿及び损失补偿》，酒井书店 1956 年版，第 251 页。

征收或者征用并给予补偿。《城市房地产管理法》第 19 条规定，国家对土地使用者依法取得的土地使用权，在出让合同约定的使用年限届满前不收回；在特殊情况下，根据社会公共利益的需要，可以依照法律程序提前收回，并根据土地使用者使用土地的实际年限和开发土地的实际情况给予相应的补偿。《物权法》第 42 条第 1 款沿用了此规定模式，未对"公共利益"作出更加明确的内涵规定。但这并不妨碍在我国地下空间利用权制度构建中，特别是在涉及地下空间的征收征用中，对公共利益进行具体化、可操作性地界定。"公共利益"是其所属国家或地区的经济、政治、历史、文化以及法律传统有着密切联系的。[1]英国《土地征收条例》中规定"公用目的"；美国法上则在英国基础之上，扩展到多数人对征收行为后果的认知程度上，如著名的 1908 年海尔斯敦丹诉维尔铁路公司一案；[2]法国《公共征收法典》中将城市规划也纳入"公共需要"范围之内；[3]德国法上使用"社会福利"概念来界定"公共利益"；日本《土地征收法》列举了"公共利益"事业 35 项共 49 种；我国台湾地区则从公共事业的角度规定了"公共利益"范围的边界。我国香港地区对"公共利益"范围的规定也采用了列举的方式。从以上先发国家及地区的立法及实践来看，以法律形式廓清"公共利益"的边界是必要的，不仅可以切实有效保护土地及地下空间的规范利用，可以防止一般行政行为的滥用及权力寻租等腐败现象，故而，上述比较的经验可资借鉴。

在我国地下空间利用权制度实施过程，涉及因"公共利益"而进行的征收，应在实体和程序两方面予以认定。实体法上，结合我国具体国情和立法传统，从内容、标准上进一步将《宪法》《物权法》《土地管理法》中规定的"公共利益"在不违反上位法立法目的的基础上具体化、精细化，特别用以防止在地下空间征收时"公共利益"范围被滥用。"公共利益"范围一般可以包括如下几个方面：（1）国防设施；（2）交通事业；（3）公用公共事业；（4）水利事业；（5）其他以公共利益为目的的事业等。然而，对"公共利益"的界定不能仅通过静态形式规定而了之，其往往表达了一种在利益冲突时，特别

① 刘国臻：《土地与房产法研究》，中国政法大学出版社 2013 年版，第 180 页。
② 参见郭洁：《土地资源保护与民事立法研究》，法律出版社 2002 年版，第 502 页。
③ 参见王名扬：《法国行政法》，北京大学出版社 2007 年版，第 287~293 页。

是公权益与私权益发生冲突时的利益衡量与选择的问题，对此利用比例原则通过对比两者各自参数，进行适度判断，更便于操作。①例如，为建造某一地下铁路而征收农民的集体土地，完善交通条件，推进城市化进程是其"公共利益"的体现，但若以牺牲地下空间的种植功能，则应通过比例原则衡量二者的利益高低，从而确定是否可以启动征地行为。实体法上界定"公共利益"并非与现实生活中每一宗具体土地及地下空间征收目的完全相一致，因此，需要对于程序法的建立健全来进行适度规范和适当调整。

2. 我国地下空间征收程序

我国在土地或地下空间征收中并没有对"公共利益"目的进行先行确认的程序制度安排。以往实践表明，法律必须规定土地征收的程序，规范土地征收行为，增加土地征收的透明度和公示性，避免暗箱操作，将土地征收框定在法律规定的范围内，这也是实现我国地下空间开发利用得到顺利开展的先决条件和制度保障。也就是说，对于同一地块地下空间进行利用的同时，也要对该地块土地使用权人的利益损失进行合理补偿，这是征收程序法制化的旨趣所在。在我国仅有的几部土地相关法律中，仅有《土地管理法实施条例》（2014 年修正）相对详细地规定了土地征收的程序，②虽然国务院于 2011 年实施的《国有土地上房屋征收与补偿条例》对征收行为制定了相关规定，

---

　　①　比例原则被誉为"帝王原则"，可以追溯到 19 世纪《德国警察法》。其基本含义是：行政机关实施行政行为应当兼顾行政目标和相对人利益，如果实现行政目标对相对人权益造成不利影响，应使这种不影响限制在最小的范围和限度内，保持两者处于适度比例。参见姜明安：《行政法基本原则新探》，载《湖南社会科学》2005 年第 2 期，第 52 页。关于比例原则，可参阅［德］哈特穆特·毛雷尔著：《行政法学总论》，高家伟译，法律出版社 2000 年版，第 106~107 页；陈新民：《行政法学总论》，三民书局 2000 年版，第 80~85 页。

　　②　《土地管理法实施条例》（2014 年修正）第 25 条："征收土地方案经依法批准后，由被征收土地所在地的市、县人民政府组织实施，并将批准征地机关、批准文号、征收土地的用途、范围、面积以及征地补偿标准、农业人员安置办法和办理征地补偿的期限等，在被征收土地所在地的乡（镇）、村予以公告。被征收土地的所有权人、使用权人应当在公告规定的期限内，持土地权属证书到公告指定的人民政府土地行政主管部门办理征地补偿登记。市、县人民政府土地行政主管部门根据经批准的征收土地方案，会同有关部门拟订征地补偿、安置方案，在被征收土地所在地的乡（镇）、村予以公告，听取被征收土地的农村集体经济组织和农民的意见。征地补偿、安置方案报市、县人民政府批准后，由市、县人民政府土地行政主管部门组织实施。对补偿标准有争议的，由县级以上地方人民政府协调；协调不成的，由批准征收土地的人民政府裁决。征地补偿、安置争议不影响征收土地方案的实施。征收土地的各项费用应当自征地补偿、安置方案批准之日起 3 个月内全额支付。"

但并不包括针对土地及地下空间的征收具体情形和直接规定，所以仍然可以说我国尚没有实现土地征收程序法制，在一定程度上也阻碍了我国地下空间的充分利用。例如在农田地下建造公共输水管道工程就涉及该问题。传统中认为集体土地地下空间的公共利用遵守无害通过原则即可，不需再通过订立协议的形式予以确认。但随着权利观念的提升，涉及集体土地地下空间征收利用的问题，应通过完善相关程序，以作为确定地下征收的依据。虽然在我国征收的对象限于土地使用权，不像土地私有制国家或地区所面对的土地所有权，但是，对于我国而言，土地使用权在人们心中的分量绝不亚于土地私有制国家或地区的土地所有权，正是由于我国土地所有权属于国家或集体的原因，就更应当对土地使用权人给予必要的尊重，何况我国的土地使用权期限均比较长，相当于一代人的寿命。因此，首先，应尽快建立地下空间的征收程序。不妨效仿日本土地征收法那样对公共事业采取列举的方式予以法定化，其目的就是让"公共利益"脱去抽象化的外衣，避免征收程序的宽泛化，增强其严肃性。其次，在建立土地及地下空间征收程序中均衡各方权利人法律地位。在我国行政征收过程中，之所以时常出现重大侵权行为，很大程度上在于当事人法律地位相差悬殊，因此，必须调整平衡各方当事人的法律地位，主要有两种途径办法，一种是大幅度赋予征收相对人的程序性权利，增加征收者的程序性义务；另一种是让用地者（非国家或集体时）参加到征收关系中，使得土地或地下空间征收过程显得舒缓，使得被征收权利人的权利更容易得到保护。再次，土地及地下空间的征收程序应保障使用权人的知情权和参与权。在三方征收程序中，土地及地下空间利用者和使用权人增进沟通协商，更利于使用权人知情权和参与权更充分地实现。最后，土地及地下空间的征收程序应实现合理补偿。当然，征收成本过高并不构成程序化规范的反对理由，而更体现了法制化的进步和对私权的保护和尊重。

　　法定程序是理性与经验的总结。虽然程序本身并不直接体现土地及地下空间权利的内容，但依据程序履行必然得出一定的结果，[①] 正当合理的程序可以强化被征地者对征地行为的服从感、认同感，可以促进土地及地下空间征收过程的顺利进行，降低土地征收的行政成本。反之，不合理的程序往往直

----

① 参见王锡锌：《论法律程序的内在价值》，载《政治与法律》2000年第3期，第20页。

接或间接地对土地及地下空间征收造成困扰，迫使用征收期限被延长，引发不必要的社会矛盾，变相增加土地及地下空间征收的行政成本，我国在进行以实现地下空间利用权为目的的土地及地下空间征收时，应着重从减少征收行政审批环节，增加确认土地及地下空间征收符合"公共利益"目的的程序，增加被征地者的参与度，增加对土地及地下空间征收决定与补偿标准的司法救济途径等方面下功夫，切实体现土地及地下空间征收程序的公正与效率。[①]

土地及地下空间的征收是对私人财产实施重大影响的行为，历来被认为是一种国家高权。在英、美、法等国家，征收权一般归司法机关或者立法机关所有，德、日等国家和我国一样归行政机关所有。其中，日本的土地征收法中的征收委员会制度，比较具有典型性，值得我国考察借鉴。日本在都道府县所辖内设置征收委员会；它由七位委员组成，委员和预备委员不得兼任地方公共团体议会的议员、地方公共团体的首长或常务职员、地方公务员法规定的短期勤务的职员。征收委员会独立行使职权，审理必须公开，但裁决会议不公开，裁决通过书面进行。裁决书中必须附记理由和裁决日期，有会长和参加会议委员的署名盖章。裁决书的正本必须加盖征收委员会的印章后送达起业者、土地所有者和关系人。其实，纵观国内外对于土地及地下空间征收程序裁决权力主体略有不同，但在过程上却都有着相似的地方，[②] 因此说裁决主体无论是行政机关还是司法机关，抑或是专门机关，并不是最重要的决定因素，重要的是裁决机关要保持足够的中立性，只有这样，它所作出的裁决才有可能是最客观的，我也是我国未来完善土地及地下空间征收程序的主旨所在。

3. 我国地下空间征收补偿

对于土地所有权实施征收要给予补偿已得到普遍承认，那么对接近于土地所有权的土地使用权也就没有被拒绝补偿的理由。《德国基本法》规定，"为公共利益起见，财产可以征收。……征收补偿的确定，应就公共利益与当事人利益为公平来衡量"，"公平补偿可低于交易价格只能是在例外情况下才

---

① 参见刘国臻：《土地与房产法研究》，中国政法大学出版社 2013 年版，第 190~196 页。

② ［日］稻本洋之助、戒能通厚等编著：《ヨーロッパの土地法制》，东京大学出版会 1983 年版，第 81~83 页。

能承认，如果立法机关已经依照交易价格规定补偿标准的，法院不能违反这种规定，必须以交易价格为补偿标准"。不仅包括直接价值损失，也包括迁移费、营业损失、权利维护费用等。①《美国财产法》也具有相似内容，如规定"公平补偿"既包括财产的现有价值，也包括财产未来盈利的折扣价格，补偿主体范围不仅包括财产的所有权人，还包括与财产相关的受益人，比如房地产的承租人；补偿客体不仅包括被征收地产本身，还包括被征收标的上的附属物，以及与征收标的相关的商誉等无形资产。日本的征收补偿包括了征收损失补偿和事业损失补偿。我国台湾地区对于征收补偿专门规定了对于已依法规定地价，其所有权未经移转者，依其法定地价；对于已依法规定地价，其所有权经过转移者，依其最后转移的地价；对于未经规定地价的，则由有关征地机关代定地价。补偿范围包括地价补偿、土地改良补偿、农作改良物补偿、搬迁费补偿、人员专业补偿等。②传统理念认为拥有土地所有权的国家或集体对地下空间进行开发利用似乎并不涉及补偿问题，也就更不涉及补偿基准问题，但是，随着我国依法治国脚步的前进，从加强对地下空间利用权人权益保护角度讲，如何处理好地下空间开发利用征收过程中出现的损失补偿问题，是制度运行中不可回避的问题。

　　笔者认为，在我国地下空间利用征收过程中，获得损失补偿基本可遵循两种路径，一种是协议补偿，另一个种是裁决补偿。前者是地下空间利用权人、土地所有权人、土地使用权人共同形成的征收补偿关系，通过平等协商，共同达成征收补偿协议的过程；后者是在无法自行达成协议的情况下，行政机关在一定征收补偿基准范围内，通过一定审核程序，对征收补偿结果作为裁决的过程，当事人对有关损失补偿的裁决不服时，可以提起行政诉讼。在这一方面，韩国现行制度优点值得借鉴。1986 年韩国铁道建设与运营法正式确立了地下使用损失补偿制度，经过完善后，该法于 1990 年更名为《城市铁道法》，其中，第 4 条之 6 规定，城市铁道建设者为了城市铁路建设而利用他人土地地下空间时，在考虑土地利用价值、地下深度以及土地利用妨碍程度

---

　　① ［德］哈特穆特·毛雷尔：《行政法学总论》，高家伟译，法律出版社 2000 年版，第 696~698 页。

　　② 参见刘国臻：《土地与房产法研究》，中国政法大学出版社 2013 年版，187~188 页。

等后通过总统令规定地下部分的补偿对象、基准以及方法等事项。这意味着韩国土地所有权达至地下，将地下空间利用于地铁必须依据土地征收法的规定进行征收，对征收的损失可以请求损失补偿裁决，对裁判不服时，可以对该裁决提起行政诉讼。①

至于在遇到地下空间征收时，补偿基准如何掌握和适用的问题，由于地域实际情况的不同，难以制定同一的计算标准。我国在对地下空间征收补偿的具体制度设计中，不妨借鉴国外先进经验，诸如日本的"中央用地对策协议会方式"，②加拿大的"一定区间自由原则"，③抑或尽量利用先进土木建筑技术，回避因荷重限制而给使用权人造成损失，即不给原使用权人造成损失，那样可以从根本上使复杂问题简单化。④诚然，对于我国地下空间利用权体系构建中不能回避的土地及地下空间征收补偿问题，笔者也只是提出原则性的建议，并不严密，但应当明确的是，通过对域内外于此方面的制度研析所要确立的一种理念或者原则是，在我国无论是基于公共利益还是其他非公共利益，如商业利益开发利用地下空间时，倘若需要通过征收方式达到利用目的并有可能对被征收权利人造成损失的情况下，都应当给予原权利人相应的损失补偿。例如：

---

① 釜山地铁1号线3阶段1区间损失补偿事件是韩国地下损失补偿诉讼的代表。详情可参见［日］松尾稔、林良嗣等编著：《都市の地下空间——开发利用の技术と制度》，鹿道出版社1998年版，第122~125页（梨本幸男撰写）。

② 加拿大法律允许市政府在任何私人物业以下10米或更深处挖掘隧道，工作一旦开始，市政府就自动拥有隧道所占空间和隧道内层混凝土墙外5米厚度内区域的所有权，而不需要经过任何程序或给予土地所有者补偿；当隧道等位于私人物业下不足10米处，政府就必须与原业主签订协议或强行征用，过程可能就会长达2~3年；不过这个漫长程序不会阻止工程的进行，根据法律市政府在征用通知书送达业主3个月后就可以成为被征用物业的所有人，不过必须向被征用者支付相当于市政府首次提出的征用费用总额70%的暂时补偿金，到法庭最终宣布补偿金数额时，市政府再补足差额，并支付利息。参见［加］杰克·贝斯纳：《加拿大地下空间的规划、开发和管理》，载《2005年上海城市地下空间国际研讨会资料汇编》，第14页。丹麦、荷兰等国家以地下6米以上为土地所有权的范围。参见周千峙主编：《中国城市地下空间开发利用研究》，中国机械工业出版社2001年版，第106页。

③ "中央用地对策联协议会方式"，简称为"用对联方式"，就是通过在土地上建设最有效层数的建筑物来将土地价值具体化为立体利用价值，在此基础上把握因地下使用而使立体利用价值减少的程度；也就是用土地立体利用阻碍程度来理解"对应土地利用妨碍程度而制定的适当比例"，从而算出地下使用补偿率。［日］平松弘光：《地下利用权概论》，公人社1995年版，第96页。

④ 参见肖军：《城市地下空间利用法律制度研究》，知识产权出版社2008年版，第103页。

案例 5.3：广州地铁五号线建设征收补偿事例。①

广州地铁五号线进行建设时，当时地铁公司向市人大代表汇报地铁五号线黄埔段建设情况时表示，面对大量的"钉子户"的无力补偿，致使工期严重滞后。地铁公司在双方协商未果的情况下，采取避让的方式体现了对物权法上保护和尊重私人利益财产权的精神，与此同时，建设工期被延期并且问题得不到妥善解决，意味着开发成本大大增长，也是对公共利益造成了损害，暴露出我国地下空间工程开发所面临的难题。

如前所述，对于地下空间利用权的构建也体现着受公法调整保护的一面，往往并不仅限于平等主体之间的矛盾纠纷，有时也受到公权力介入的影响，通常受制于为了公共利益需要而让渡一部分利益，例如征收补偿等。通过案例 5.1 可见，除了公共利益界定比较模糊的原因之外，我国关于地下空间开发立法缺陷造成该问题的原因之一。事实上该问题在先发国家曾经存在并已通过立法得到妥善解决。传统土地私有制国家认为：私人拥有土地包括上下无限空间。到了近代国家利用私人土地空间开发公共工程现象增多，如按照传统观点，将造成国家与私人之间紧张关系，因此各国纷纷通过对土地所有着的权利加以限制，并用空间制度解决类似纠纷。我国是土地公有制国家，这问题应当比较容易解决。比如，应利用现有手段测绘分析出普通建设用地使用权所需空间，将其空间范围固定，又由于地下空间资源属国家所有，地下空间的开发应当遵从公共利益优先原则，那就意味着某区域的建设用地使用权人对于该土地垂直地下距离的权利是有限的，在该距离范围之下的地下空间可以由国家另行处分，通过法定程序取得该建设用地之下的地下空间利用权人进行公共工程开发时，如果该工程所利用的土地不涉及和影响上方原建设用地使用权人对土地的合理利用，则原建设用地使用权人无权阻止。如果地下工程建设对地上居民住宅造成影响，双方又不能达成协议的，可以通过诉讼途径解决。因此，可以最大程度地降低对公共利益产生消极影响。

---

① 《"钉子户"致广州地铁五号线工期严重滞后》，载南方网，http：//www.gd.chinanews.com/2007/2007-11-28/8/57121.shtml，最后访问日期：2019 年 5 月 1 日。

二、我国地下空间利用权运行的管理模式

康德哲学认为，万事万物只有在协同性中才现实地存在。[①] 地下空间开发利用是一项广阔的事业，推进其向前发展，必须要有科学、高效的制度体制与之相匹配，而我国现行分散性的管理体制难以与之相适应，这就要求我们在制度运行环境中，注重对多方位协同管理的研究，创设高效管理模式，提升完善管理规划水平。以下仍结合我国当前对 PPP 模式地下综合管廊项目的开展和运用的有关管理性规定作以一定程度的梳理，如表 5.1 和案例 5.4 所示，致力于从中提炼出我国现行对地下空间利用权运行的管理规律，为我国地下空间利用权的外部运行环境制度的再造，提供合理性和可行性建议，用以助力地下空间利用权制度更为顺畅的行使。

表 5.1　当前我国城市地下综合管廊项目 PPP 模式政策部分相关规定

相关事项	政策依据	相关规定
1. 地下综合管廊试点城市的专项财政补助及其用途	财政部、住房城乡建设部联合发布《关于开展中央财政支持地下综合管廊试点工作的通知》（财建〔2014〕839 号）	中央财政对地下综合管廊试点城市给予专项资金补助，一定三年，具体补助数额按城市规模分档确定，直辖市每年 5 亿元，省会城市每年 4 亿元，其他城市每年 3 亿元。对采用 PPP 模式达到一定比例的，将按上述补助基数奖励 10%。省级人民政府要加强地下综合管廊建设资金的统筹，城市人民政府要在年度预算和建设计划中优先安排地下综合管廊项目，并纳入地方政府采购范围。有条件的城市人民政府可对地下综合管廊项目给予贷款贴息。
	《关于在公共服务领域深入推进政府和社会资本合作工作的通知》（财金〔2016〕90 号）	鼓励各级财政部门因地制宜、主动作为，探索财政资金撬动社会资金和金融资本参与 PPP 项目的有效方式，通过前期费用补助、以奖代补等手段，为项目规范实施营造良好的政策环境。

---

① 参见〔德〕伊曼努尔·康德：《纯粹理性批判》(Kritik der reinen Vernunft)，牟宗三译，台北学生书局 1983 年版。

续表

相关事项	政策依据	相关规定
2. 地下综合管廊实行有偿使用制度	《国家发展改革委、住房和城乡建设部关于城市地下综合管廊实行有偿使用制度的指导意见》(发改价格〔2015〕2754号)	城市地下综合管廊有偿使用费标准原则上应由管廊建设运营单位与入廊管线单位协商确定。对暂不具备供需双方协商定价条件的城市地下综合管廊,有偿使用费标准可实行政府定价或政府指导价。实行政府定价或政府指导价的管廊有偿使用费应列入地方定价目录,明确价格管理形式、定价部门。
		城市地下综合管廊有偿使用费包括入廊费和日常维护费。入廊费主要用于弥补管廊建设成本,由入廊管线单位向管廊建设运营单位一次性支付或分期支付。日常维护费主要用于弥补管廊日常维护、管理支出,由入廊管线单位按确定的计费周期向管廊运营单位逐期支付。
	《国务院办公厅关于推进城市地下综合管廊建设的指导意见》(国办发〔2015〕61号)	入廊管线单位应向地下综合管廊建设运营单位交纳入廊费和日常维护费,具体收费标准要统筹考虑建设和运营、成本和收益的关系,由地下综合管廊建设运营单位与入廊管线单位根据市场化原则共同协商确定。
3. 地下综合管廊项目可获政策性融资支持	《国务院办公厅关于推进城市地下综合管廊建设的指导意见》(国办发〔2015〕61号)	完善融资支持。将地下综合管廊建设作为国家重点支持的民生工程,充分发挥开发性金融作用,鼓励相关金融机构积极加大对地下综合管廊建设的信贷支持力度。鼓励银行业金融机构在风险可控、商业可持续的前提下,为地下综合管廊项目提供中长期信贷支持,积极开展特许经营权、收费权和购买服务协议预期收益等担保创新类贷款业务,加大对地下综合管廊项目的支持力度。
	住建部、国开行《关于推进开发性金融支持城市地下综合管廊建设的通知》(建城〔2015〕165号)	国家开发银行将充分发挥在重点领域、薄弱环节、关键时期的开发性金融支持作用,把地下综合管廊建设作为信贷支持的重点领域,服务国家战略。 国家开发银行各分行会同各地住房城乡建设部门,合理确定拟入库项目的投资建设主体、融资方案等内容,共同做好入库项目的前期准备工作;对纳入储备库中的项目,在符合贷款条件的情况下给予贷款规模倾斜,优先提供中长期信贷支持。

续表

相关事项	政策依据	相关规定
4. 地下综合管廊项目绩效评价	《财政部关于推广运用政府和社会资本合作模式有关问题的通知》(财金〔2014〕76号)	完善项目财政补贴管理。对项目收入不能覆盖成本和收益,但社会效益较好的政府和社会资本合作项目,地方各级财政部门可给予适当补贴。财政补贴要以项目评价结果为依据,综合考虑产品或服务价格、建造成本、运营费用、实际收益率、财政中长期承受能力等因素合理确定。地方各级财政部门要从"补建设"向"补运营"逐步转变,探索建立动态补贴机制,将财政补贴等支出分类纳入同级政府预算,并在中长期财政规划中予以统筹考虑。
	国家发展改革委关于印发《传统基础设施领域实施政府和社会资本合作项目工作导则》的通知(发改投资〔2016〕2231号)	PPP项目合同中应包含PPP项目运营服务绩效标准。项目实施机构应会同行业主管部门,根据PPP项目合同约定,定期对项目运营服务进行绩效评价,绩效评价结果应作为项目公司或社会资本方取得项目回报的依据。项目实施机构应会同行业主管部门,自行组织或委托第三方专业机构对项目进行中期评估,及时发现存在的问题,制订应对措施,推动项目绩效目标顺利完成。

PPP模式关注于解决政府对建设、管理、运营不专业的问题,地下综合管廊是百年工程,其运营、维护管理应交由专业的管理团队,因此政府方就需要对项目相关设施和服务的绩效进行有效监控,确保实现物有所值,并以此为依据向项目公司支付回报。政府方通过考核对地下综合管廊项目进行运营绩效评价,而非直接介入项目运营,此举既保证项目公司可根据PPP项目合同,发挥自身专业管理水平,对地下综合管廊项目进行运营维护,也使政府方在避免过度干预项目的前提下,发挥一定限度的行政监管职能和行业指导职能。

案例5.4:哈尔滨地下综合管廊PPP项目事例之二。

1. 工程造价的控制与监管:鉴于市政工程涉及项目征拆、系统动迁和专业配套等多项内容,不确定因素多,难以像土建工程一样实行总价包干控制,对现场发生的建设内容和工程量变化,需通过多方认定后作为后期工程结算的依据。为此,政府方需要对项目公司组织工程建设过程中涉及造价控制方面的工作进行必要的审核、监管。本项目由市城乡建设委员会负责对发生的工程设计变更、现场签证等进行审核认定，并承担相应签字认定责任。财政部门应从项目招标、协议签署等环节进行全面造价控制。一是对主体和配套等各项工程的招标控制价进行事前评审；二是对系统动迁工程预算、国有土地房屋征收安置包保协议条款进行财政评审；三是对全部工程结算进行评审，核定项目财政补贴。

2. 项目主体责权：（1）市城乡建设委员会。市城乡建设委员会设立现场监管推进机构，承担项目方案谋划、招标前手续办理、招标、项目实施监管、造价控制、结算初审等职责。1）会同市财政等相关部门编制项目实施方案，报请市政府批准。2）组织项目谋划、咨询、论证，科学确定工程建设规模、标准。3）办理项目环评、可研、规划等审批手续。4）组织项目招标工作，确定勘察、设计、监理单位及投资人。5）协调推进地下综合管廊项目征地征收工作。协助项目公司办理工程建设审批手续变更。6）对勘察、设计及监理单位工作进行管理。对项目公司履约情况实施监督。7）组织设计、监理单位控制工程建设的规模、标准和投资，对工程设计变更和现场签证进行审核认定。组织项目公司报送工程结算评审资料并进行初审。配合市财政部门进行工程结算评审。8）参与工程竣工验收。对验收合格、具备投入使用条件的，配合市财政部门拨付除质量保修责任范围以外的设施正常运营的财政补贴。9）行业主管部门负责项目建成后项目公司运营期间的设施行政管理和运行维护监管职责。10）统一制定相应设施维护标准、绩效考核打分办法。11）监管考核项目公司日常维护行为，作为核算绩效考核评分的依据。12）根据绩效考核情况及合同约定按期核算绩效考核评分。13）合作期满，配合国资等部门办理资产移交。

（2）市财政局。1）负责项目政府采购的审核、监管等。2）负责对招标阶段工程建设成本控制价进行评审。对项目公司委托实施的系统动迁工程预算、国有土地房屋征收安置补偿协议条款等进行财政评审。对由项目公司组织招标的各项配套工程的招标控制价进行事前评审。3）对全部工程结算进行评审，核定项目财政补贴，并按季支付。4）负责根据运营期内的通货膨胀情况（哈尔滨市统计局公布的当期 CPI 数值）调整管廊运营成本。

（3）市建设集团公司。1）配合市城乡建设委员会办理社会投资人招标前的项目前期手续。2）与中标人签订合资协议，并按协议约定在哈尔滨市出资成立项目公司。

（4）项目公司。1）完成PPP合同约定的项目投融资工作，确保项目资金及时到位，独立进行项目财务核算和资金管理使用。2）勘察、设计等前期如已发生费用，项目公司成立后，签订三方协议，由项目公司承担并直接支付，计入工程成本。在项目公司成立以前，由财政资金垫付。3）负责进行前期已办理项目审批手续的变更及办理后续各项审批手续，完成合同约定的全部建设内容，负责项目总承包建设组织管理（包括主体工程、系统动迁、配套专业工程等所有投资建设内容），确保工程进度、质量、安全与文明施工符合相应标准和规范要求，承担与工程建设、运行维护管理有关的一切风险和责任。4）承诺严格按照合同约定及时支付工程费用和农民工工资，承担所建工程的维稳、信访责任。5）按照住建部《房屋建筑和市政基础设施工程竣工验收规定》规定，在哈尔滨市市政质量监督站、项目实施机构和相关行业主管部门的监督下，组织工程竣工验收。6）工程竣工验收合格、具备正常使用条件后，告知实施机构及相关行业主管部门，及时投入使用。承担地下综合管廊的维护，接受设施主管部门的监管和日常考核。为切实保障市政设施的正常使用和为社会提供持续服务，项目公司要委托专业的运行维护队伍进行设施日常维护管理，优先选择本市成熟的专业运行维护队伍。7）及时组织提报工程决算报审资料，按合同约定获取财政补贴。8）合同期满，将项目资产无偿移交给政府指定部门。

3. 政府承诺和保障：（1）项目前期服务。针对建设项目有无征地拆迁等情况，政府方要做好项目前期工作。对没有征拆的项目，政府方要将项目前期手续办理到建设工程规划许可证；对有征拆的项目，政府方要将项目前期手续办理到建设用地规划许可证，完成征地征收手续，促进项目成熟度，满足项目公司融资、施工条件。（2）建设施工监管。加强项目建设全过程的规范与监督管理。一是工程造价监管。严格审核确定工程设计方案，确定工程建设规模、标准，对主体工程清单包干以外的变量工程进行严格的造价控制，降低政府付费成本。二是工程施工进度监管。细化合同约定，明确各方权责、锁定各项工作界面和工期条件，明确违约责任。三是建筑市场行业监管。对项目各实施环节的市场行为进行监督，落实各方主体责任。四是落实监理责任。委托具有相应资质的监理单位对工程建设全过程实施监理，对工程建设质量、安全、造价、进度实行"三控一监督"，承担相应的监理责任。（3）项目运行监管。一是实行设施运行使用绩效考核。按照工作职能，市城乡建设委员会作为设施使用监管主体，制定相应施维护标准、绩效考核打分办法，进行日常监管考核。二是实行政府付费与绩效考核挂钩。由市城乡建设委员会负责根据绩效考核情况及合同约定按期核算绩效考核评分，市财政局核定后进行支付。

4.合作期限届满后资产处置方式：（1）PPP合同期满，项目公司应按照合同约定将项目设施（含为项目设施正常运营所必须的各类项目设施、设备、土地使用权、各信息系统、维护手册等）无偿移交给市政府或其指定机构。项目公司应确保移交的项目设施不存在任何抵押、质押等担保权益或所有权（投标人选择享有划拨土地使用权的情形下适用）约束，亦不得存在任何种类和性质的索赔权。移交结束且质量保证期满后，项目公司予以清算。市政府成立由国资、财政、建设、行业管理部门及项目公司等组成的移交委员会，办理资产移交，并将项目设施及内业资料移交给相关行业主管部门接收管理。（2）项目公司应确保最后一次运维绩效考核指标达到正常使用移交标准。如发现存在缺陷的，未能达到移交标准的，则项目公司应及时修复。如任一方对是否达到移交标准有异议的，则由移交委员会聘请第三方机构进行评定。

（一）我国地下空间利用协同管理

目前，我国各地对于地下空间开发利用行政管理职能部门设置多有不同，有的地方纳入规划部门，有的地方划归建设部门，有的地方属于土地部门，有的地方交由人民防空部门，还有的地方由市政府成立的综合管理机构进行管理。总之，各地区职能设置差异很大。[①] 对此，为规范统一我国地下空间利用管理模式，学界也提出了各种不尽相同的制度设计方案，大致可分为两类模式创意，一种是一元式管理模式，另一种是协同式管理模式。

所谓一元式管理模式，就是在存在多头管理的某项事务中，统一设定一

---

① 刘国臻：《土地与房产法研究》，中国政法大学出版社2013年版，第65页。

个组织或部门对该事务进行统合，行使唯一决策权。一元式管理模式又可细分为两种模式：一种是选择其一，单独赋予其权利，取消其他部门已有的相关权利。另一种是新设总领，设置一个级别更高的组织或部门，统一研究并行使高级决策权。例如，上海市建设委员会和科技委员会组织的《上海城市地下空间管理体制与机制研究》报告曾建议设立"上海市地下空间决策管理委员会"。① 日本 2000 年颁布的《大深度地下公共使用特别措施法》（以下简称《日本大深度法》）确立了协议会制度。为了进行有利于大深度法目的实现的协商，在各对象地域，国家相关行政机关以及相关都道府县组织了大深度地下使用协议会。协商的会议，由国家行政机关等的首长或者其指定的职员组成。协议会认为有必要时，可以向相关市盯村以及事业者要求资料提供、意见陈述、说明以及其他必要的协助。就会议中已协商事项，国家行政机关等必须尊重该协商的结果。事业者欲获得大深度使用认可，必须提交事业概要书，而接收事业概要书的事业主管大臣或者都道府县知事必须迅速将其副本送至事业区域所在的对象区域的协议会成员。接收事业概要书副本的协议会成员，针对协议会成员所辖事务，必须实施让该事业概要书内容众所周知的必要措施。日本大深度协议会与上述上海市地下空间决策管理委员会相比，在统合力上略显薄弱；但两者本质是相同的。前文在土地及地下空间征收一节中提到的土地征收征用委员会所扮演的"角色"就充分体现了一元式管理模式的特点。地下空间利用并不同于普通的社会化事业，对技术、环境、人文、交通等方面均有很高的要求，每一特定的地下空间的开发利用一般都需要严格的程序来保证，又因为涉及诸多管理部门的职责，故对于我国地下空

---

① 该委员会主任由主管城市建设方面的副市长担任，副主任由主管城市建设与管理方面的市政府秘书长担任，50% 的委员由地下空间管理职能部门的分管领导担任，包括市发改委、建委、规划局、城交局、市政局、民防办、房地局、园林局和环保局等；50% 由社会上的专家、主要阶层的代表担任；包括地下空间专家、城市规划专家、经济学家、社会学家、工商企业家、主要阶层代表等。该委员会主要对城市地下空间领域的规划和计划、投资和建设、运营和控制、价格和收费等方面制定宏观调控政策，对集资、融资和体制改革等方面的重大事项进行决策，对决策的实施进行必要的管理、协调和监督。凡涉及全市地下空间利用的重大事项，都由该委员会全体委员会议讨论决定或按规定的权限审核审批。因为地下空间管理委员会有很多单位共同组成，所以运行速度肯定不快。而它的工作形式就是会议，所以，在委员会制度的前提下，若能最大限度地提高会议的效率，就能提高地下空间管理效率。参见肖军：《城市地下空间利用法律制度研究》，知识产权出版社 2008 年版。

间开发利用管理，学界建议选定设置委员会制的一元式管理模式的呼声很高。

所谓协同式管理模式，就是将现有地表土地开发管理体制及职能延伸至地下空间开发利用，地下空间开发利用由各个职能部门协同管理的模式。此模式根据地下空间开发利用的自身特性及相应职能部门管理职能发挥的程度不同，又可分为三种具体模式，各模式的优势也各不相同。其一，突出地下空间的人民防空性质的协同式管理模式。授权人防部门作为地下空间的行政主管部门，扩大人防部门的管理范围，使人防部门作为主管部门。该模式的优点在于：尊重地下空间开发起源于人民防空的需要，充分利用人民防空工程的主管部门对于地下工程的规划、建设和管理方面已经具备的一定经验，但劣势在于人防部门对于地下空间开发利用的专业管理和综合管理还存在着法律上和技术上的障碍。其二，侧重地下空间的开发建设专业性质的协同式管理模式。由住建部门统管地下空间工程的建设与管理，其他相关职能部门协助。该模式的优点在于：既尊重现状，即目前地下空间工程的建设与管理分别由住建部门和人防部门进行，又在体制上有所突破，避免了地下空间利用权的登记与确认之争，有利于实现政府职能转变，也与住建部门的规章内容相一致。但其劣势在于地下空间利用权有偿利用制度的实行，使住建部门难以独自承担全部管理责任。其三，强调地下空间开发利用的规划性特质的协同式管理模式。属于分类牵头负责情形，一般地下空间工程的详细规划管理由规划部门负责，一般地下工程的建设、管理由住建部门负责，一般地下工程的登记、发证管理由不动产管理部门负责，特殊民防工程的规划、管理、登记等由人防部门负责。这种方案的优点是：调整幅度不大，易为各方面接受。但其劣势在于对于有些难以区分民防工程和一般地下工程用途的地下空间工程无法准确确定管理权限。[①]

比较一元式管理模式和协同式管理模式各具特点，前者的优点是侧重于地下空间开发涉及众多部门，如果不成立专门统一的部门，无法满足地下空间开发利用综合高效、协调发展的需要。但是，从目前我国地下空间利用管

---

① 参见上海市行政法制研究所：《上海市城市地下空间开发利用管理立法研究》，载中国政府法制信息网，http://www.chinalaw.gov.cn/article/dfxx/dffzxx/sh/200303/20030300054516.shtml，最后访问日期：2019年5月1日。

理机制整体情况看，在中心城市如北京、上海、广州、深圳等采取设置地下空间管理委员会的一元式管理模式应该说弊端不大，而除此以外的地方，尤其是中小城市，还没有体现出对于设置该委员会的迫切性。正是由于我国地下空间利用状况发展的差别，所以说现阶段若采取一元式管理模式，重新设立一个专门统一的机构，不仅增加了行政成本，而且由于该委员会由众多部门共同组成，运作效率也将难以保证。后者则有效避免了前者存在的问题，但也不失为一种权宜之计。笔者认为，我国现阶段应采用从协同式管理模式向一元式管理模式逐渐过渡的管理模式，伴随着地下空间开发利用是地表土地开发利用的自然延伸，相应地将现有地表土地开发管理体制及职能也向地下空间开发利用逐步延伸，并向权力整合发展，最终实现一元式管理模式。例如，可由建设行政主管部门全面负责建设管理；规划行政主管部门负责地下空间开发利用规划；人民防空主管部门主要负责与人民防空有关的工程建筑管理；土地与房产管理部门负责地下空间使用权和建筑物的出让、登记工作；市政建设主管部门负责道路开挖和对地下管线的管理等。这种管理体制既可与现行行政管理体制接轨，又兼顾到各个管理部门的业务分工，易于操作，同时又可以避免新设机构所带来的大量行政管理成本。又如，在具体管理上应该注意的是，对平战结合的地下空间利用登记，由土地房产登记部门负责，同时应在人防管理部门备案。广州市于 2011 年 11 月 21 日制定的《广州市地下空间开发利用管理办法》就体现了该理念，规定了城乡规划、城乡建设、国土房管主管部门分别负责地下空间开发利用的规划管理、建设工程管理、用地和产权管理，政府其他相关主管部门及各区人民政府应当按照各自的职能分工，在其职责范围内做好地下空间开发利用管理的相应工作。[①] 同时，不可否认的是一元式管理模式终究是引领地下空间利用管理模式发展趋势的目标，在理论和实践方面都不可轻言放弃。

（二）我国地下空间利用规划管理

我国地下空间利用权的外部运行环境制度的再造，离不开规划的法制

---

① 刘国臻：《土地与房产法研究》，中国政法大学出版社 2013 年版，第 67 页。

化,《地下空间管理规定》^①专设规划章节,规定地下空间利用规划要从原则、内容、制定、实施等方面进行综合考量,^②足以说明规划在对我国地下空间利用发展进行宏观管理中的地位之重,住建部于 2016 年 5 月 25 日制定颁布了《城市地下空间开发利用"十三五"规划》(以下简称《地下空间"十三五"规划》),提出了保障规划实施的措施,基本原则之一就是先规划、后建设,科学编制城市地下空间规划。协调相关法律法规与地下空间开发利用法律法规的关系,减少和避免法律法规冲突和矛盾,实现合理衔接。^③同样,我国地下空间利用权的私法构建也无法排斥或回避与地下空间利用规划相关管理性制度的衔接与协调。本书对此予以讨论研究也是回应实践的需要,主要围绕我国地下空间利用权运行中所涉及的规划的原则内容、制定实施等方面,如何协同保障地下空间利用权制度顺利运行作以阐述。

1. 我国地下空间利用规划的原则

针对地下空间开发利用规划方面应遵循的普遍原则一般有:利用与保护相协调原则、综合开发原则、以人为本原则、平战结合原则。(1)进行地下空间规划时,必须注意地下空间利用与保护协调发展的并重原则。对于有限的地下空间资源,不能只一味地盲目开发,而应当在开发建设的同时,加强对其综合的保护。在建设资源节约型、环境友好型社会中,人们也要树立地下空间的保护及其可持续利用观念。(2)进行地下空间规划时,必须强调综合开发,处理好地下与地表、地下大深度与一般深度的关系,对各项设施进行统筹考虑、系统整合,促使地下空间的效益最大限度地发挥出来。(3)进行地下空间规划时,一定要体现以人为本,人与自然和谐发展的精神,注重将人的长期活动置于地上,短期活动置于地下的方针。从各种层面出发,努

---

① 《地下空间管理规定》第 5 条:"城市地下空间规划是城市规划的重要组成部分。各级人民政府在组织编制城市总体规划时,应根据城市发展的需要,编制城市地下空间开发利用规划。各级人民政府在编制城市详细规划时,应当依据城市地下空间开发利用规划对城市地下空间开发利用作出具体规定。"《建设部关于修改〈城市地下空间开发利用管理规定〉的决定》已经 2001 年 11 月 2 日建设部第 50 次常务会议审议通过,现予发布,自发布之日起施行。

② 参见肖军:《城市地下空间利用法律制度研究》,知识产权出版社 2008 年版,第 15~19 页。

③ 该《规划》确定的基本原则是:先规划、后建设,科学编制城市地下空间规划;统筹开发,有序利用,提高地下空间系统性;生态优先,公共利益优先,保障公共安全;依法行政,依法实施管理,加强监管职责。

力实现地表环境与地下环境最大程度的和谐共生。（4）进行地下空间规划时，要强化平战结合思想，虽然现在处于和平时期，但也要居安思危。我国地下空间利用始于人民防空工程，防治突袭灾害是地下空间的最大优势，这一优势应该继续坚持和发扬改进，同时，要充分考虑社会和平发展状态和趋势，审视国内外发展形势，从市场经济体制发展角度考察作为人防工程建设的地下空间的商业化运作，实际和平利用和战时利用两不误。

2. 我国地下空间利用规划的内容

《地下空间管理规定》第 6 条规定："城市地下空间开发利用规划的主要内容包括：地下空间现状及发展预测，地下空间开发战略，开发层次、内容、期限，规模与布局，以及地下空间开发实施步骤等。"根据规划的具体详尽程度，规划可以分为概念规划和详细规划两类，其中，详细规划又可以进一步划分为实施性详细规划和控制性详细规划，控制性详细规划侧重于宏观管理，而实施性详细规划则更为详细具体，并可直接适用于实施过程，它也是规划历程中最后阶段的规划。例如，《上海市城市详细规划编制审批办法》对两者的范围分别进行了规定，前者实施性详细规划的一般包括：实施开发地区的建设条件分析、综合技术经济分析和环境分析，道路和交通的组织，专业工程管网的地下空间位置，在地形复杂和地表、地下空间衔接紧密的地区，编制竖向规划设计等。而地下空间开发利用建设的控制性详细规划一般则包含：地区地表、地下现状分析，规划期内经济、社会发展和环境发展目标，各类不同用地的使用性质和界线，各类用地内适建、不适建或者有条件允许建设的建筑类别，各地块建筑高度、建蔽率、容积率、绿地率等控制指标，交通出入口方位、道路、河道轨道交通和主要地下管线工程，文物和优秀历史建筑保护要求，景观分析和民防工程等规划控制要求。

不同的规划种类，其规划的内容也有所不同。概念规划的内容主要是理念、现状分析评价、总体布局、专项系统、分期建设、典型地区等。如在上海市城市地下空间概念规划中，[①] 规划理念为"城市地下空间的开发应以建设人工环境和自然环境充分协调的城市环境为目标。以此来实现城市的可持续发展"。对现状的评价是"缺乏把城市地下空间作为城市重要资源开发的认

---

① 上海市城市规划管理局与上海市城市规划设计研究院 2004 年制作。

识；缺乏城市地下空间统一管理的机制；缺乏综合性的规划；缺乏相关的配套法规和技术规范；缺乏地下空间开发投资保障机制等。"关于总体布局，该概念规划指出0—15米为现有开发深度，13—30米为近期可开发深度，30—50米为中期可开发深度，50—100米为远期可开发深度，100以下为未来城市可开发深度。详细划分为：（1）道路下表层（0—-3米）建设道路结构层、市政管线、地铁车站；（2）道路下浅层（-3—-15米）建设重力流排水总管等大型市政管线、地铁、地下人行通道和立交、共同管道；（3）道路下中层（-15—-40米）建设地铁、地下道路、地下物流管道；（4）道路下深层（-40米以下）地下水资源保护、建设特种工程、进行远期开发；（5）非道路下浅表层（0—-15米）建设地铁、地下综合体、地下商业街、民防工程、仓库、车库、雨水调蓄池、变电站等市政设施、各类建筑物基础；非道路下中层（-15—-40米）建设物流管道、危险品仓库、地下道路、各类建筑物基础；非道路下深层（-40米以下）地下水资源保护、建设特种工程、进行远期开发。

由该则规划事例可见，详细规划的内容在广度和深度上都要超过概念规划。综上，在一般城市规划内容的基础上，地下空间详细性规划的具体内容应该有规划背景与动因、规划地区现状、开发规模预测、规划目标与思路、规划深度与范围、布局形态、区域开发规划、土地使用规划、道路系统规划、公共交通规划、设施网络规划、综合防灾规划等。

3.我国地下空间利用规划的制定

地下空间利用规划一般是由各地规划行政主管部门组织编制，行政主管部门可以委托有资质的规划设计单位进行具体设计和编制。设计单位在编制地下空间开发利用规划时，应当对规划项目所在区域的经济和社会发展、自然环境、城市建设的历史与现状等情况进行调查评估。尽可能征求项目管理部门和所在区域人民代表对初步规划设计方案提出意见，对未采纳的意见，亦当在编制报告中予以说明理由。尤其是城市规划和地下空间规划可以说是一个影响城市全局的工程，所以对规划具有最终决定权的审批机关在级别上要高，特别是在审批整体性的详细规划，或工程规模大，影响面广的重点规划立项时，当然，规划审批机关在收到项目规划申报后，并不是独自进行审核批准，而是应当建立一套征求意见流程，汇总各方意见，在规定期限内做出批准或不予批准，或退回补充完善的结论，在此期间应尽量通过扩大主体参与范围的模式，特别是对重大项目更要扩大主体参与度，以使得规划的制定更趋科学化、大众化，要能经受住历史的检验。

4. 我国地下空间利用规划的实施

完善的规划制定后，如何实施将成为关键。地下空间开发利用规划的实施，要从多方面着手。比如，如前所述，要依靠高效的管理体制，在合理高效的管理模式体制运行下，信息共享机制、协商机制、监督机制、安全保障机制等都必须逐项建立和协调运转。再如，在监督过程中，不仅要做到传统的书面审批、事后处罚等措施，还要强化事中监督，随时改正。地下空间开发利用建设是一个高成本的事业，其法律体系构建实施不仅需要静态的私法权利制度保障，还得依靠公权力动态运作予以推进，只有在私法完备、公法完善的协同规制之下，我国地下空间利用权制度体系构建方能作为一个整体呈现在世人的面前。我国地下空间利用权制度体系的构建完善离不开规划的法制化，前文对于我国地下空间利用规划的原则内容、制定实施进行了阐述，实践中也不缺少成功的典型范案例供未来立法借鉴。

案例 5.5：北京市石景山区玉泉路地下公园设立规划事例。[①]

该项目位于北京市石景山区玉泉路，原地表土地权利人为：北京市石景山区园林绿化局（划拨用地）。2013 年北京物美置地公司与北京市国土资源局签订了出让合同，在国际雕塑公园地下建设文化娱乐中心。其规划条件为：用地性质为文化娱乐（地下）；建筑控制高度为地下建筑最高点与地上建筑最低点分界线为海拔高程 59.6m 等。（出让合同没有明确规定地下建筑物的深度）。具体情况如图 5.3。

---

① 参见张坚：《论区分建设用地使用权》，载《中国土地科学》2015 年第 1 期，第 39 页。

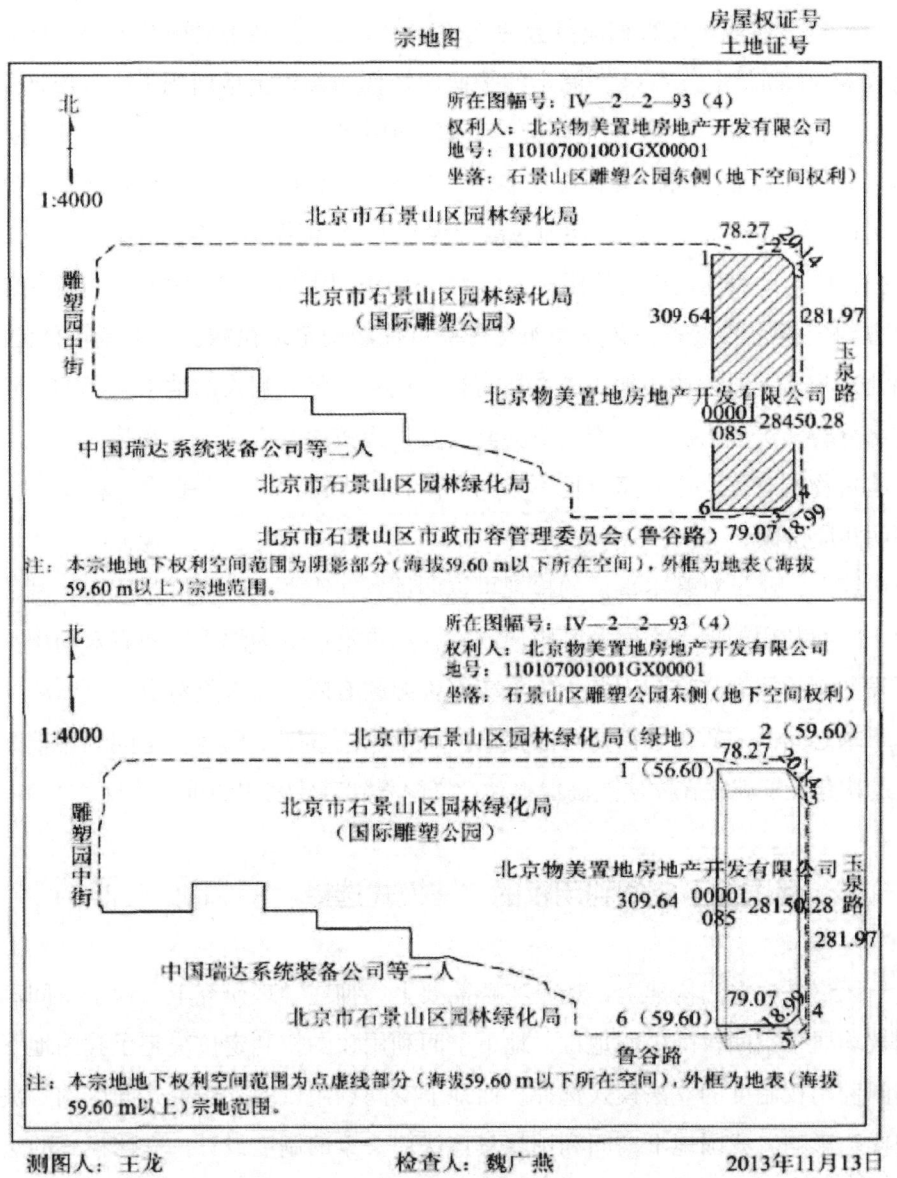

图 5.3　独自使用区分建设用地使用权示意图

对于案例 5.5 所描述的项目，通过地下空间利用权的规划规则，在规划设立阶段，比如地籍调查、土地登记、专有登记，可做如下适用解析：（1）地籍调查。依据出让合同确定北京物美置业为地下空间利用权人。地籍编号按"X"表示区分建设用地使用权宗地（地下）。地籍测绘时将控制点高程引到规划钉桩点，在地表投影相应位置建立"X，Y，Z"三维绝对坐标成果，海拔高程为 59.6m。由"X，Y"圈定的平面区域作为确权土地面积（应与规划用地规模数据相符）。（2）土地登记。土地登记类型为地下空间利用权，权利人为北京物美置业公司，权利设定情况为地下，权属性质类型为出让地下空间利用权，在登记备注中，注明海拔高程为 59.6m。依据出让合同，北京物美置业公司应与地表建设用地使用权人就配套用房，用地出入口等事项进行衔接，双方约定相应的权利、义务，如有需要可依法确定地役权。（3）流转登记。如北京物美置业公司经地下空间所有权人同意，将其建设的地下二层的建筑物部分转让给他人所有，而变更为其与受让人按份共有关系，受让人不仅取得建筑物所有权，还应享有地下空间利用权的一定份额，并在登记簿备注中注明相应份额。

综上，通过对基本事例的检视可以印证，在当下社会发展过程中，基于地下空间利用的地下空间及其附属物的权属不清已成为地下空间有效利用与开发的制约因素之一。因此，为了缓解资源的有限性与人类对资源不断增长的需求之间的矛盾，就需要不断提高资源的利用效率，而地下空间利用权制度的构建无疑就是在立法上确保不动产资源得到有效利用的重要体现。[①]

三、我国地下空间利用权的立法模式选择

无论是从立法构建上，还是实践需要上，抑或学理研究上，地下空间利用权均居于空间权的核心地位，地下空间利用权的权利定位决定了我国地下空间利用权制度的立法模式选择。而地下空间利用权的立法模式问题的解决同样会影响着我国地下空间利用权具体法律关系的制度设计。立法模式的选择既是设计地下空间利用权具体法律关系的前提，其本身又是整体制度设计的内容之一。我国土地幅员辽阔，对城市、农村的地下空间利用情况复杂，大规模进行地下空间开发利用的历史相比西方发达国家来说也比较短，诸多情况使得我国在选择地下空间利用权制度立法模式时应该慎重考虑，全面思

---

① 贾宏斌：《论我国地下空间利用权之构建——以地下车位权属交易为视角》，载《西安电子科技大学学报（社会科学版）》2015 年第 5 期，第 79 页。

考。即结合我国地下空间开发利用的实践需要，并借鉴发达国家地区的先进地下空间利用权立法模式，从而确立完善我国的地下空间利用权制度立法模式。

明确地下空间利用权作为空间权和空间利用权的下位权利，也就是核心组成地位，将有助于我国地下空间利用权立法模式的选择。选择适用符合我国地下空间开发利用实践需要和法治发展特点的立法模式，构建地下空间利用权制度，并以此作为起点，扩展至空间利用权及空间权的整体法律制度体系。诚然，地下空间利用权是随着空间权的发展而并逐渐得到重视，反过来，地下空间利用权的发展也必将充实和推动着空间权制度的向前发展。

（一）域外地下空间利用权制度立法模式梳理

由于受到立法传统和立法技术等多种因素的影响，从域外先进国家或地区对于有关地下空间利用权的立法主要集中于地上权，对于空间役权加以规定的并不多，[1] 至于地下空间所有权的法律规范，则更为稀少。[2] 他们为了适应经济发展对土地开发利用的需要，解决由于地下空间开发过程所带来的诸多法律问题，基于各自地下空间开发实践的需要，在地下空间开发利用的立法方面不断进行完善并形成相应的模式，大多形成以空间权为核心的权利束形式展现出来。前文对此作出过探讨，其地下空间立法模式进行梳理后，可基本归纳为以下三种地下空间利用权的立法模式：[3]

1. 单独立法模式或称单行法模式

地下空间利用权在英美法系中运用比较广泛。由于英美法系并未如大陆法系采用一物一权和物权法定原则，因此，将地下空间水平或垂直区分作为权利标的困难性比较低。学界普遍认为英美法系国家主要采用了地下空间利用权专门立法的模式，这一模式充分表现了是为了适应鼓励地下空间开发利

---

① 参见陈祥建：《关于空间权性质及立法体例的探讨》，载《中国法学》2002 年第 5 期。

② 马栩生：《论城市地下空间权及其物权法构建》，载《法商研究》2010 年第 3 期，第 86 页。

③ 域外先进国家或地区对于地下空间利用权的三种典例立法模式，仍属于嵌入在各自国家或地区空间权的立法模式之中，故此，本章对于地下空间利用权的梳理也代表着其对于空间权的立法模式。

用的目的而选定，逐步摆脱无视他人的权益而赋予地面所有人绝对权利的传统规则。①

（1）美国。美国对地下空间利用权的规定采用的是单独制定"空间法"的模式，也即单行法模式。从立法形式上看，美国空间权的规定经历了一个从判例法到成文法发展的过程。美国通过1857年爱阿华判决和1898年伊利诺两个重要判例，肯认了地下空间可以和土地所有权相分离，以实现空间的巨大经济价值。在空间权法律制度的形成过程中，美国倡导各州使用"空间法"来制定空间权制度，最为典型的空间立法是《俄克拉荷马州空间法》，被认为是对此前有关空间权判例与学说问题的总结。②

（2）英国。早在16世纪，在英国普通法上就通过判例形式认定地表的上空空间可以作为权利的标的，1610年的贝特案和1870年的科比特诉希尔案是最著名的判例，随着土地资源的日益紧缺和城镇化的发展，1947年英国颁布了第一部真正意义上的《城乡规划法》，赋予了对地下空间的利用，即可将地下空间水平或垂直区分作为权利标的，并将地下空间利用纳入国家规划政策（PPG）、区域规划导则（RPG）和发展规划体系加以规范。③

2.纳入民法典立法模式或称民法模式

第二种是大陆法系国家普遍采用的立法模式，即将地下空间利用权制度规定在民法典特别是用益物权的相关章节之中。由于受到罗马法传统影响，大陆法系多数国家认为空间权的行使离不开土地，于是多在用益物权中设置空间权制度的相关条款，用以规范调整对于空间利用的权利义务关系，以德国、瑞士、日本等大陆法系国家最为典型。

（1）德国。德国曾有学者风趣地表示："在德国空间权只是土地所有权的一种延伸。美国有这个概念，大概是由于摩天大楼建的太多"。④1896年《德国民法典》第4章1012条的规定体现出德国传统民法上认为地上权与空间地

① 参见［美］约翰.G.斯普兰克林：《美国财产法精要》第2版，钟书峰译，北京大学出版社2009年版，第493页。

② 胡志刚：《不动产物权新论》，学林出版社2005年版，第323页。

③ 《英国城乡规划立法概况》，http://www.landscapecn.com/paper/detail.asp?id=203，访问日期：2015年9月30日。

④ 参见［德］雷盖伯：《德国物权法的新发展》，刘畅译，载王利明主编：《民商法前沿论坛》第2辑，人民法院出版社2004年版，第251页。

上权是一般与特殊的关系，① 也就是说，将二者合二为一的规定在民法典章节之中，并没有将普通地上权和空间地上权加以区分，由此，有学者认为德国对于地下空间利用权的立法模式属于一般地上权模式，与日本和我国台湾地区的区分地上权模式不完整相同。②1900 年《德国民法典》第 905 条对土地所有人的权利进行了一定程度限制的规定。随着经济社会的发展，绝对土地所有权思想在民法上取得进一步的突破，表现在 1919 年德国颁布了《关于地上权之命令》(也译为《地上权条例》)，较为详尽地丰富了地上权内容，也使空间地上权又有了进一步的发展，它被称作下级地上权或次地上权。③第三人在地上权设定地后，可以与地上权人约定在地上权人所支配的不动产上设立下级地上权。④由此可知，德国虽然采用单独立法模式，但在某种程度上是认可了脱离土地的地下空间利用权制度的。

（2）瑞士。在瑞士 1912 年《瑞士民法典》中第 655、675、691、692 条以及第 730、779 条均涉及对空间权的规定，⑤其将空间权规定在"建筑权"项下，并将"建筑权"作为"役权"的一种，权利人可以在他人土地的地上或是地下行使建筑权。其实这种所谓的"役权"仍然是一种地上权，和其他国家的地上权规定并无本质上的区别，空间地上权被包含在建筑权之中，可以独立而且长久的存在，并可在不动产登记簿上进行登记。对此有学者直接将瑞士民法上的"建筑权"称为地上权人行使的一种地上权。⑥

（3）日本。与德国相似，起初 1898 年《日本民法典》并没有关于空间权的规定，仅有普通地上权的部分规定。随着战后经济的快速发展，土地资源严重匮乏的日本，对地下空间进行开发利用已成必然。因此 1956 年，日本私法学会探讨土地利用问题时，提出可以将以地表上下的空间为客体而设立的土地使用权与仅以地表为客体的土地使用权予以区别对待，为确立空间权制度作了理论准备。为了保持《日本民法典》的完整体和稳定性，日本立法者

①　郑冲、贾红梅译：《德国民法典》，法律出版社 1999 年版，第 237 页。

②　马栩生：《论城市地下空间权及其物权法构建》，载《法商研究》2010 年第 3 期，第 86 页。

③　刘得宽：《民法诸问题及新展望》，三民书局 1980 年版，第 409 页。

④　孙宪忠：《德国当代物权法》，法律出版社 1997 年版，第 228 页。

⑤　详见殷生根：《瑞士民法典》，中国政法大学出版社 2000 年版，第 354 页。

⑥　杨与龄：《论分层地上权》，载《法令月刊》，1987 年第 6 期，第 4 页。

在 1966 年修法时，未使用像《德国民法典》那样将空间地上权纳入普通地上权之中进行一体规定，而是采取"附加"的方式，将地下空间利用权条款附加在"地上权"一章中的最后一个条款（第 269 条）之内，从而使之独立于第 265 条普通地上权的规定。① 《日本民法典》将空间权定性为一种地上权，范围是地表上下的特定的空间，赋予空间权一种独立的财产权利。除此之外，日本还制定有《不动产登记法》，对空间权的设定、生效、存续期间以及登记范围等问题进行了详尽规定。②

3. 综合立法模式或称法律包裹

第三种立法模式是经常提及的"法律包裹"立法模式，即在相关特别法中分别规定地下空间利用权的内容，形成一个多法律多条文的制度"包裹"，故而也被称为综合立法模式，该模式注重对以往立法体系内容的不受大幅度打乱。我国台湾地区采用了此立法模式。与德国、日本等大陆法系国家一样，我国台湾地区"民法典"最初也没有规定空间权内容，仅在第 823 条对普通地上权作了规定，③ 此后"内政部"解释、司法判例及修法逐步建立和完善了对地下空间利用权制度的相关规定。1985 年 2 月 14 日台湾地区"最高法院"以判决的形式，首次表明了承认空间地上权的基本立场，此后，1988 年台湾地区制定了《大众捷运法》，以"法律包裹"的方式确立了空间利用权法律制度。④ 近年来，我国台湾地区仿照日本，在 2010 年 5 月 26 日的修正台湾民法典中第三编物权的第三章地上权中单设第二节作为第 841 条的"附加"形式，形成"第 841-1 条至第 841-6 条"专门规定了为"区分地上权"。与此同时，我国台湾地区制定了配套的法律来规范空间利用和保证法律的实施，如《土地征收条例》规定了因公共利益穿越私有土地获得补偿的具体办法；《共同管道法实施细则》规定了公共管道系统若穿越公、私有土地之上下空，应依最小损害之原则，并予以补偿；《停车场法》规定建设停车场或其他公共设施可利用地上或地下，但不得破坏整体设施；《奖励民间参与交通建设条例》规定

---

① 参见陈祥建：《关于空间权性质及立法体例的探讨》，载《中国法学》，2002 年第 5 期。

② 参见胡兰玲：《土地空间权论》，载《西南政法学院学报》2001 年第 9 期，第 143 页。

③ 参见王利明：《物权法专题研究》，吉林人民出版社 2002 年版，第 814~828 页。

④ 参见我国台湾地区"内政部"编：《地政法令汇编》1984 年，第 1260 页；我国台湾地区"最高法院"《民刑事裁判汇编》，1988 年。

了民间企业之间协议取得空间利用权程序规定等。[①] 我国台湾地区对地下空间利用权立法模式虽然仿效了日本的立法例，但其不仅有"最高权力机构"的立法，也有"行政机关"的立法，这对吸引民间资本投资空间开发利用有举足轻重的作用。

　　（二）域外地下空间利用权制度立法模式启示

　　前述三种地下空间利用权立法模式中，以纳入民法典立法模式最为广泛被采用。但事实上，具体采用何种立法模式完全是由各国及地区具体的法律制度和立法实际决定的，并不能以应用的多或少来评价优与劣。比如，以德国和日本为代表的大陆法系国家虽然都采用将空间利用权纳入民法典的立法模式法例，但两者具体的立法形式仍有区别。德国直接将地下空间利用权纳入《德国民法典》"地上权"一章，后又《关于地上权之命令》特别法规定"地上权"，而《日本民法典》施行时，土地的立体开发尚未大量出现，因此，《日本民法典》并没有对地下空间利用进行规范，因此，不得不采用修改日本民法典的方式，建立地下空间利用权制度。又如我国台湾地区，虽然先期以判例方式表明并承认了空间地上权的基本立场，但为了避免长期依赖"法官造法"解决土地、空间权制度规范问题，又为减少对既有法律体系的紊乱，因此，《大众捷运法》应运而生，最终形成了"法律包裹"的立法模式。再如以美国、英国为代表的英美法系国家中，有关地下空间利用权的立法采用了单独立法的模式，是由于受到判例法传统的影响，充分发挥了单独制定空间法的法律技术便捷、灵活高效，便于修改完善的优势。

　　通过对两大法系、三种立法模式的梳理比较，可以总结出两大法系代表国家或地区对于空间利用权立法模式的基本异同点，有利于为我国构建地下空间利用权制度立法模式选择提供借鉴参考。一方面，关于两大法系代表国家或地区对于地下空间利用权立法模式的相同点，表现为：一是不同国家或地区的地下空间利用权制度立法模式选择受各自经济发展水平和历史传统的影响；二是虽然立法模式形式不同，但实质内容上仍体现为在对空间利用过

---

　　① 黄志伟：《地上权、地役权、抵押权之物权法律解析暨登记实务》，五南图书出版社2007年版，第75页。

程中，对固有的和潜在的各种权利和义务主体之间利益的平衡；三是立法模式多表现了国家、政府对于空间权益的管理深化。另一方面，关于两大法系代表国家或地区对于地下空间利用权立法模式的不同点，表现为：大陆法系国家一般都把地下空间利用权放置在既有用益物权之内进行规定，所谓的"旧瓶装新酒"，目的是为了达到法律体系整体的结构严谨、有序。而英美法系国家一般采用单独立法的形式对地下空间利用权进行规定，将新兴的具有独立经济价值的一定空间作为财产权利之一种，直接用立法的形式加以确认，而不拘泥于整个财产法体系。相比之下，大陆法系代表国家或地区一般都有自己统一的民法典，鉴于民法典体系的严谨性，他们至多只是寻找到一个与地下空间利用权最相类似，最能将其包容在内的某项上位权利，通过扩大解释的方法来达到规范地下空间利用权的目的。

从域外先进国家或地区空间立法模式规范的总体情况来着，大多认为地下空间利用权是一种独立的不动产财产权利，对于地下空间利用权可以依据法定的程序在不动产登记簿上进行登记，可以依法进行转让、继承、抵押和出租。同时，在立法模式的选择上，无论是通过判例形式还是局部修法形式，都体现了对各自法律传统的尊重，尽管称谓不尽相同，也没有明确定义为地下空间利用权，但实际上地下空间利用权制度业已存在，并已相当完善。① 对于我国的借鉴意义主要表现在以下方面：

首先，就单独立法模式而言，英美法系国家受其法律实用主义传统影响，地下空间利用权可以独立构造而不冲击相关其他固有法律体系，而由于我国受大陆法系传统影响较深，并已经制定了《物权法》、《民法总则》，《民法典》的出台也是指日可待，倘若采取对地下空间利用权单独立法模式，并不适合我国立法实际，该模式很难得以确立。

其次，从纳入民法典立法模式来看，德国、瑞士和日本等大陆法系代表国家均是在民法典中设立专章、专节或专条规定若干空间利用权的条款，用以调整空间利用关系。德国为实现在传统法律体系背景下解决地下空间利用的问题，试图通过扩张地上权的内容的途径进行，此举虽然暂时阻止了"地

---

① 王卫国：《中国土地权利的法制建设》，中国政法大学出版社 2002 年版，第 156 页。

下空间逃逸"的现象，但在配套技术上仍显不足。^① 与其他模式相比较，日本立足于在基本法中创设地下空间利用权的办法来解决地下空间利用的问题，即在民法典地上权中增设空间地上权条款，此种规定兼顾了体系的协调，也为地下空间权留下了制度成长的空间，相对较为科学。^②

最后，我国台湾地区的法律包裹模式，虽然可以避免空间利用权的设立牵扯太多法律的修订，但该模式只能说是在特定背景下的权宜之策，随着我国《民法典》制定进程的加快，我国地下空间利用权立法当然不能采用法律包裹的模式。另外，台湾地区在最近一次民法典修正中，重新在"地上权"序列中规范了空间权内容，由此可知，仅仅依靠法律包裹模式难以解决空间利用权制度的系列问题，还需向纳入民法典模式转化。

通过对两大法系先进国家或地区对于地下空间利用权制度立法模式的梳理和比较可知，地下空间利用权的产生皆是根源于各自国家或地区的社会、经济、人口、科技等多种因素需求，随着我国城市化进程的不断加深，越来越多的人口流向大城市，单纯的平面利用空间的模式显然已经无法满足这种刚性需求。对于我国而言，在设立地下空间利用权制度究竟采取何种模式和何种具体措施，除了要借鉴其他先进国家或地区的成熟立法经验外，还要结合我国的具体国情和立法实际因地制宜，采取最有利于我国地下空间利用权制度的制定与实施的模式加以规范。

（三）我国地下空间利用权制度立法模式选择
1.我国相关地下空间利用权制度立法现状

我国目前关于地下空间利用系统性的法律、法规尚处在探索和初步建立的过程之中，立法模式尚未成型，为深入研究此问题，可从宏观层面（各层级整体立法架构）的法律、法规配套规定的综合立法体系和微观层面（民法、物权法等）民事基本法律具体规定的专门立法条款两个层面进行一定梳理。由此，下文主要以我国《物权法》的实施时间作为时间节点，对前后关于地

---

① 参见梅夏英：《土地分层地上权的解析——关于〈物权法〉第136条的理解与适用》，载于《政治与法律》2008年第10期。
② 马栩生：《论城市地下空间权及其物权法构建》，载《法商研究》2010年第3期，第87页。

下空间利用权的立法背景及相关立法状况进行基本分析，提出一些建设性意见，以期为日后我国地下空间利用权制度立法模式选择与构建提供借鉴参考。

20 世纪以来，在我国物权法施行以前，从宏观立法实践来看，我国关于对地下空间开发利用的规定仅存在于相关的单行法及一些地方性法规之中，主要针对的是地下空间的规划利用，并未明确规范地下空间利用的权利归属。如原国家土地管理局于 1989 年颁布的《确定土地所有权和使用权的若干规定》是我国第一个涉及空间利用权制度等相关内容的规定，[①] 1996 年 10 月 29 日第八届全国人大常委会通过的《中华人民共和国人民防空法》，1995 年原国家土地管理局颁布的《确认土地所有权和使用权的若干规定》，1997 年原建设部颁布的《城市地下空间开发利用管理规定》（为配合城市建设的需要，解决实践中出现的新问题，该规定已于 2001 年进行了修正），其中单独成立一章对我国空间资源的规划、工程的建设以及政府部门应如何进行管理等相关内容做出了专门性的规定等，也仅限于是对某种特殊的地下空间利用（如铺设地下管线等）作出专门性规定。2000 年原国土资源部在回复广东省国土资源厅《关于地下建筑物土地的确权登记发证问题的请示》中指出：1. 凡是与地上建筑物连为一体的地下建筑物，其土地权利可以确定为土地使用权。具体登记时，将地下的建筑物的建筑面积计入整体总面积，然后按权利人拥有的地下建筑面积占整体建筑面积的比例分摊地面上的土地面积。2. 离开地面一定深度单独建造，不能与地上建筑物连为一体的地下建筑物，其土地权利可确定为土地使用权地下。其土地面积为地下建筑物垂直投影面积，并在备注栏注明相应地上土地使用权的特征。土地使用权（地下）在不违反地下建筑物规定的用途、使用条件的前提下，可以进行出租、转让和抵押。

我国经济较为发达的省份和城市，在工程实践中已认识到合理开发利用地下空间的重要性，便相应在立法上有所先行突破。如浙江省政府在 2002 年颁布的《浙江省土地登记办法》中对地下空间的使用权进行规定后，陆续有

---

① 该《规定》第 54 条规定："地面与空中、地面与地下立体交叉使用土地的' 楼房除外，土地使用权确定给地面使用者，空中和地下可确定为他项权利。平面交叉使用土地的，可以确定为共有土地使用权也可以将土地使用权确定给主要用途或优先使用单位，次要和服从使用单位可确定为他项权利。"参见陈耀东、罗瑞芳：《我国空间权制度法制化历程' 问题研究》，载《南开学报》（哲学社会科学版），2009 年第 6 期。

深圳、上海、南京、天津等城市也通过地方立法对地下空间的利用进行规范，并渐次出台了一些规定和草案，如：《上海市民防条例》《上海市民防工程管理办法》《上海市地下空间开发利用管理办法》《上海市城市地下空间建设用地审批和房地产登记试行规定》《深圳市地下空间开发利用管理办法》《天津市地下空间规划管理条例》，但这些都属于地方性法规、规章，效力层次不高。而且这些法规只涉及地下空间的规划、建设等方面的规定，并未整体涉及地下空间性质及其物权领域。

由此可以看出，近年来，我国已经对地下空间开发利用活动开展立法，并相继出台了一些专门性规定，取得了一定的成效，但是其中也存在着明显的不足。表现为立法效力层次不高，尚未形成统一的立法规范体系。关于地下空间开发利用的立法并没有以法律的形式进行统一的规定，大多是一些地方性法规、规章，在实施过程中就不可避免地会发生冲突，造成很多不必要的纠纷。随着我国城镇国有土地使用权的出让和转让以及国有土地有效利用的发展，以科技为基础的土地利用方式被不断翻新，特别是对地下空间的利用也逐渐为公众所接受。地下空间在被开发利用的过程中，因为权属等问题产生的矛盾也就显现出来，面对越来越多的因地下空间利用权归属及行使而引发的纠纷，我国目前既无相应立法可资援引，也未形成判例规则，使得人民法院面对因地下空间利用发生的民事纠纷，难以援引统一确切的法律依据，造成法律适用的困惑，有时导致同案不同判的发生。可见，我国目前关于空间利用的立法还很不完善，立法的滞后无法满足日益发展的地上和地下空间开发利用的规范化需求。

我国 2007 年颁布实施的物权法，在建设用地使用权一章中我国第一次通过法律的形式对空间利用权进行规定，具有重大的现实和理论意义。

如前文所述，我国物权法在起草和出台过程中，对于立法模式的选择和确定主要体现为三种立法模式，可以分为分散立法模式（梁彗星建议稿）、专章专节立法模式（王利明建议稿）和吸收立法模式（法工委稿），同样，梁稿和王稿均将该方案的基本内容纳入其各自提出的民法典草案建议稿之中。

分散立法模式重在分类纳入土地权利的相关章节之中，不强求整合，并且规定比较概括。而专章专节立法模式是不再将空间权进一步分类，而是统一使用地下空间利用权的概念，在用益物权一章中，单独列为一节，与其他用益物权并列，并且作了较为详尽、系统的规定。[①]

对于选择分散立法模式又存有截然相反的两种不同观点，赞成选择分散立法模式的主要理由在于：（1）地下空间利用权是一项独立的财产权利，应该在物权法中占有其独立的一席之地。（2）如果以分散形式将空间权制度分别规定在不同的章节，不利于人民法院对法律的统一适用，降低了使用效率。（3）分散规定空间权内容，会使得整个物权体系显得不完整。（4）集中地规定地下空间利用权制度，有利于提高民众的空间利用权意识。[②]（5）专章专节立法可以把空间利用权的客体范围、取得方式及程序、内容以及空间相邻关系的特定内容等进行全面的规定。[③]

至于相反意见的理由则在于：（1）地下空间利用权不是一种单独的用益物权，自然就没有必要也不应该将其从所依附的各种用益物权中分割出来，进行单独立法。（2）专章专节规定地下空间利用权，特别是将其与其他土地使用权相并列，与用益物权按用益目的的不同而分类规范的体例不相符合。（3）将独立的地下空间利用权制度纳入现在的建设用地使用权制度中，既维护了现有的用益物权体系，也满足了实践中随着科学技术的提高空间利用的需要。[④]

我国立法机关设计了吸收立法模式，在立法中而并没有采纳前两种方案，而是直接用一个条文将空间权纳入建设用地使用权的调整范围。其给出的立法理由是：在物权法起草过程中，有人提出使用"空间权"的概念，在分层出让建设用地使用权时，不同层次的权利人是按照同样的规定取得土地使用权的，在法律上他们的权利和义务是相同的，只不过其使用权所占用的空间范围有所区别。所以，建设用地使用权的概念完全可以解决对不同空间土地

---

① 参见陈耀东、罗瑞芳：《我国空间权制度法治化历程与问题探究》，载《南开学报》(哲学社会科学版)，2009 年第 6 期，第 96 页。

② 参见苗延波：《关于我国物权法中是否规定空间权的思考——兼评物权法草案中关于空间权的规定》，载《河南省政法管理干部学院学报》，2005 年第 6 期，第 21 页。

③ 参见彭诚信、臧彦：《空间权若干问题在物权立法中的体现》，载《吉林大学社会科学学报》，2002 年第 3 期，第 98 页。

④ 参见陈耀东、罗瑞芳：《我国空间权制度法治化历程与问题探究》，载《南开学报》(哲学社会科学版)，2009 年第 6 期，第 96 页。

的利用问题，没有必要引入空间利用权的概念。①立法机关之所以作出这一选择，是因建设用地使用权的客体是国有土地，以建设为目的的使用国有土地主要是为城市的开发建设。由于城市土地的稀缺性和有限性，对土地资源能够尽可能地加以利用的需求最为迫切，因此规定建设用地使用权可以在土地的地表、地上及地下分别设立，从而使以建设为目的的利用土地的范围从传统的地表扩大到了土地的上、下空间，为我国土地的上、下空间单独成为用益物权的权利客体确立了法律依据。

　　笔者认为，分散立法模式总体思路仍是借鉴日本以及我国台湾地区"民法"的规定，采用了"普通地上权——区分地上权"的连线立法模式，将空间权视为一种综合性的权利，视其内容的不同而纳入不同的制度进行保护，但是这样的设计方案未能凸显空间的普遍性特征，略显冗长重复。而专章专节立法模式注意到了空间利用权的抽象性和普遍性，将其视为一种独立的用益物权，专章专节予以规定，结构简洁明了，集中规定，便于全面理解。对此方案，笔者比较赞同。但是关于地下空间利用的规定，还必须建立起完备的配套制度，否则不能适应社会实践的需要。地下空间利用权的性质决定着地下空间利用权立法模式的确定，前文已论证了地下空间利用权应属于一种单独用益物权的私法权利性质，如果将其委身于建设用地使用权规定之中，必将与着力规范地下空间利用的立法目的相违背，而且仅经物权法上一个条文规定，对于构建完整的地下空间利用权及至空间权法律关系，显属不够。同时，物权法实施以来，因地下空间利用带来的纠纷矛盾未得到妥善解决，这也需要将来对物权法进行修正，直至在民法典物权篇中充实完善。故有学者称，空间建设用地使用的规定是立法上肯定空间利用权的一个起点，并不是终点。②

　　2. 我国相关地下空间利用权制度立法评析

　　一方面，从我国现行地下空间利用权法律、法规的宏观整体架构来看，前述物权法及部门规章和地方政府中对于地下空间利用权制度相关内容的规

---

① 全国人大常委会法制工作委员会民法室编：《〈中华人民共和国物权法〉条文说明、立法理由及相关规定》，北京大学出版社 2007 年版，第 255 页。

② 《论空间权之法理——以大陆物权法有关空间权之立法为中心》，载《铭传大学法学论丛坛》，2011 年第 15 期，第 112 页。

定是值得认可的，在现行法律体系空间权缺位的背景下，发挥了一定的权利宣示作用，肯定了空间可以脱离于土地而成为单独的物权客体，可以成为用益物权类型之一，为我国未来构建地下空间利用权法律制度提供了法律基础性依据。在促进经济发展层面上，前述法律、法规及规章的广泛实施，使得地下空间资源的有效开发和利用具备了行为规范性依据，推动了城镇化建设水平，促使了我国在地下空间利用方面走上了可持续发展的道路。

但在肯定前述法律、法规及规章的积极作用同时，也不得不思考其与现实地下空间利用不相适应之处。也就是说现行法律、法规及规章尚不能完全满足实践需要，不足之处具体表现在以下方面：

第一，法律规范的"普适性"较低。从上文可知这些法律规范的制定主体并非国家的最高立法机关，制定主体多为土地行政管理部门和建设行政管理部门，大部分还是某些发达地区的地方性规定，因此就导致了规范的法律位阶较低，难以在全国范围内形成统一的执行标准。

第二，立法存在着"地区性差异"。对地下空间利用权立法实践还仅限于为数不多的地域优势比较明显，经济发展比较迅速，城镇化进程比较快的发达城市，而其他欠发达地区却鲜有这方面的立法尝试，这就可能导致发达地区和欠发达地区城市空间资源利用的不平衡性加剧。

第三，现实中的可操作性较差。由于在法律层面还缺乏明确、具体的规定，特别是由于相关规定大都过于零散笼统，没有形成规范的制度体系，而且，相关规定也仅局限于某一具体的领域，缺乏明确的操作规则导致实践的可操作性不强。

第四，基本民事立法缺失。由于调整地下空间开发利用的民事权利关系的立法缺失，造成地下空间利用权属关系不明，纠纷多发。目前，城市地下空间的产权不清、主体不明确，引发了很多纠纷。比如土地批租后，开发商对土地利用深度允许开发多深？通过什么样的法律来限定？从现行其他房地产法律法规看，确认地下建筑物所有权归属问题都没有明确的法律依据，地下空间作为一种资产无法进行转让、抵押，也无法通过登记来彰显其权利，因此有必要对这些行为进行界定，很多投资者因权益缺乏相应的法律保护，从而影响到开发地下空间的积极性，成为地下空间开发利用过程中的不利因素。

以上不足之处均是我国未来制定关于地下空间利用权法律制度时，应着重关注的问题。

另一方面，从我国现行地下空间利用权民事立法规范的具体内容来看，也就是从我国物权法采取的立法模式来看，即将空间利用权规定在建设用地使用权部分，学界对此存在两种不同的解读观点，一种是否定说，认为我国物权法仍然沿袭了大陆法系的立法模式，即否定了空间利用权是一种独立的财产权利。另一种是肯定说，认为物权法实际上也承认了空间利用权的独立性，即肯定了空间可以成为用益物权的客体。[①] 笔者持肯定说观点，并认为否定地下空间利用权的独立性，那必将对原本已十分薄弱的空间利用立法更无从发挥其规范作用，无法实现其立法价值。倘若否定地下空间利用权的独立性，那么其带来的局限性突出表现为：

一是不利于清楚地界定建设用地使用权人与土地所有人之间的权利范围。当土地所有权人把其所拥有的建设用地使用权让渡给他人时，并不代表所有权人在土地的让渡期限内就完全丧失对该宗土地的占有、使用、收益和处分的权利，也就是说，在建设用地使用权设定之后，使用权人也并不一定完全享有对该宗土地之地表上下所有空间开发利用的权利，土地所有权人仍然可以基于某种法定事由而享有对该宗土地利用的权利，即地下空间利用权并不完全归属于建设用地使用权人所享有，土地所有权人在一定条件下，也可享有该土地之下空间的地下空间利用权。[②] 基于以上考量，现行立法模式不足以解决土地所有权与建设用地使用权相分离时，如何界定二者对地下空间利用权享有的问题。

二是不利于地下空间利用权的流转。物权法将地下空间利用权置于建设用地使用权项下，完全不利于对于空间利用权进行单独转让的规范。又由于此时"空间"未能明确成为依法确认的单独的物权客体，进而很难开展不动产登记，由于不能充分发挥其公示效用，故不能更好地保障空间权利的合理

---

① 参见王利明：《民法典体系研究》，中国人民大学出版社 2008 年版。

② 参见王利明：《空间权：一种新型的财产权利》，载《法律科学》2007 年第 2 期，第 126 页。

有效的利用和权利人的权利保障，从而不利于对空间进行合理有效充分的利用，容易造成空间资源的浪费。

三是不利于有效避免权利冲突。从形式上看，用建设用地使用权制度涵盖空间利用权问题可以消减冲突发生的几率，但实际上，一旦要分别对地上、地下的空间分别进行开发和利用，就会产生空间利用权和建设用地使用权间的矛盾，对地下空间的利用就可能会受到妨害。小区的地下车位纠纷问题就是非常普遍和明显例证，开发商与业主对于地下车位的权属之争实难通过现行物权法得以有效化解。由于过于笼统的一体化规定，使得实务中不易于操作，在具体案件中，因没有具体详细的法律规定可以援引，导致法院自由裁量权过大，容易造成裁判标准不统一的问题。

四是不利于集体土地地下空间资源的开发利用。我国现行土地相关法律并未承认建设用地使用权可以作为集体土地地下空间资源开发的法律依据。随着越来越多的人涌向城市，城市土地稀缺性加剧，进而为了避开城市土地开发成本的高昂，同时加快现代农业的发展和农村建设现代化的要求，投资者逐渐把目光投向了集体土地地下空间的资源开发利用，农村地下空间交通设施、民用基础设施的建设也已提上日程，因此说集体土地地下空间也存在着地下空间利用的问题。如果仅仅只是为了利用一定的地下空间，就必须先行通过法定征收等程序和途径将整块集体土地转化成建设用地使用权之后，再进行开发利用，加大的成本将是得不偿失，也不符合鼓励资源开发利用的目的。又如对于宅基地上的农民住宅上下的空间的利用等等，如果仅在建设用地使用权中规范空间的利用，显然将导致法律适用上出现"真空地带"。

五是不利于完善空间利用权登记制度。地下空间利用权作为一种不动产用益物权，其权利的公示方法当然是向有关管理部门申请登记，而将地下空间利用权作为建设用地使用权的应属部分，从某种意义上说否定了地下空间利用权作为独立的用益物权种类进行登记的可能性。如前所述，当同一土地的地下空间利用权与建设用地使用权发生冲突之后，就很难再行明确界定两种权利行使主体各自的空间权限，登记权能的丧失，无疑阻碍了地下空间资源的充分开发利用和对相关权利人权利保障，那么空间利用权制度的设立也就失去了它应有的意义。

　　当然，与此相反，若将地下空间利用权理解为法律承认的一种独立的用益物权，那么其产生的优点也是不言自明的，比如：一是承认空间可以构成物权的客体，打破了传统物权客体的局限性，这也丰富了物权法的内容和体系，为未来的法律制度创新奠定了基础；二是明确空间作为一项财产价值的独立性，有助于对空间资源进行合理、有效、充分的开发与利用。物权法设立地下空间利用权的目的是为了充分发挥土地的效用，维护权利人的利益，这对建设用地使用权人和土地所有权人、其他土地使用权人是一样的，如果地下空间利用权人无法享有该同样的利益保护，则不仅在理论上说不通，在实践中也是有害的，也会造成利用度的大大降低。[①] 三是物权法承认可以对建设用地使用权进行分层，并允许权利人可以分别在地表、地上或地下的空间设定不同的建设用地使用权，这实际承认了空间的存在价值和经济意义，基于对空间的重要性的认识，这就为空间利用权的独立提供了法律依据。

　　综上可见，当地下空间的开发和转让并没有独立于土地的开发和转让时，将地下空间权包含在建设用地使用权之中是具有一定合理性的。但是，管理的方便并不是立法的唯一宗旨，最大限度的发挥土地及地下空间资源的效用，促进社会经济的发展是更为重要的立法目的，仅仅承认空间建设用地使用权并不足以涵盖整个地下空间利用权制度，也不利于最大限度的发挥地下空间资源的效益。虽然物权法关于空间利用权的规定言简意赅，也未对地下空间利用权的具体方面做出规定，但可以确定的是，为将来立法或修法留下了广阔的空间。

　　3. 我国相关地下空间利用权制度立法选择及完善

　　综合以上分析，关于我国地下空间利用权立法模式的选择，应该在我国土地公有制的基础上，结合我国的具体国情，借鉴域外先进国家或地区有关空间利用权的先进立法经验，采取适宜的立法模式。具体说来，可以采取基本民事立法优先，专项立法为主，辅助立法为辅的原则，通过修正完善基本民事立法、修订原有相关专门法律、制定专项法规和规章、调整利用已有法律法规等综合化的立法模式，对我国民事地下空间利用权制度的构建选择和完善是一种最为契合我国实践发展需要的立法模式。

---

　　① 高洪宾：《空间权题讨论》，载《法律适用》2007 年第 10 期，第 25 页。

　　第一，修正完善基本民事立法。本书正值我国民法典制定过程之中，为我国采用纳入民法典立法模式提供了难得的契机。一方面，比起其他大陆法系先进国家或地区建立空间权制度之时，其民法典通常已制定完毕并已施行，而不得不采用修改民法典或单独制定相关法例的状况更具优势；另一方面，现今我国对于空间利用权立法的短板已明显显现出来，世界范围内土地立法也已经实现了从平面立法向立体立法的转换，可供参考的空间利用权立法模式也相当成熟，这就为我国空间利用权立法模式的选择和完善提供了丰富的借鉴素材。笔者认为，我国地下空间利用权基本民事立法的模式应选择大陆法系纳入民法典立法模式，即民法典的制定过程中，将地下空间利用权制度置入用益物权的相应章节中进行专章规定，也就是说，比较赞同王利明教授关于构建空间利用权制度所阐述的观点。其主要理由和意义在于：一是地下空间利用权是一项独立的财产权和用益物权，完全应该在物权法及至民法典中占有其独立的一席之地；二是地下空间利用权涉及的法律问题和现实问题十分复杂，以分散形式规定于法律不同章节之中，不利于司法机关对法律的适用，甚至会降低法律适用时的效率和作用，容易对法条的理解产生误解或混淆；三是如果分散立法，将会使得物权体系显得不够完整，特别是与世界各国不断重视空间权立法的趋势相背离；四是选择专章专节纳入民法典立法模式，有利于对地下空间利用权作为独立民事权利的观念的更新，从社会效益和经济价值的角度出发，有助于合理利用土地，提高土地空间利用率；从战备角度来看，有助于达到加强地下防卫的目的；从保护当事人权益角度看，有助于提高民众的空间利用权意识，使一些越来越突出的因空间利用权引发的纠纷得以有效的化解，避免因此而激化社会矛盾，为当事人的利益保护提供了法律依据。

　　第二，辅助立法，修订原有相关专门法律、制定专项法规和规章。我国现行物权法首次在基本民事立法上对地下空间利用权予以确认，但仅有一个条文是远远不够的，虽然物权法通过确定建设用地使用权的"纵向"发展趋势，为地下空间的开发利用和权利保护提供了法律依据，但是其通过建设用地使用权来涵盖地下空间利用权的立法模式，还不足以解决现实中已经大量出现的与地下空间利用有关的法律问题，如地下空间利用权与建设用地使用权发生分离之后，如何解决后续相关的法律问题，将是未来地下空间利用权构建的主要问题。

调整地下空间权法律关系的基本民事法律有物权法、土地管理法等，然而，由于我国没有制定过完整的地下空间利用权法律制度，使地下空间开发利用的民事基础权利没有得到法律的确认，随着工业的高速发展，土地资源的日益奇缺，立法机关确有必要结合我国的具体国情，在物权法地下空间利用权的基本规定基础之上，制定地下空间利用民事权属的法律法规。笔者认为，应对我国土地管理法、房地产管理法、城市规划法等有关地下空间利用的专门法律进行修订和完善，为地下空间利用权基本民事法律制度的实施作以补充和具体规定，即将原有妨碍地下空间利用权的规定予以删减，并为将来地下空间利用权可持续发展，预留出法律空间。如土地管理法在坚持土地国家所有或集体所有的前提下，对土地所有权，土地使用权客体的范围要拓展，即对土地的所有和利用，不能局限于地表，而要依据本文前述观点，建立土地上中下空间立体利用使用的概念意识。又如，修改完善城市规划法，将地下空间开发利用规划纳入城市空间房地产权利的管理进行明确，确保对地下空间建筑物，能像地表建筑物进行登记等。

在修订原有相关专门法律、制定专项法规和规章的过程之中，需要特别重视的是两方面的协调配合问题，一是中央立法与地方立法的协调配合问题，二是单行立法与复合立法的协调配合问题。一方面，由于地下空间利用是一个全国性课题，具有全局性和普遍性，首要的是通过中央立法对其进行规范。我国已有一些法律，如土地管理法、城市房地产管理法、人民防空法、城市规划法等对地下空间利用的一些内容作了原则性规定。但是，因为我国大规模利用地下空间的实践不长，经验不足，所以，很多人认为中央立法的时机还不成熟，在此方面地方立法可以先行。正是基于此，我国深圳、上海等的地方立法机关正在着手进行这方面的努力。但是反过来又在一定程度上制约了地方立法。笔者认为，近 10 几年来，我国规模利用地下空间速度持续加快，人们对于地下空间利用的需求越来越强烈，对地下空间利用进行全国立法的时机已经基本成熟。需要强调的是中央并不需要包揽所有的地下空间立法，在中央制定出地下空间利用的法律后，地方可以根据本地区实际情况制定相关的具体规定。①

　　另一方面，纵观在对地下空间开发利用进行立法过程中，我国现有法律对其的相关规定不多，存在的一些规定也到了需要修改完备之时，加之受我国复合立法传统的影响，选择复合立法是比较理想和合理的，但需要清醒对待的是复合立法的复合程度要与我们的立法能力相协调。又由于我国规模利用地下空间的经验和相关立法经验不足，决定我国不能在现阶段奢求程度极高的复合立法。我国某些大城市正在尝试地下空间利用的立法，为了提高效率，最大限度地解决地下空间开发利用中各种问题，应该在自己的立法权限范围内，尽可能地进行复合立法，待规定实施成熟后，进行单行立法为宜。

　　第三，新设专项立法，制定专门规范地下空间利用权的法律法规。目前，我国进入城市化高速发展阶段，城市地下空间开发利用呈现大规模全面展开趋势，因此需要全国人大与其人大常委会以法律的形式或国务院以行政法规的形式进行专项立法，对此加以统一规范和体系保障。

　　由于地下空间开发利用方面的专项立法尚属空白，在地下空间开发利用的实践中暴露出一些问题，如根据现行法律，地下空间建筑物的登记、归属等问题都没有明确规定，地下建筑物无法办理登记，因此不能进行转让、抵押、租赁，因此，国家应该尽快出台国家层面的调整地下空间权属关系的专门立法，同时完善我国地下空间相关权利的登记制度。又如，获得土地后，国家允许开发商开发的土地深度是多少，因为地下空间开发的权利范围不确定，开发商取得土地使用权后，容易造成地下空间开发利用的无序，影响地下空间的可持续发展，因此，国家应当出台法律，明确土地所有人、使用人、建设用地使用权人享有的地下空间范围。

　　同时，与地下空间开发活动紧密相关的地下专门设施或工作物，需要法律作出明确的规定。又如，依地表所建的建筑物所有权与依地下所形成的空间使用权的关系，如建设用地使用权人依法所建的建筑物与防空设施、地下铁路等专门设施所形成的地下建筑物所有权的关系，显然，地下空间的这种相邻关系难以用传统民法有关相邻关系之规则来调整，也不能很好地调整彼

---

① 肖军：《城市地下空间利用法律制度研究》，知识产权出版社2008年版，第130~132页。

此间的合法权益，在这种情况下就产生了运用地下空间利用权法律制度来最大限度地调整相互之间关系密切的立体相邻关系。日本在地下空间利用方面的相关专项立法值得我国在构建地下空间利用权制度，完善运行环境过程中予以借鉴。如表5.2。

表 5.2 日本有关地下空间利用专项法律规定 [①]

	类型法名称	参考依据	主要内容
1	地下空间利用权法	日本民法第269条、德国《地上权条例》第1条、我国台湾地区民法典	在民法典中确立地下空间利用权，为地下空间利用的立法提供了一个良好的基础。
2	地下空间征收征用法	日本土地征收法	公共事业、事业准备、障碍物清除、调解与仲裁、公共事业认定、公共使用裁决、补偿金支付请求、损失补偿、裁决失效、危险负担、买受权、协议的确认、特别重大事业的特例、复议与诉讼。
3	地下不动产登记法	日本不动产登记法第78条	在不动产登记法中，规定登记地下空间利用权的上下范围，以及其他相关权利受其限制的内容，并且适用于征用后的地下空间利用权。
4	地下建设基准法		地下建设需要规范的技术有：空间建设技术（如迷路性改善、弱者移动等）、内部环境技术（如采光、节能、低发热等）、换气技术、防灾技术、垂直运输技术、移动物流技术、盾构法技术、地质调查解析技术、施工中的计测技术、地下水控制技术、立桩挖掘技术、长距离挖掘技术、大空间挖掘构筑技术、排土技术、评价技术等。
5	地下空间利用促进法	日本PFI法第21条	通过活用民间资金、技术与经营能力促进公共事业的发展——地下空间的PFI；国家与私人或团体合作开发地铁等交通枢纽地区及其沿线土地，以促进土地的合理利用及相关公共事业的发展——地下空间的联合开发。
6	大深度法	日本大深度法第2条	对象地域与对象事业、公共使用认可、信息公开、事业区域的让出等。
7	地下共同管道法	日本共同沟整备相关特别措施法	整备道路、建设与管理、占用、地方政府实施补助等。

由此，笔者建议，在物权法修正中或未来民法典物权篇中，单独设立章

① 参见肖军：《城市地下空间利用法律制度研究》，知识产权出版社2008年版。

节专门确立地下空间利用权的立法原则和一般法律规范，并通过专项立法进一步规范地下空间的开发利用，并通过辅助立法对有关专门法律法规进行修订，进一步明确我国地下空间利用权的立法规定，形成完善的地下空间利用权法律制度体系。

本章小结

我国地下空间利用是一个功在当代，利在千秋的巨大工程，私权的顺利行使离不开与公权的协调衔接，承接前文，对于我国地下空间利用权外部运行环境的再造需要与相关公权力的良性协调和无碍衔接。在对地下空间利用权制度运行环境的再造中，突出表现为公权力对于私权利的规制缓和与公权力管理模式的选择两大方面。

所谓规制缓和，就是在公权力制度制定上减少对于地下空间开发利用事业的限制，突出表现在公共事业地下空间利用的民营化和地下空间利用征收与补偿的法制化两个方面，分别体现了地下空间开发利用的现代化和公平性法治特征。树立科学发展理念，引入先进经营发展模式，维护社会公平正义，是地下空间利用权制度运行的本质要求。

从行政管理角度上看，我国现阶段对于地下空间开发利用事业的管理应采用从协同式管理模式向一元式管理模式逐渐过渡的发展模式，伴随着地下空间开发利用是地表土地开发利用的自然延伸，相应地将现有地表土地开发管理体制及职能也向地下空间开发利用逐步延伸，并向权力整合发展，最终实现一元式管理模式。地下空间利用权体系的构建是一项广阔的事业，推进其向前发展，必须要有科学、高效的管理体制与之相匹配，而我国现行分散性的管理体制难以与之相适应，这就要求我们在构建过程中，注重对地下空间利用权体系的多方位协同管理，创设高效管理模式，提升完善规划管理水平。

结 论

结合我国地下空间开发利用的实践需要，并借鉴先发国家及地区先进的地下空间利用权立法模式，从而选择既适合我国地下空间利用发展实际，又符合我国法律架构规律的具有我国特色的地下空间利用权民事立法模式，以最终完成我国地下空间利用权制度的整体构建。

从先发国家及地区先进地下空间利用立法模式的总体比较中不难发现，在立法模式的选择上，无论是通过判例形式还是局部修法形式，都体现了对各自法律传统的尊重，尽管称谓不尽相同，但实际上空间利用权制度业已存在，并已相当完善。[①] 主要表现为，首先，就单独立法模式而言，英美法系国家受其法律实用主义传统影响，地下空间利用权可以独立构造而不冲击其固有法律体系，这并不适合我国国情，我国地下空间利用权制度的构建难以脱离民法物权体系而单独建立。其次，从纳入民法典立法模式来看，德国、瑞士和日本等大陆法系国家均是在民法典中设立专章、专节或专条规定若干具有空间利用权性质的条款，通过扩张地上权内容的途径实现立法目的，此种规定兼顾了体系的协调，也为地下空间利用权留下了制度可持续发展的最大可能，相对较为科学，[②] 也比较适用于我国。最后，我国台湾地区的法律包裹模式，只能称为在当时当地针对特定问题的权宜之计，另外，我国台湾地区在最近一次民法典修正中，重新在"地上权"序列中规范了空间权内容，由此可知，仅仅依靠法律包裹模式难以解决空间利用权制度的系列问题，还需

---

① 王卫国：《中国土地权利的法制建设》，中国政法大学出版社 2002 年版，第 156 页。
② 马栩生：《论城市地下空间权及其物权法构建》，载《法商研究》2010 年第 3 期，第 87 页。

向纳入民法典立法模式转化，这一进程的终点同样是纳入民法典模式，我国地下空间利用权立法模式当然不能采用法律包裹这样过渡性质色彩浓烈的弯路模式。

我国地下空间利用权制度的缺位，已不能满足地下空间开发利用实践需要，当然我们也不能仅以法律自身的滞后性缺陷来作为搪塞、推诿的借口，我国《物权法》的现行规定，难以实现其对于地下空间开发利用进行规范的立法初衷。其局限性主要表现为：一是不利于清楚地界定建设用地使用权人与土地所有人之间的权利范围，不足以解决土地所有权与建设用地使用权相分离时，如何界定二者对地下空间利用权享有的问题；二是不利于有效避免权利冲突。从形成上看，用建设用地使用权制度涵盖空间利用权问题可以消减冲突发生的几率，但实际上，如小区的地下车位纠纷问题就是非常普遍和明显的例证，开发商与业主对于地下车位的权属之争实难通过现行《物权法》得以有效化解，[①] 由于过于笼统的一体化规定，极易造成裁判标准不统一的问题；三是不利于集体土地地下空间资源的开发利用。面对现代农业的发展和农村建设现代化的要求，投资者逐渐把目光投向了集体土地地下空间的资源开发利用，农村地下空间交通设施、民用基础设施的建设也已提上日程，因此说集体土地地下空间也存在着地下空间利用的问题。如果仅仅只是为了利用一定的地下空间，就必须先行通过法定征收等程序和途径将整块集体土地转化成建设用地使用权之后，再进行开发利用，加大的成本将是得不偿失，也不符合鼓励资源开发利用的目的；四是不利于完善地下空间利用权登记制度。当同一土地的地下空间利用权与建设用地使用权发生冲突之后，就很难再行明确界定两种权利行使主体各自的空间范围界线，需要权利登记方可根本解决此类问题，如果欠缺地下空间利用权登记环节，将不利于地下空间利用权的流转交易，地下空间利用权制度的构建也就失去了它应有的意义。

当然，与此相应，将地下空间利用权明确为一种独立的用益物权，并围绕其进行法律制度体系构建，其产生的优点是不言自明的，既可以体现突破传统物权客体的局限，丰富《物权法》的内容和体系，为未来的法律制度创

---

① 参见贾宏斌：《论我国地下空间利用权之构建——以地下车位权属交易为视角》，载《西安电子科技大学学报·社会科学版》2015 年第 5 期，第 72 页。

新发展提供了新的可能，又明确了地下空间作为一项财产的价值独立性，有助于最大程度地促进地下空间资源合理、有效、充分的开发利用。虽然我国《物权法》未对地下空间利用权的行使作出具体规定，但已认可建设用地使用权可以分层设立，并允许权利人可以分别在地表、地上或地下的空间设定不同的建设用地使用权，为地下空间利用权的独立成权提供了法律依据。未来修法只需将地下空间的建设用地使用权稍作调整，统一表述为地下空间利用权，以扩展适用于所有不只限于建设用地的地下空间即可完成地下空间利用权的基本内涵构建。但可以预见到的是，现行《物权法》为将来空间利用立法预留了广阔的发展空间。

综合以上分析，对于我国地下空间利用权的立法模式选择以及法律体系构建，应该坚持我国土地及地下空间公有制的基础上，结合我国的社会经济发展实践，借鉴发达国家或地区有关地下空间利用权的先进立法经验，采取适宜的立法模式。具体而言，应采取基本民事立法优先，专项立法为主，协调修法为辅的原则，通过修正完善基本民事立法、调整协调现存相关冲突条文、制定专项法规和规章、整合利用已有法律法规等方式和路径，完成我国地下空间利用权制度体系建构，实乃最为契合我国地下空间开发利用实践发展需要的最佳模式选择。

第一，修正完善基本民事立法。就我国而言，我国大陆的实际情况与上述先发国家及台湾地区稍有不同，在讨论我国地下空间利用权构建之时，正值我国《民法典》制定过程之中，恰好为我国采用纳入民法典立法模式提供了难得的历史机遇。我国选择以专章节形式规定地下空间利用权并纳入《民法典》物权篇或《物权法》之中，即将地下空间利用权的法律构成，取得、变动及登记等内容与其他用益物权一道，共同纳入其中的立法模式，有利于对地下空间利用权作为独立民事权利的观念更新，从社会效益和经济价值的角度出发，有助于合理利用土地，提高土地空间利用率；从战备角度来看，有助于达到加强地下防卫的目的；从保护当事人权益角度看，有助于提高民众的空间利用权意识，使因地下空间利用造成的纠纷得以有效化解，为当事人的合法利益得到有效保护提供了法律依据。

第二，新设专项立法，制定专门规范地下空间利用权的法律法规。专项立法的空白，使我国在地下空间开发利用的实践中暴露出突出的问题，如某开发商对于某地块取得建设用地使用权，其对该地块地表之下附属地下空间所能使用的深度界线为多少，尚无统一的计算方式和明确规划标准，这使得此后对于再行取得该地块地下空间的利用权人所享有的地下空间的深度起点无法界定，造成权利边界或范围的冲突，制约着地下空间利用的可持续性发展。又如，地下空间建筑物的登记、归属，地下建筑物办理登记问题尚未有统一专门的规定得以制定，因此对此地下空间流转造成了一定的阻碍。再如，相邻权制度很难完善解决建设用地使用权人依据建设用地使用权取得在地表附属地下空间所建造的建筑物与非建设用地使用权人在同一地表之下所建造的防空设施、地下铁路等地下设施所形成的地下建筑物之间对于空间的利用所发生的冲突纠纷。因此，我国可以通过专项立法方式，明确地下空间利用权具体的行使规范，将权利主体、客体、内容等法律构成具体细化，完善地下空间利用权制度与相关既有私法权利制度及公共权力政策协同衔接，最大限度地最大效能地解决上述诸问题。

第三，修正协调既有相关冲突专门法律、制定专项法规和规章。一项权利制度构建能否取得成功，需要依靠良好的制度运行环境。修订原有相关专门法律、制定专项法规和规章，并实现地下空间利用权制度统一实施的过程就是运行环境的再造过程，需要特别重视的是两方面的配合问题，一是中央立法与地方立法的配合问题，二是单行立法与复合立法的配合问题。当下，对于地下空间利用进行中央立法的时机已经基本成熟。另外，应该说在日本、我国台湾地区已制定出比较成熟的法律制度，可供我国借鉴。又由于我国规模利用地下空间的经验和相关立法经验还不丰富，决定我国在现阶段不能完全实现立法标准极高的复合立法。我国某些大城市正在尝试地下空间利用的立法，为了提高效率，最大限度地解决地下空间利用事业中各种问题。在行政法规、部门规章层面上，各有权部门应该在各自立法权限范围内，尽可能地进行复合立法。如修改完善《城市规划法》，将地下空间开发利用规划纳入城市空间房地产管理之中，为地下空间建筑物依法登记确认权属提供法律依据。又如，在完善《土地管理法》时，增加建立土地上中下空间立体利用的概念意识，已达到与地下空间利用权相关法律法规的相互辉映。那么，随着法定状态的积淀，待某一具体类型规定成熟后，再如制定《人民防空法》一样，进行单行立法为宜。需要强调的是受我国传统复合立法的影响和现有立法能力的限制，不可能强求从中央层面包揽全部与地下空间开发利用有关的立法，因此选择复合立法是比较理想和可理的。也就是说，在中央制定出总括性规范地下空间利用的法律行政法规后，地方可以根据本地区实际情况制定相关的具体规定或具备相应条件时，不排除先行先试的地方立法模式。

由此，笔者建议并期盼在未来物权法修正或民法典物权篇制定时，立法机关能够通过单独设立章节纳入民法的立法模式，规定我国地下空间利用权的立法原则和一般法律规范，确立地下空间利用权的用益物权法定地位。通过复合立法、专项立法、现行法律法规整合等途径，从而，建立健全我国地下空间利用权法律制度体系，完善地下空间利用权制度运行环境。

参考文献

一、中文文献

（一）专著类

1. 马俊驹、陈本寒：《物权法》，复旦大学出版社 2007 年版。

2. 王卫国、王广华：《中国土地权利的法制建设》，中国政法大学出版社 2002 年版。

3. 王名扬：《法国行政法》，北京大学出版社 2007 年版。

4. 王利明：《民商法研究》（第一辑），法律出版社 2014 年版。

5. 王利明：《物权法研究（修订版）》，中国人民大学出版社 2007 年版。

6. 王利明：《中国民法典草案建议稿及说明》，中国法制出版社 2004 年版。

7. 王利明：《中国物权法草案建议稿及说明》，中国法制出版社 2001 年版。

8. 王利明、郭明瑞、房绍坤：《中国民法学案例与学理研究》，法律出版社 1998 年版。

9. 邓少海、陈志龙、王玉北：《城市地下空间法律政策与实践探索》，东南大学出版社 2010 年版。

10. 刘乃忠：《地役权法律制度研究》，中国法制出版社 2007 年版。

11. 刘云生：《中国不动产法研究》，法律出版社 2010 年版。

12. 刘国臻:《土地与房产法研究》,中国政法大学出版社 2013 年版。

13. 刘保玉:《物权体系论——中国物权法上的物权类型设定》,人民法院出版社 2004 年版。

14. 孙宪忠:《中国物权法总论》,法律出版社 2014 年版。

15. 孙宪忠:《德国当代物权法》,法律出版社 1997 年版。

16. 孙宪忠:《国有土地使用权财产法论》,中国社会科学出版社 1993 年版。

17. 李显忠:《城市地下空间建设政策与标准体系研究》,海洋出版社 2011 年版。

18. 杨立新:《物权法》,中国人民大学出版社 2013 年版。

19. 肖军:《城市地下空间利用法律制度研究》,知识产权出版社 2008 年版。

20. 吴春岐、楚道文、王倩:《房地产法新论》,中国政法大学出版社 2008 年版。

21. 吴清旺、贺丹清:《房地产开发中利益冲突与衡平——以民事权利保障为视角》,法律出版社 2005 年版。

22. 陈华彬:《建筑物区分所有权》,中国法制出版社 2011 年版。

23. 陈华彬:《物权法原理》,国家行政学院出版社 1998 年版。

24. 陈志龙、王玉北:《城市地下空间规划》,东南大学出版社 2005 年版。

25. 陈志龙、刘宏:《城市地下空间总体规划》,东南大学出版社 2011 年版。

26. 陈祥健:《空间地上权研究》,法律出版社 2009 年版。

27. 卓泽渊:《法的价值论》,法律出版社 1999 年版。

28. 周千峙主编:《中国城市地下空间开发利用研究》,中国机械工业出版社 2001 年版。

29. 周相:《罗马法原论》,商务印书馆 1994 年版。

30. 房绍坤:《物权法用益物权编》,中国人民大学出版社 2007 年版。

31. 屈茂辉:《用益物权制度研究》,中国方正出版社 2005 年版。

32. 胡志刚:《不动产物权新论》,学林出版社 2005 年版。

33. 钱七虎：《地下空间科学开发与利用》，江苏科学技术出版社 2007 年版。

34. 郭洁：《土地资源保护与民事立法研究》，法律出版社 2002 年版。

35. 常鹏翱：《物权法的展开与反思》，法律出版社 2007 年版。

36. 崔建远：《物权：规范与学说》，清华大学出版社 2011 年版。

37. 崔建远主编：《我国物权立法难点问题研究》，清华大学出版社 2005 年版。

38. 梁慧星：《中国民法典草案建议稿》，法律出版社 2013 年版。

39. 梁慧星：《中国民法典草案建议稿附理由——物权篇》，法律出版社 2004 年版。

40. 梁慧星：《中国物权法草案建议稿》，社会科学文献出版社 2000 年版。

41. 梁彗星：《中国物权法研究》，法律出版社 1998 年版。

42. 梁慧星、陈华彬：《物权法》，法律出版社 2010 年版。

43. 魏秀玲：《中国地下空间使用权法律问题研究》，厦门大学出版社 2011 年版。

44. 王泽鉴：《民法总则》，北京大学出版社 2010 年版。

45. 王泽鉴：《民法物权》，北京大学出版社 2010 年版。

46. 王泽鉴：《民法物权 2：用益物权——占有》，中国政法大学出版社 2001 年版。

47. 李淑明：《民法物权》，元照出版公司 2010 年版。

48. 陈新民：《行政法学总论》，三民书局 2000 年版。

49. 郑冠宇：《民法物权》，新学林出版股份有限公司 2013 年版。

50. 温丰文：《土地法》，洪记印刷有限公司 2010 年版。

51. 谢在全：《民法物权论》，中国政法大学出版社 2011 年版。

52. 鲍德澄：《土地法规概论》，三民书局 1984 年版。

53. 全国人大常委会法工委民法室编著：《物权法立法背景与观点全集》，法律出版社 2007 年版。

54. 全国人大常委会法工委民法室编：《中华人民共和国物权法条文说明、立法理由及相关规定》，北京大学出版社 2007 年版。

55. 全国人大常委会法工委民法室：《物权法（草案）参考》，中国民主法制出版社 2005 年版。

（二）译著类

1.［日］三储信三：《物权法提要》，孙芳译，中国政法大学出版社 2004年版。

2.［日］小泉淳：《地下空间开发及利用：利用地下空间的复兴营造丰富的生活环境》，胡连荣译，中国建筑工业出版社 2012 年版。

3.［日］日本项目产业协议会：《城市开发与空中权——国内事例的调查研究》，载于高田寿史监修：《空中权的解说与文献资料集成》，开发问题研究所昭和 59 年（1984 年）版。

4.［日］田山辉明：《物权法》，陆庆胜译，法律出版社 2001 年版。

5.［日］我妻荣：《新订物权法》，罗丽译，法制出版社 2008 年版。

6.［日］我妻荣：《新订担保物权法》，申政武等译，法制出版社 2008年版。

7.［日］我妻荣：《新版新法律学辞典》，董璠舆译校，中国政法大学出版社 1991 年版。

8.［日］我妻荣著、有泉亨补订：《我妻荣民法讲义 2 新订物权法》，罗丽译，法制出版社 2008 年版。

9.［日］近江幸治：《民法讲义 II 物权法》，王茵译，北京大学出版社2006 年版。

10.［美］约翰 .G. 斯普兰克林：《美国财产法精要》第 2 版，钟书峰译，北京大学出版社 2009 年版。

11.［美］罗杰·伯恩哈特、美安·伯克哈特：《不动产》，钟书峰译，法律出版社 2005 年版。

12.［意］桑德罗·斯奇巴尼：《物与物权》，范怀俊译，中国政法大学出版社 1999 年版。

13.［德］卡尔·拉伦茨：《法学方法论》，陈爱娥译，商务印书馆 2003年版。

14. ［德］卡尔·拉伦茨:《德国民法通论》，王晓晔等译，法律出版社2003年版。

15. ［德］迪特尔·施瓦布:《民法导论》，郑冲译，法律出版社2006年版。

16. ［德］迪特尔·梅迪库斯:《德国民法总论》，邵建东译，法律出版社2004年版。

17. ［德］哈特穆特·毛雷尔著:《行政法学总论》，高家伟译，法律出版社2000年版。

18. ［德］曼弗雷德·沃尔夫:《物权法》，吴越、李大雪译，法律出版社2004年版。

19. ［德］鲍尔、施蒂尔纳《德国物权法》，张双根译，法律出版社2004年版。

20.《日本民法典》，王书江译，中国法制出版社2000年版。

21.《法国民法典》，罗结珍译，北京大学出版社2010年版。

22.《瑞士民法典》，于海涌、赵希璇译，法制出版社2016年版。

23.《瑞士民法典》，殷生根译，中国政法大学出版社2000年版。

24.《德国民法典》，陈卫佐译，法制出版社2015年版。

（三）中文论文类

1. 马栩生:《论城市地下空间权及其物权法构建》，载《法商研究》2010年第3期。

2. 王利明:《空间权：一种新型的财产权利》，载《法律科学》2007年第2期。

3. 王利明:《构建统一的不动产物权公示制度——评〈不动产登记暂行条例（征求意见稿）〉》，载《政治与法律》2014年第12期。

4. 王锡锌:《论法律程序的内在价值》，载《政治与法律》2000年第3期。

5. 王燕霞:《论空间建设用地使用权登记制度之构建》，载《云南大学学报法学版》2012年第5期。

6. 叶知年:《论我国空间权法律制度之完善》，载《福建警察学院学报》

2009 年第 3 期。

7. 史浩明、张鹏：《论我国法律上的空间权及其类型》，载《政法论丛》2011 年第 5 期。

8. 史浩明、张鹏：《海峡两岸空间权利设计思路之比较——以"区分地上权"和"空间建设用地使用权"为中心》，载《苏州大学学报（哲学社会科学版）》2010 年第 1 期。

9. 邢鸿飞：《论城市地下空间权的若干问题》，载《南京社会科学》2011 年第 8 期。

10. 刘春彦、宋希超：《地下空间使用权性质及立法思考》，载《同济大学学报（社会科学版）》2007 年第 3 期。

11. 刘保玉：《空间利用权的内涵界定及其在物权法上的规范模式选择》，载《杭州师范学院学报》（社会科学版）2006 年第 2 期。

12. 李延荣：《关于空间利用权的思考》，载《法学家》2006 年第 3 期。

13. 李威：《空间利用权：土地分层与空间分层的立体利用》，载《中国社会科学院研究生院学报》2014 年第 4 期。

14. 杨立新、王竹：《不动产支撑利益及其法律规则》，载《法学研究》2008 年第 3 期。

15. 何庆：《台湾关于空间权与发展权的立法研究》，载《中外房地产导报》2001 年第 18 期。

16. 张坚：《论区分建设用地使用权》，载《中国土地科学》2015 年第 1 期。

17. 陈华彬：《土地所有权理论发展之动向——以空间权法理之生成及运用为中心》，载梁慧星主编：《民商法论丛》第（3）卷，法律出版社 1995 年版。

18. 陈祥健：《关于空间权的性质与立法体例的探讨》，载《中国法学》2002 年第 5 期。

19. 陈越鹏：《论土地立体开发的私法构造——从〈物权法〉第 136 条切入》，载《中山大学法律评论》2015 年第 2 期。

20. 陈耀东、罗瑞芳：《我国空间权制度法制化历程问题研究》，载《南开学报（哲学社会科学版）》2009 年第 6 期。

21. 林坚、黄菲、赵星烁：《加快地下空间利用立法，提高城市可持续发展能力》，载《城市规划》2015 年第 3 期。

22. 周珂、贺佐琪：《地下空间开发利用法律制度研究》，载《南阳师范学院学报（社会科学版）》2014 年第 2 期。

23. 赵秀梅：《土地上下空间使用权问题的思考》，载《法学杂志》2008 年第 5 期。

24. 胡碧霞：《完善空间权制度　衍生土地新价值——从国外情况探析如何完善我国空间权制度》，载《城市开发》2007 年第 10 期。

25. 姜楠、蔡立东：《土地发展利益的物权法调整模式》，载《河南财经政法大学学报》2015 年第 3 期。

26. 贾宏斌：《民法教与学的有效路径——漫谈蔡立东教授"民法七维学习法"》，载《高教研究与实践》2015 年第 1 期。

27. 贾宏斌：《论我国地下空间利用权之构建——以地下车位权属交易为视角》，载《西安电子科技大学学报（社会科学版）》2015 年第 5 期。

28. 钱七虎：《中国城市地下空间开发利用的现状评价和前景展望》，载《民防苑》2006 年 S1 期。

29. 梅夏英：《土地分层地上权的解析——关于物权法第 136 条的理解与适用》，载《政治与法律》2008 年第 10 期。

30. 崔曙平：《国外地下空间开发利用的现状和趋势》，载《城乡建设》2007 年第 6 期。

31. 彭诚信：《我国土地公有制对相邻关系的影响》，载《法商研究》2000 年第 1 期。

32. 彭诚信、臧彦：《空间权若干问题在物权立法中的体现》，载《吉林大学学报（哲社版）》2002 年第 5 期。

33. 蔡立东：《行政审批与权利转让合同的效力》，载《中国法学》2013 年第 1 期。

34. 薄燕娜、刘植：《建设用地分层使用的空间权利探讨》，载《福建论坛·人文社会科学版》2012 年第 3 期。

35. 刘得宽：《土地所有权理论之新发展》，载《民法诸问题与新展望》，五南图书出版公司 1995 年版。

36. 杨与龄：《论分层地上权》，载《法令月刊》1981 年第 6 期。

37. 吴珮君：《区分地上权之探讨——以物权编修正草案为中心》，载《铭传大学法学论丛》2011 年第 15 期。

38. 温丰文：《论不动产登记——以探讨民法物权编修正草案之规定为主》，载《月旦法学杂志》（第 68 期），元照出版公司 2006 年版。

39. 温丰文：《空间权之法理》，载《法令月刊》1988 年第 3 期。

40. 谢哲胜：《民法物权编区分地上权增订条文综合评析》，载《月旦法学》2007 年第 10 期。

二、外文文献

（一）著作类

1. Alexander C, etal, *A New Theory of Urban Design*, Oxford University Press, 1987.

2. Barry Cullingworth and Vincent Nadin, *Town and Country Planning in the UK*, 14th edition, Routledge Taylor & Francis Group Press, 2006.

3. Besner J, *A Master Plan or A Regulatory Approach for The Urban Underground Space Development The Montreal Case*, IACUS, 2006.

4. Charles Harpun, *The Law of Real Property*, Sweet & Maxwell Limited, 2000.

5. Edmund F.Ficek, Thomas P.Henderson and Ross H.Johnson, *Real Estate Principles and Practices*, Merrill Publishing Company, 1994.

6. Edmund, Thomas P.Henderson and Ross H.Johnson, *Real Estate Principles and Practices*, Merritt Publishing Company, 1990.

7. Ian Lennox Mcharg, Design *with Nature*, Doubleday/Natural History Press, 1969.

8. ITACUS（International Tunneling and Underground Space Association

Committee on Underground Space），*White paper*，2011.

9. John Carmody and Raymond Sterling，*Underground Space Design*，Van Nostrand Reinhold，1993.

10.John Punter，*British Planning：50 Years of Urban and Regional Policy*，The Athlone Press，1999.

11.John Stevens and Robert Pearce，Land Law，Sweet&Maxwell，1998.

12.Liu.H，*Feasibility of Underground Pneumatic Freight Transport in New York City*，Columbia Missouri，2004.

13.Nigel and P.Gravells，*Land Law（3rd Edition）*，Sweet&Maxwell，2004.

14.Peter Calthorpe，*The Next America Metropolis，Ecology，Community and the American Dream*，Princeton Architectural Press，1993.

15.Rrichard P. Chait，*Governance as Leadership：Reforming the Work of Nonprofit Boards*，John Wiley & Sons Inc，2005.

16.Spiro Kostof，*The City Shaped：Urban Patterns and Meanings Through History*，Little Brown，1991.

17. Villiam J.Mitchell，*City of Bits*，Massachusetts：The MIT Press，1996.

18. Walter W. Powell and Richard Steinberg，*The Nonprofit Sector：a Research handbook*，Yale University Press，2006.

19.Jürgen Ingentau/Volker Hustedt，*ErbbsuRG. Gesetz über das Erbbaurecht*，Kommentar，9Aufl.（2009）§ 11Rdnr.17.

20.Baur/Stürner，*Lehrbuch des Sachenrechts Verlage C.H.Beck*，1992，S.18，Creifelds，Rechtswörterbuch，12 Auflage，1994.

21. 松尾稔、林良嗣等编著:《都市の地下空間——开发利用の技术と制度》，鹿道出版社 1998 年版。

22. 平松弘光:《地下利用权概论》，公人社 1995 年版。

（二）外文论文

1. Boivin D J，"*Undergrousnd Space Use and Planning in the Quebec Cityarea*"，Tunneling and Underground Space Technolonge，1990，59（1–2）.

2. Jaakko Y. Spatial, *"Planning in Subsurface Architecture"*, Tunneling and Underground Space Technology, 1989, 4（1）.

3. Jakko Y, *"Spatial Planning in Subsurface Architecture"*, Tunneling and Underground Space Technology, 1989, 4（1）.

4. Richard M Rhodes, *"Air Rights, Subsurface Easements, and Other Fractional Interests"*, The Appraisal Journal, 1974（4）.

5. 柊原雅文：《民間資金等の活用による公共施設等の整備等の促進に関する法律について》，載于《会計と監査》1999，50。

6. 田边則人：《都市近郊地域における土採り等の跡地の活用方向に関する考察：公共による開発計画の転換，民間による跡地等の整備などの事例調査より》，載《四日市大学環境情報論集》2014，17。

7. 建設省大臣官房政策課：《政策クローズアップ 民間資金等の活用による公共施設等の整備等の促進に関する法律（PFI推進法）成立》，載于《Mcm Monthly Construction Magazine》1999，52。

8.［日］丸山英气：《空中权论》，载于《法律时报》，1996，64（3）。

9.［日］渡边卓美：《空中权和开发权的移转》，载于《法律时报》1996，64。

10.［加］Jacques Besner（雅克·贝斯纳）：《加拿大地下空间的规划、开发和管理》，载于《2005年上海城市地下空间国际研讨会资料汇编》。

11.［加］Jacques Besner（雅克·贝斯纳）：《国际地下空间开发利用（含蒙特利尔地下步行网络规划）》，载于《映像前海——2015地下空间与城市发展研讨会资料汇编》。

三、学位论文

1. 王波：《城市地下空间开发利用问题的探索与实践》，中国地质大学2013年博士学位论文。

2. 李晓倩：《我国基金会规范模式转型研究》，吉林大学2014年博士学位论文。

3. 陈祥健：《论空间地上权》，福建师范大学 2009 年博士学位论文。

4. 唐孝辉：《我国自然资源保护地役权制度构建》，吉林大学 2014 年博士学位论文。

5. 远畅：《我国城市地下空间利用法律问题研究》，中央财经大学 2012 年硕士学位论文。

6. 李敏：《空间建设用地使用权制度研究》，华中师范大学 2014 年硕士学位论文。

7. 邹伊楠：《论空间权及其制度完善》，西南政法大学 2010 年硕士学位论文。

8. 邹超：《我国地下空间权法律问题研究》，贵州民族大学 2012 年硕士学位论文。

9. 徐进：《地下空间权若干法律问题研究》，新疆师范大学 2014 年硕士学位论文。

10. 嵇健锋：《地下空间权研究——兼谈地下车库的权属》，苏州大学 2013 年硕士学位论文。

11. 臧亚辉：《空间权相关法律问题研究》，烟台大学 2013 年硕士学位论文。

12. 薄燕娜：《论空间权》，中国政法大学 2001 年硕士学位论文。

13. 虞丽婷：《PPP 模式下准经营性基础设施项目融资方案研究——以玄武门地下空间开发项目为例》，东南大学 2017 年硕士学位论文。

14. 吴美红：《城市基础设施融资引入 PPP 模式研究》，河海大学 2007 硕士学位论文。

四、报刊文献

1. 刘晓燕：《地下人防车位：姓"公"还是姓"私"》，载《人民法院报》2009 年 10 月 19 日。

2. 李克诚：《地下车位无产权证业主仍可合法拥有》，载《东方早报》2007 年 8 月 1 日。

3. 祝文君：《拓展城市发展的战略新空间——关于城市地下空间开发利用的调查与思考》，载《光明日报》2014年10月7日，第3版。

五、电子文献

1.《英国城乡规划立法概况》，http：//www.landscapecn.com/paper/detail.asp?id=203。

2.《辽宁省沈阳市中级人民法院［2013］沈中审民终再字第130号民事判决书》，中国裁判文书网：http：//www.court.gov.cn/zgcpwsw/content/content?DocID=1e7ee70f-48a8-4b55-ad7c-51954bc34c87&KeyWord=%E6%96%B0%E5%8D%8E%E5%A3%B9%E5%93%81%E5%B0%8F%E5%8C%BA。

3.《江苏省苏州市中级人民法院（2014）苏中民终字第02861号民事判决书》，中国裁判文书网：http：//www.court.gov.cn/zgcpwsw/content/content?DocID=82107ec5-2a14-4b5c-96ce-8e60a1663dcc&KeyWord=%E5%9C%B0%E4%B8%8B%E7%A9%BA%E9%97%B4。

4.《江苏省盐城市中级人民法院（2014）盐民终字第01318号民事判决书》，中国裁判文书网：http：//www.court.gov.cn/zgcpwsw/content/content?DocID=dd13517b-3be9-418a-bc18-57572caf276c&KeyWord=%E5%9C%B0%E4%B8%8B%E7%A9%BA%E9%97%B4。

5.《浙江省宁波市鄞州区人民法院（2008）甬鄞民一初字第3959号民事判决书》，北大法宝网司法案例：http：//www.pkulaw.cn/case/pfnl_118280735.html?keywords=%E5%9C%B0%E4%B8%8B%E7%A9%BA%E9%97%B4&match=Fuzzy。

6.《广东省广州市中级人民法院（2015）穗中法民五终字第3009号民事判决书》，中国裁判文书网：http：//www.court.gov.cn/zgcpwsw/content/content?DocID=4277d3a9-72ea-4945-a0ab-082e4dd0aa7e&KeyWord=%E5%9C%B0%E4%B8%8B%E7%A9%BA%E9%97%B4。

7.《上海市第二中级人民法院（2015）沪二中民二（民）终字第688号民事判决书》，中国裁判文书网：http：//www.court.gov.cn/zgcpwsw/content/

content?DocID=be5f3936-607e-4201-91f8-ab640af8e097&KeyWord=%E5%9C%B0%E4%B8%8B%E7%A9%BA%E9%97%B4。

8.《重庆市第一中级人民法院（2015）渝一中法民终字第01195号民事判决书》，中国裁判文书网：http：//www.court.gov.cn/zgcpwsw/content/content?DocID=cf60aa8f-b626-4f7a-a4f4-07c8b3fbbc91&KeyWord=%E5%9C%B0%E4%B8%8B%E7%A9%BA%E9%97%B4。

9.《"钉子户"致广州地铁五号线工期严重滞后》，南方网：http：//www.southcn.com/news/community/hotpic/content/2007-11/28/content_4281985.htm。

10.上海市行政法制研究所：《上海市城市地下空间开发利用管理立法研究》，中国政府法制信息网，http：//www.chinalaw.gov.cn/article/dfxx/dffzxx/sh/200303/20030300054516.shtml。